発話行為から見た日本語授受表現の歴史的研究

ひつじ研究叢書〈言語編〉

第 106 巻	品詞論再考	山橋幸子 著
第 107 巻	認識的モダリティと推論	木下りか 著
第 108 巻	言語の創発と身体性	児玉一宏・小山哲春 編
第 109 巻	複雑述語研究の現在	岸本秀樹・由本陽子 編
第 110 巻	言語行為と調整理論	久保進 著
第 111 巻	現代日本語ムード・テンス・アスペクト論	工藤真由美 著
第 112 巻	名詞句の世界	西山佑司 編
第 113 巻	「国語学」の形成と水脈	釘貫亨 著
第 115 巻	日本語の名詞指向性の研究	新屋映子 著
第 116 巻	英語副詞配列論	鈴木博雄 著
第 117 巻	バントゥ諸語の一般言語学的研究	湯川恭敏 著
第 118 巻	名詞句とともに用いられる「こと」の談話機能	金英周 著
第 119 巻	平安期日本語の主体表現と客体表現	高山道代 著
第 120 巻	長崎方言からみた語音調の構造	松浦年男 著
第 121 巻	テキストマイニングによる言語研究	岸江信介・田畑智司 編
第 122 巻	話し言葉と書き言葉の接点	石黒圭・橋本行洋 編
第 123 巻	パースペクティブ・シフトと混合話法	山森良枝 著
第 124 巻	日本語の共感覚的比喩	武藤彩加 著
第 125 巻	日本語における漢語の変容の研究	鳴海伸一 著
第 126 巻	ドイツ語の様相助動詞	髙橋輝和 著
第 127 巻	コーパスと日本語史研究	近藤泰弘・田中牧郎・小木曽智信 編
第 128 巻	手続き的意味論	武内道子 著
第 131 巻	日本語の活用現象	三原健一 著
第 132 巻	日英語の文法化と構文化	秋元実治・青木博史・前田満 編
第 133 巻	発話行為から見た日本語授受表現の歴史的研究	森勇太 著
第 134 巻	法生活空間におけるスペイン語の用法研究	堀田英夫 編

ひつじ研究叢書
〈言語編〉
第133巻

発話行為から見た日本語授受表現の歴史的研究

森勇太 著

ひつじ書房

はじめに

　本書は、日本語の授受表現の歴史を、敬語との相互関係に着目して明らかにしようとするものである。授受表現には形態論・統語論・語用論などさまざまな分野にまたがる問題があるため、これまでにも多くの研究が出ており、その特徴も、多方面から明らかにされている。筆者の関心から現代語の授受表現の特徴をまとめると、以下の2点が挙げられる。

1) **語彙的特徴**：現代語の授受表現は「やる／あげる」「くれる」「もらう」の3語、およびその敬語形からなる体系を持っている。特に話し手への授与を示す「くれる」の存在は、日本語の授受表現を類型論的に特徴づけるものである。

2) **語用論的特徴**：現代語では聞き手に対する丁寧さを示すときに授受表現の運用が欠かせない。例えば、依頼表現では「〜してくれない？」「〜していただけませんか？」のように「くれる」「くださる」や「もらう」「いただく」といった授受表現を用いることが（通常の言語運用上は）重要である。

　ところが上記の2点の特徴は、通史的に認められる特徴ではない。というのも、現代語に見られる授受表現はいずれも古代語にはなかったか、あるいは古代語では意味用法が異なっていた。つまり、現代に至るまでにその形式や運用に歴史的変化があったと想定される。ところが、これまでの授受表現の研究では、なぜ現代日本語の授受表現がこのような特徴を持っているかは十分に明らかになっていない。それは、個々の授受表現形式の成立や用法の解明に主眼がおかれていたためであると思われるが、日本語の授受表現の特徴を鑑みたとき、言語運用面・語用論的側面からの考察も同様に重要である。

　本研究では、上記の特徴を明らかにするため、敬語との対照とい

v

う手段をとる。近藤（1986, 2000）、金水（1989, 2004）が述べるように、授受表現と敬語が、社会的ダイクシスを担うという点で等価な機能を持つためである。歴史的変化の観点からも、古代語では敬語が多く用いられ、敬語中心のダイクシスの体系となっていたのに対し、現代語では話し手中心のダイクシスの体系が形成されており（近藤1986, 2000）、このことは敬語優位から人称性優位へという歴史的変化と位置づけられる（金水1989, 2004）。また、両者は丁寧な発話を行うために、適切に運用されなければならないという点でも並行的である。授受表現と敬語の相互関係の変化という視点は、日本語の授受表現の歴史を考察する上で非常に重要なものであるが、その変化の内実はまだ十分に明らかになっているとはいえない。

　筆者がこの点から調査を行った結果、両者の機能の変化にも関連性が見られることがわかった。例えば依頼表現を見ると、近代以降、上位者へは、授受表現を用いた表現「〜てください」等の使用が必須となっているが、近世以前には、その使用は必須のものでない。それ以前は敬語のみでも十分言語上の配慮が示されていた表現であったと考えられる。また申し出表現では、近代以降上位者に対して「荷物を持って（さし）あげましょうか」などと授受表現を用いた表現は用いにくく、「荷物をお持ちしましょうか」などと謙譲語のみで配慮を示すのが普通である。しかし、近世以前は、授受表現を用いたものが一定程度見られる。つまり、おおよそ近代以降、敬語の運用の規則よりも、授受表現の運用の規則が重要になってきたと考えられる。

　さて、このような授受表現と敬語の相互関係を捉える上で欠かせない視点が発話行為（speech act）を観察する、という視点である。言語運用の規則、特に敬語や授受表現のように対人的配慮のもとで使われることの多い表現の運用規則は、対人配慮の意識が強く表れる場面でこそ見えやすいと考えるからである。ただし、これまでの日本語研究では、依頼・命令などの発話行為を、形式を基準として認定することが多かったが、複数の表現形式を比較して扱う際には、何が当該の発話行為かをきちんと認識しておく必要がある。その中

でも本書の鍵となる概念としたのは"策動（deontic)"という発話行為に用いられる言語表現、"策動表現"である。"策動"の用語は山岡（2008）によっており、発話行為の概念としても山岡（2008）に基本的に従うものであるが、本書では策動を担う言語形式のことを"策動表現"と呼ぶ。策動とはその発話によって聞き手に対して何らかの行為の実行を求める、あるいは、話し手が行為を行うことに責任を持つことを示す発話行為である。

(1) a. 早く学校に行きなさい。［命令］

　　 b. ドアを開けてくれませんか。［依頼］

(2) a. 今から発表を始めさせていただきます。［前置き］

　　 b. お茶をお出ししましょうか。［申し出］

(1) の命令・依頼では、発話後に聞き手が"学校に行く""ドアを開ける"ことが求められる。一方（2）の前置き・申し出では、発話後に話し手が"発表を始める""お茶を出す"といった行為をすることに責任を持つことが表明されている。

このような策動の場面は、話し手と聞き手が直に関わる場面であり、聞き手に対する言語的な配慮が必要になる。上位者を聞き手とする場面では特に、授受表現と敬語を適切に使用するという要求が高まっていることが予測される。本書では各時代の策動表現における授受表現と敬語の相互関係、およびその歴史的変化の観察を通して、現代語の授受表現の語用論的特徴がどのようにして形成されてきたのかを明らかにしていきたい。

以下、本書の構成を述べる。本書は 3 部で構成する。

第 1 部では、本書の研究の枠組みを述べる。第 1 章では授受表現の研究史を概観するとともに、研究上の問題点を挙げ、併せて敬語・待遇表現の研究史、また発話行為・策動表現の研究史と定義について述べる。第 2 章では授受表現と敬語の規定を確認する。第 3 章は授受表現の語彙的特徴の歴史として、「くれる」の歴史を明らかにする。第 4 章では補助動詞「～てくる」の歴史を明らかにする。「～てくる」は授受表現ではないものの、「～てくれる」と並行的に動作の方向性を示す機能を持ち、その歴史的変化は「～てくれる」の変化にも重要な示唆を与えるものである。

第2部では「聞き手に求める」表現である命令や依頼などの"行為指示表現"の歴史を述べる。第5章では行為指示表現の歴史的変遷として、行為指示表現の歴史における授受表現と敬語の相互関係について述べる。第6章は"連用形命令"の成立を通して、命令表現の歴史を考察する。連用形命令とは近世期に上方で成立した「行き」「食べ」という連用形の外形をした命令形式であるが、この表現の成立からは、行為指示表現の歴史における敬語使用の変化を見て取ることができる。

　第3部では「話し手が行う」表現である申し出や前置きなどの"行為拘束表現"の歴史を述べる。第7章では申し出表現の歴史的変遷として、申し出表現の歴史における授受表現と敬語の相互関係について述べる。第8章では現代語の謙譲語形式「お～する」をはじめとするオ型謙譲語の歴史的変化について述べ、その変化が申し出表現の歴史と関連していることを述べる。第9章では前置き表現の歴史として、国会会議録の授受表現・敬語の運用を考察し、「させていただく」という授受表現使用の広まりと敬語使用の関係を観察する。

　最後の第10章では、本書のまとめとして、授受表現と敬語の相互関係、およびその変化について考え、変化の要因について考察する。

目　次

はじめに	V
I　授受表現・敬語の構造と歴史	I

第1章　授受表現の歴史的研究と敬語・発話行為　3

1.　はじめに	3
2.　授受表現の歴史的研究の推移	3
2.1　研究史の概観	3
2.2　授受表現と敬語の機能の関連	5
2.3　視点制約とその成立	7
2.4　直示的機能	8
2.5　授受表現研究の問題点	9
3.　敬語・待遇表現の研究史	II
3.1　敬語・待遇表現研究の流れ	II
3.2　形式−機能の対応づけ	I2
3.3　機能−形式の対応づけ	I3
3.3.1　談話的機能（対人配慮）	I3
3.3.2　直示的機能	I5
3.4　敬語の変化の動向　聞き手の重視	I5
4.　命令・依頼表現の歴史的研究の推移	I6
4.1　形式−機能の対応づけ	I6
4.2　機能−形式の対応づけ	I7
5.　発話行為・策動表現の枠組み	I8
5.1　発話行為の研究史	I8
5.1.1　Searle（1969）の発話行為論	I8
5.1.2　山岡（2008）の発話機能論	20
5.1.3　日本語教育における策動表現の分類	2I
5.2　本研究の立場	22
5.3　策動表現の分類	23
5.3.1　先行研究における分類	23
5.3.2　本研究の分類	25

IX

第2章　授受表現と敬語の構造 29

1. はじめに 29
2. 授受表現の理論 30
   2.1 授受表現における議論のレベル 30
   2.2 統語論的側面 31
      2.2.1 授受表現の体系 31
      2.2.2 本動詞の格枠組み 31
      2.2.3 補助動詞の格枠組み 32
      2.2.4 授受表現の対立系列 34
      2.2.5 類型論的観点から見た日本語の授受動詞 35
   2.3 意味論的側面 37
   2.4 語用論的側面　視点との対応 39
      2.4.1 授受動詞の視点制約 39
      2.4.2 受身文の視点の運用と「もらう」 40
      2.4.3 「くれる」の視点制約 42
      2.4.4 文法的人称とウチ・ソト関係 42
   2.5 語用論的側面 43
      2.5.1 丁寧さの原則 43
      2.5.2 直示的機能　方向性 46
3. 敬語の理論 48
   3.1 研究史概観 48
   3.2 敬語の語彙論（意味論）的側面　基本的意味と待遇的意味 50
   3.3 敬語の分類 50
   3.4 敬語の統語論的側面 52
      3.4.1 尊敬語 52
      3.4.2 謙譲語A 53
      3.4.3 丁寧語 54
      3.4.4 謙譲語B 55
   3.5 敬語の語用論的側面 57
      3.5.1 敬語的人称と運用上の制約 57
      3.5.2 敬語的人称に対する批判と読み替え 59
4. まとめ 60

第3章　授与動詞「くれる」の視点制約の成立

敬語との対照から 63

1. はじめに 63
2. 研究の前提 64

x

2.1 「くれる」の視点制約   64

2.2 視点の位置の判断   65

3. 中古における授与動詞と「くれる」の意味特徴   66

  3.1 「くれる」の意味特徴   66

  3.2 中古語の授与動詞の運用との関連   視点の位置   67

    3.2.1 中古語の授与動詞   67

    3.2.2 副次的に授与を表す動詞   68

    3.2.3 中古語の授与動詞   70

4. 「くれる」と尊敬語授与動詞「たぶ」の対照   71

  4.1 「くれる」と「たぶ」の関連   71

  4.2 意味的特徴   上位者から下位者へ   72

  4.3 語用論的特徴   視点の位置   73

    4.3.1 「たぶ」   73

    4.3.2 「てたぶ」   74

    4.3.3 「くれる」   75

    4.3.4 「てくれる」   75

5. 敬語の語用論的制約と「くれる」の視点制約   77

  5.1 「くれる」の視点制約の要因   77

  5.2 敬語運用の歴史的変化との関連   77

  5.3 本動詞と補助動詞の差異   79

  5.4 「やる」の授与動詞化   80

6. まとめ   81

第4章　補助動詞「てくる」の成立

動作の方向性を表す用法の成立をめぐって   83

1. はじめに   83

2. 「てくる」方向づけ用法の特徴   84

  2.1 先行研究と用法の概観   84

  2.2 方向づけ用法の抽出   86

    2.2.1 継起・非継起   86

    2.2.2 前接動詞   86

    2.2.3 「てくる」による格付与   87

    2.2.4 主格の人物   87

    2.2.5 移動の有無   88

    2.2.6 まとめ 「てくる」方向づけ用法の基準   88

3. "方向づけ" を表す「てくる」の成立   88

  3.1 調査資料と概観   88

3.2 近世前期	89
3.3 近世後期	90
3.4 明治期	90
4. 方向づけ用法成立の要因	91
4.1 ダイクシスの運用の歴史的変化	91
4.2 歴史的変化の様相　「てくれる」の成立との関連	92
4.2.1 構文的拡張　間接受影用法	92
4.2.2 意味の漂白化	93
4.2.3 変化の動機　運用における義務化	94
4.2.4 領域区分と丁寧さの関連	95
5. まとめ	96

II　行為指示表現から	99

第5章　行為指示表現の歴史的変遷

尊敬語と受益表現の相互関係の観点から	101
1. はじめに	101
2. "行為指示表現"とその枠組み	102
2.1 行為指示表現の分類	102
2.1.1 概観	102
2.1.2 受益者	103
2.1.3 選択性	104
2.2 現代語の行為指示表現の様相	106
3. 行為指示表現の歴史的変遷	107
3.1 調査の概要	107
3.1.1 調査資料	107
3.1.2 調査対象形式	107
3.2 中世末期	108
3.2.1 直接型の用法	108
3.2.2 受益型の用法	109
3.3 近世前期	109
3.3.1 直接型の用法	110
3.3.2 受益型の用法	110
3.4 近世後期	111
3.4.1 直接型の用法	112
3.4.2 受益型の用法	112
3.5 近代（明治期）	113
3.5.1 直接型の用法	113

          3.5.2 受益型の用法　　　　　　　　　　　　114

     3.6　近代（大正〜昭和期）　　　　　　　　　　115

          3.6.1　直接型の用法　　　　　　　　　　　115

          3.6.2　受益型の用法　　　　　　　　　　　117

  4.　敬語の歴史的変遷との相互関係　　　　　　　　117

     4.1　直接型と受益型の相互関係　　　　　　　　117

     4.2　歴史的変化の要因　　　　　　　　　　　　118

          4.2.1　尊敬語と受益表現の相互関係　　　　118

          4.2.2　用法の変化の方向性　　　　　　　　120

  5.　まとめ　　　　　　　　　　　　　　　　　　　120

第6章　近世上方における連用形命令の成立

　　　　命令形式の三項対立の形成　　　　　　　　　123

  1.　はじめに　　　　　　　　　　　　　　　　　　123

  2.　連用形命令の成立に関する先行説　　　　　　　124

     2.1　「なされ」等の省略　　　　　　　　　　　124

     2.2　一段化動詞の命令形　　　　　　　　　　　125

     2.3　一段動詞の命令形語尾イ形からの影響　　　125

  3.　連用形命令の形成試論　　　　　　　　　　　　127

     3.1　敬語助動詞から終助詞への再分析　　　　　127

     3.2　問題点　拗音化とその解決　　　　　　　　128

     3.3　文献資料から見える状況　　　　　　　　　129

          3.3.1　Ⅰ期　　　　　　　　　　　　　　129

          3.3.2　Ⅱ期　　　　　　　　　　　　　　130

  4.　連用形命令成立の持つ意味　　　　　　　　　　132

     4.1　命令形式の三項対立と第三の命令形　　　　132

     4.2　敬語から"第三の命令形"へ　　　　　　　133

     4.3　第三の命令形形成の要因　　　　　　　　　134

  5.　まとめ　　　　　　　　　　　　　　　　　　　136

  6.　付章　成立した時期・場所の解釈　　　　　　　136

     6.1　村上（2014）による問題提起　　　　　　136

     6.2　敬語体系の変化　　　　　　　　　　　　　137

          6.2.1　敬語形式の概観　　　　　　　　　137

          6.2.2　敬語形式の概観　　　　　　　　　138

          6.2.3　敬語「やる」の運用　　　　　　　139

     6.3　拗音化の環境　　　　　　　　　　　　　　140

     6.4　付章のまとめ　　　　　　　　　　　　　　141

III　行為拘束表現から　　　　　　　　　　　　145

第7章　申し出表現の歴史的変遷
謙譲語と与益表現の相互関係の観点から　　　147

1. はじめに　　　　　　　　　　　　　　　147
2. 与益表現の運用の歴史的変遷　　　　　　　148
　2.1　"申し出表現" の定義　　　　　　　　148
　2.2　調査の概要　　　　　　　　　　　　149
　　2.2.1　調査内容と調査対象　　　　　　149
　　2.2.2　上下関係の認定　　　　　　　　149
　2.3　調査結果　　　　　　　　　　　　　150
　　2.3.1　中世末期〜近世前期　　　　　　151
　　2.3.2　近世後期　　　　　　　　　　　152
　　2.3.3　近代─明治期　　　　　　　　　152
　　2.3.4　大正・昭和期〜現代　　　　　　153
3. 歴史的変化の要因　　　　　　　　　　　　154
　3.1　与益表現の待遇価値の低下　　　　　154
　3.2　恩恵の表明と丁寧さの関係　　　　　154
　　3.2.1　丁寧さの原則　　　　　　　　　154
　　3.2.2　恩恵の言語表現の歴史的変遷　　156
　3.3　謙譲語と与益表現の相互関係　　　　157
　　3.3.1　現代語の謙譲語と与益表現　　　157
　　3.3.2　中世末期の謙譲語　　　　　　　158
　　3.3.3　まとめ　謙譲語と与益表現の相互関係　　159
　3.4　与益表現と謙譲語形式の関係の歴史的変化　　159
4. まとめ　　　　　　　　　　　　　　　　160

第8章　オ型謙譲語の用法の歴史
受益者を高める用法をめぐって　　　163

1. はじめに　　　　　　　　　　　　　　　163
2. オ型謙譲語の定義と用法　　　　　　　　　164
　2.1　オ型謙譲語の定義　　　　　　　　　164
　2.2　オ型謙譲語の用法　　　　　　　　　164
　2.3　受益者を高める用法　　　　　　　　165
3. オ型謙譲語の用法の歴史　　　　　　　　　166
　3.1　調査の概要　　　　　　　　　　　　166
　3.2　変化の様相　　　　　　　　　　　　167

3.2.1 概観	167
3.2.2 中世末期	168
3.2.3 近世前期	169
3.2.4 近世後期	170
3.2.5 明治期・大正期	171
3.3 まとめ　オ型謙譲語の歴史的変化	171
4. 歴史的変化の要因　申し出表現の歴史的変遷	172
5. 謙譲語の歴史的変化	173
5.1 概観　謙譲語の衰退？	173
5.2 中古語と現代語の謙譲語の対照	174
5.2.1 補助動詞型謙譲語とオ型謙譲語	174
5.2.2 補助動詞型謙譲語と非意志的動作	174
5.2.3 補助動詞型謙譲語の歴史	175
5.3 まとめ　謙譲語の歴史的「変化」の内実	176
6. まとめ	177

第9章　前置き表現の歴史的変遷

国会会議録を対象として	181
1. はじめに	181
2. 調査の枠組み	182
2.1 調査の枠組み	182
2.2 調査の概要	183
2.2.1 範囲	183
2.2.2 調査する表現	183
3. 前置き表現の変化	184
3.1 敬語要素の認定と組み合わせ	184
3.1.1 敬語の分類	184
3.1.2 要素の組み合わせ	185
3.2 各形式の用例数	187
3.2.1 使用される敬語カテゴリー	187
3.2.2 使用される組み合わせの変化	191
4. 変化の解釈と要因	192
4.1 敬語運用の変化	192
4.2 受益表現の変化	193
5. まとめ	194

第10章　授受表現と敬語の相互関係の歴史　197

1. はじめに　197
2. 授受表現に起きた変化　198
   - 2.1　体系的特徴の歴史　198
   - 2.2　語用論的特徴の歴史　199
   - 2.3　まとめ　200
3. 授受表現と敬語の相互関係　201
   - 3.1　変化の相関　201
   - 3.2　敬語カテゴリーの成立との関連　202
   - 3.3　敬語の運用との関連　203
4. 社会変化と敬語の変化　204
   - 4.1　都市化の進行　204
   - 4.2　家族単位の変化　206
   - 4.3　上下関係の流動性の増加　206
   - 4.4　社会の流動性の増加と敬語の変化　207

おわりに　209
資料　213
参考文献　219
索引　229

I
授受表現・敬語の構造と歴史

第 1 部「授受表現・敬語の構造と歴史」では本研究で取り扱う策動表現の枠組みを示す。また、語用論的研究を行うために、各時代における授受表現・敬語の形式や体系の把握が必要であることを述べ、日本語の敬語や授受表現の構造や特徴に触れる。その上で、授受表現の歴史を確認し、歴史的にどのような形式が存在し、どのように歴史的変化が起こるかを述べていく。

　第 1 章「授受表現の歴史的研究と敬語・発話行為」では、本書で扱う“策動表現”の位置づけを行うとともに、その語用論的研究にあたってどのような観点から研究すべきかについて、発話行為の研究史を踏まえて示し、本書の構成を示す。

　第 2 章「授受表現と敬語の構造」では本書の前提として、敬語と授受表現の規定を行い、研究史を確認する。その中で日本語の敬語や授受表現の類型論的特徴を明らかにし、日本語の授受表現や敬語を研究する上で着目すべき点を示す。

　第 3 章「授与動詞「くれる」の視点制約の成立―敬語との対照から―」では授与動詞「くれる」の用法の変化を述べる。現代語の「くれる」には第 1 章で確認するように“視点制約”と呼ばれる制約があるが、中古語の「くれる」には視点制約が見られない。第 3 章では「くれる」の運用の歴史を他の授与動詞、特に尊敬語「たぶ」と対照させながら考える。

　第 4 章「補助動詞「てくる」の成立―動作の方向性を表す用法の成立をめぐって―」では補助動詞「てくる」の“方向づけ”用法の成立を考える。「来る」は主語の移動を表す形式だが、「てくる」は「太郎がいきなり僕を殴ってきた」のように主語の人物が移動せず、行為が話し手に向けられていることを示す用法（以下、“方向づけ”用法）がある。この用法に先んじて補助動詞「てくれる」が成立し、「てくる」の方向づけ用法を先取りしているように見える。「てくる」方向づけ用法の成立を通して、日本語における、話し手に向かう方向性を示す文法形式とその成立過程について考察する。

第1章
授受表現の歴史的研究と敬語・発話行為

1. はじめに

　本書は、日本語の授受表現の歴史を、敬語との相互関係に着目して明らかにしようとするものである。歴史的な調査は文献資料によって進めていくが、その前提として、授受表現や敬語、また策動を含めた発話行為の研究史を確認するとともに、定義を行っておく必要がある。まず本章では、これまでの授受表現の研究史を整理するとともに、本書がどのような問題点に立脚しているかを述べたい。併せて、待遇表現・敬語の研究史、および策動の研究史や定義についても述べる。なお、授受表現や敬語の詳細な定義は第2章で詳しく述べる。

　本章の構成は以下の通りである。まず、2節では授受表現の研究史を確認し、問題の所在について述べる。3節では、敬語や待遇表現の研究史について確認する。4節では命令表現の研究史について述べる。5節では発話行為の研究史に触れ、本書が扱う発話行為、特に策動・策動表現の定義について述べる。

2. 授受表現の歴史的研究の推移

2.1　研究史の概観

　授受表現は使用頻度が高く、その使用が丁寧さと密接に結びついており、また形態的にもテ形補助動詞を生み出しているなど、現代語に特徴的な形式となっていることから、さまざまな面で注目されてきた表現である。

　授受表現を体系的に扱った最も初期の研究としては、松下（1930）が挙げられる。松下（1930）は「〜てやる」を"自行他利態"、

3

「〜てくれる」を“他行自利態”、「〜てもらう」を“自行自利態”とし、授受表現のテ形補助動詞3系列を“利益態”としてまとめて扱った。授受表現のテ形補助動詞を早い段階から自他という人称性と関連づけて説明していた点が注目される。その後人称・構文的特徴の研究は大江（1975）や久野（1978）による視点の研究へと引き継がれ、さらに説明が加えられた。また、授受表現と待遇表現との関連についても、宮地（1965）、上野（1978）等で説明がなされた。

　歴史的研究は、各時代の言語記述の中で授受表現が取り上げられるところから始まった。湯澤（1929, 1936, 1981[2]）では、中世後期・近世前期・近世後期というそれぞれの時代の授受表現について、基本的な用法が説明されている。山崎（1963）のように近世期の待遇表現を記述する際に授受表現形式が記述されているものもある。授受表現と敬語の関係を明示的に捉えた研究としては、宮地（1975, 1981）を欠かすことはできない。宮地（1975, 1981）は授受表現の語彙体系を整理した上で、その歴史的変化について、敬語の変化との関連という大局的な観点から歴史的変化を捉えている。これは、大変重要な指摘であるため、次節以降で改めて確認する。その他、近年でも吉田（2008, 2010）、李（2010）は中古から中世にかけての授受動詞を総合的に記述している。

　個々の語彙に関する考察も行われている。「たぶ」について述べた岡崎（1971）、吉田（2007）、「てやる」「いただく」について述べた荻野（2008, 2009）等がある。また、「くださる」については古川（1996a）、吉田（2006）、荻野（2006）等がある。授受表現の歴史的研究は、特に1990年代後半以降盛んになってきており、基本的な現象に関しては記述が進んでいるものと考えられる。

　以下、授受表現の歴史的研究に関する重要な研究を取り上げて確認していくこととする。2.2節では宮地（1975, 1981）、2.3節では視点制約に関する研究、2.4節では直示的機能に関する研究を確認する。

2.2　授受表現と敬語の機能の関連

授受動詞体系の歴史的変化について、明示的に敬語の変化との対応を示したのは宮地（1975）である。宮地（1975）は『源氏物語』本文と玉上琢弥『源氏物語評釈』の現代語訳を対照し、現代語訳で授受表現のテ形補助動詞「てやる」「てくれる」「てもらう」「てあげる」「てくださる」「ていただく」が用いられている部分にどの表現が相当しているか、調査を行った。

(1) a.　［本文］きのふ待ちくらししを、なほ、あひ思ふまじきなめり。

　　 b.　［玉上訳］昨日は一日中待っていたのだのに、やはりわたしほどには思ってくれないようだね。　　　　　　（帚木）

(2) a.　［本文］いとあはれとなむ思ふべき。

　　 b.　［玉上訳］随分可愛がってやるよ。　　　　　　　　（帚木）

(3) a.　［本文］しのびては参り給ひなむや。

　　 b.　［玉上訳］こっそり参内しては下さらぬか。　　　　（桐壺）

(4) a.　［本文］この人の宮仕への本意、必ずとげさせ奉れ。

　　 b.　［玉上訳］この子を宮仕えさす願いを必ずかなえさせてさしあげよ。　　　　　　（桐壺、以上宮地 1975: 805–807）

(1)・(2) のように現代語の授受表現補助動詞に対応する特定の形式がないこともあれば、(3)・(4) のように敬語が付されていることもある。いずれにせよ、古代語では、「やる」「くれる」「もらう」が含意する人称性による方向性が示されていないことがわかる。宮地（1975）は「てくれる」「てくださる」等を用いているほうが"現代語訳として落ちつきがいい（宮地 1975: 807）"と述べ、以下のように授受表現の使用を古代語と現代語の大きな差異として位置づけている。

(5) 源氏物語には受給表現補助動詞とみとめられるものがなく、これに類する別の表現もない、これらの表現の意味する事態の認識を、当時の人々は持っていなかった、この点に関するかぎり、当時の人々はわれわれ現代人より単純直截な表現をとっていた、現代人は事態の受給的認識をこまかく表現しわける傾向があると見てよいだろうとおもうのであ

る。　　　　　　　　　　　　　　　　　　（宮地 1975: 809）

　さらに宮地（1975）では「てやる」「てくれる」「てもらう」の出現時期について調査がなされており、それらが近世前期までに出揃うことを明らかにした。その後、宮地（1981）では、それらの敬語形も含めて図1.1のように授受表現補助動詞の成立を示している。敬語形はそれぞれ非敬語形の後に成立し、19世紀の中頃までにすべての形式が出揃った。

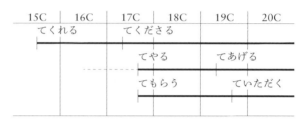

図1.1　授受補助動詞の成立時期（宮地 1981: 18）

　宮地（1975）は、この変化の要因として"敬語表現の単純化"、"丁寧語の発達とのかかわり"の2点を挙げる。さらに、このような受給敬語動詞・同補助動詞の発達を近代敬語の特徴と位置づけ(6)のように述べた。

(6) 敬語の単純化にともなう人間関係把握の簡単化におきかえて、事態の受給表現という、あることがらについての人間関係の表現の複雑化を生んだという点で、日本人は、表現対象を変えながらも、依然として、古来、微妙な人間関係の認識とその表現を好む性格があるのではないかということ、そして、受給表現の発達と丁寧表現の発達とは、話し手が事態や相手とどうかかわるかを、その場その場で表出するという点で共通する近代日本語らしさを示す事実と見られるのではないかということを、日本語の表現史上の一仮説的解釈として提示したかったのである。（宮地 1975: 816）

　その後の研究も、基本的には宮地（1975, 1981）の示した変化の方向性に沿うものであり、敬語の変化との関連性についても概ね同意されているものと思われる。ただし、これらの研究では、それ

ぞれの語の意味用法については触れられておらず、意味用法の詳細
や授受表現使用に関する語用論的条件の精査にはなお問題が残って
いる。

2.3 視点制約とその成立

授受動詞を"視点"の概念で記述したのが大江（1975）や久野
（1978）である。視点の概念は授受動詞の使い分けを、移動動詞や
ヴォイスなど、他の現象とも共通する枠組みで説明することを可能
にした。

(7) a.　私が太郎にやる。

　　 b.＊太郎が私にやる。

(8) a.＊私が太郎にくれる。

　　 b.　太郎が私にくれる。

久野（1978）の説明によれば、「やる」は主語に視点をおかなけ
ればならない（久野の用語では"共感度"が補語より主語のほうが
高い）のに対し、「くれる」は補語に視点をおかなければならない
（"共感度"が補語より主語のほうが高い）。視点は話し手に最もお
かれやすいため、文の視点と文中における話し手の位置が矛盾する
(7b)(8a)がそれぞれ非文となると説明する。

歴史的研究にも"視点"の概念を援用して授受動詞の用法を記述
する研究が見られるようになった。古川（1995）では、「やる」と
「くれる」が方向性の区別を持つようになる過程を調査し、鎌倉時
代以後に人称的方向性による区別が成立したことを述べた。なお、
古川氏には中世・近世における「くれる」の周辺的な用法について
の研究もある（古川1996b）。

その後、視点制約の成立過程については、いくつかの論が出てい
る。荻野（2007）は「やる」「くれる」「もらう」3語の視点制約が、
特定のモダリティ（「やる」「もらう」は意志表現、「くれる」は依
頼表現）と結びついて成立したことを述べた。その後、日高
（2007）や森（2011b）は「くれる」自体がもともと持っていた意
味である語彙的な上下関係の意味が変化した結果であると考えた。

"視点"研究の発展により、授受動詞体系の研究が進展したとい

第1章　授受表現の歴史的研究と敬語・発話行為　　7

う側面はあるものの、一方で「やる」「くれる」「もらう」の視点制約は等価なものではなく、これらを並べて考えることには問題がある。視点制約については第2章2.4.1節で詳細に考察する。また、「くれる」における視点制約の成立過程については、第3章で詳しく考察する。

2.4 直示的機能

また、この間に授受表現を社会的ダイクシスの1つとして捉える研究も現れた。近藤（1986, 2000）は現代語の授受動詞と古代語の授受動詞を比較して、古代語では敬語に中立的な授受動詞があまり見られないことを指摘し、その語彙体系を表1.1・表1.2の通りに示した。

表1.1　現代語の授受動詞体系（近藤1986）

敬意 ＼ 自己同一化	主体	対象	主体
中立	やる（あげる）	くれる	もらう
主体	おあげになる	くださる	おもらいになる
対象	さしあげる	―	いただく

表1.2　古代語の授受動詞体系（近藤1986）

敬意 ＼ 自己同一化	主体	対象	主体
中立	―	―	―
主体	たまふ	たまふ	―
対象	たてまつる	―	たまはる

古代語の授受動詞では非敬語形が不活発で、主に敬語による語彙体系が形成されているのに対し、現代語では、主に話し手の視点を基準として語彙体系が形成されていることを明らかにした。

古代語の体系は、現代語から見ると一見欠如的に思われるが、機能上も授与の方向性を問題なく表すことができる。(9)のように古典語の授受動詞「たまふ」も現代の「あげる」「くれる」の移動を区別しないが、敬語の情報により授与の方向を決めることができる。

(9) a. ［帝は謹慎中の源氏を宮中に復帰させようとする］^{［帝→大后］}「いまはなほもとの位をも<u>賜ひ</u>てむ」［あげる］【このうえは、やはりもとの位をやることにしよう。】

(源氏, 明石: ② 252)

b. ［薫は浮舟に会うべく、僧都に接触する］^{［薫→僧都］}「御文一行<u>賜へ</u>」［くれる］【お手紙を一行でもください】

(源氏, 夢浮橋: ⑥ 380)

　このように、授受表現や敬語は参与者が明示されていなくても授与の方向性が決められる社会的ダイクシスの機能を持っており、古代語も現代語もそのシステムを用いて方向性を示している。

　その後、金水（1989, 2004）は近藤（1986, 2000）を発展させ、存在の表現も含めても直示的機能が等価に働くこと、また、歴史的に敬語の直示的機能が優位に働く語彙体系を持つ古代語から、人称の直示的機能が優位に働く現代語の語彙体系へと変化が起こったことを指摘した。これらの研究は、敬語・授受動詞・移動動詞の直示的機能が等価に働くことが示された点、また社会的ダイクシスのあり方に歴史的変化があることが示された点で、非常に重要であると思われる。

2.5　授受表現研究の問題点

　これらの歴史的研究に並行し、現代語の授受表現の用法の整理が進んだ。他の言語との対照、日本語学習者の用法の分析、あるいは文献・コーパスや通信調査など、多角的な調査・分析が進み、記述的事実は格段に積み上がった。また近年、山田（2004）、日高（2007）と相次いで現代の授受表現を記述的・総合的に扱った研究が世に出た。山田（2004）は現代語の授受表現を記述的に研究したものであり、また、日高（2007）は授受表現の変化のありようを、諸方言を対照させる形で論じたものであるが、このような流れの中で、日本語の授受表現を扱う上での基盤がかなり整備されてきた。

　そのような視点からこれまでの授受表現の歴史的研究を振り返ると、以下のような問題が残っていることに気づく。

第1章　授受表現の歴史的研究と敬語・発話行為　　9

1) **「くれる」の特殊性**：これまでの研究では授受動詞3語「や
る」「くれる」「もらう」を同列に扱う研究が多かったように
思われる。しかし、「くれる」の制約は「くれる」固有の意
味論的制約であり［→ 2.4節］、類型論的にも「くれる」の
存在が稀なものである（山田2004、第2章2.2.5節で述べ
る）。授受動詞としては「くれる」の位置づけが注目される
もので、その視点制約の成立には「やる」「もらう」とは異
なる特別な説明を必要とするが、それには十分な説明が与え
られていない。

2) **意味用法・語用論的条件の整理**：これまでの研究は当該の語
が"いつから現れるか"をもって変化を判断していた。もち
ろん、語彙の出現は1つの指標ではあるが、現代のように
"授受表現がよく用いられる"ということを説明するときに、
"どのような意味用法・語用論的条件で、どのくらいの量使
用されるか"という点も指標とされるべきである。そのため
には、各時代でどのような意味用法・語用論的環境で用いら
れていたか、ということが追究されるべきだが、その点での
調査はなされていない。

これをもとに本書では、授受動詞の歴史的研究を通して、以下の
2つの特徴の形成を明らかにしたい。

1) **語彙的特徴の形成**：現代語の授受表現は「やる／あげる」
「くれる」「もらう」の3項、およびその敬語形からなる体系
を持っている。特に話し手への授与を示す「くれる」の存在
は日本語の授受表現を類型論的に特徴づけるものである。
「やる／あげる」「くれる」「もらう」の授受動詞の3項対立、
特に「くれる」の視点制約はどのように形成されたか。

2) **語用論的特徴の形成**：現代語では授受動詞を使用することが
必須となる語用論的環境がある。例えば、依頼表現では「〜
してくれない？」「〜していただけませんか？」のように
「くれる」や「いただく」といった授受表現を用いることが
（通常の言語運用上は）重要である。このような語用論的特
徴はいつ頃形成されたか。

ところで、宮地（1975, 1981）の指摘の通り、授受表現の変化には、敬語の歴史的変化が関連していることが予測される。そのため、授受表現の歴史を明らかにするためには敬語との対照という観点が必要である。また、語用論的条件を考慮に入れて調査を行うためには、当該の発話行為についても定義する必要がある。そこで、3節ではこれまでの待遇表現・敬語研究がどのように行われてきたのか、4節では、本書で扱う発話行為である策動の中でも比較的研究が多い命令・依頼について、また5節では策動の研究史について見ていくことにする。

3.　敬語・待遇表現の研究史

3.1　敬語・待遇表現研究の流れ

　敬語・待遇表現の歴史は日本語研究の中でも、多くの関心が持たれてきた分野である。近代以降、特に敬語の分類が問題とされ、山田（1924）、松下（1930）、時枝（1941）等による議論があった。

　その後、各時代やテキストにおける敬語体系の記述が進み、それぞれの時代の位相差や男女差など話者の属性と関連づけた記述・整理が進んだ。さらに上位者を待遇する敬語のみならず、卑語・マイナス待遇を含めて研究が行われるようになってきた。

　また、現代語の敬語研究やBrown and Levinson（1987）のポライトネス理論など語用論研究の発展を承けて、敬語形式のみならず、広く対人配慮を行う機能がどのように行われるか、という点に目が向けられるようになった。例えば、人間関係を調整するための言語運用や言語行動（"配慮表現"）を捉える試みも現れており、いくつかの研究書も見られるようになっている（彭飛2004、山岡・牧原・小野2010、野田・高山・小林（編）2014等）。さらに近年では、また、歴史語用論（高田・椎名・小野寺（編）2011、金水・高田・椎名（編）2014）、歴史社会言語学研究の1つとして待遇表現を研究する動きも広がっており、待遇表現を扱う基盤は多種多様なものとなっている。

第1章　授受表現の歴史的研究と敬語・発話行為　　II

本節では、これらの研究史の中で明らかになったことを整理する
とともに、授受表現研究と敬語・待遇表現研究がどのように関連し
ているかを考えたい。歴史語用論研究の方法を述べた椎名（2009：
67）では、2つのアプローチの方向性を指摘している。

(10) a.　**形式－機能の対応づけ (form-to-function-mapping)：**
　　　　特定の言語形式に着目してその語用論的意味の変遷を
　　　　追究する。

　　b.　**機能－形式の対応づけ (function-to-form-mapping)：**
　　　　特定の語用論的機能（例えば"依頼""命令"など）に
　　　　着目して、それが時代ごとにどのような異なった言語
　　　　形式で表現されるのかをみる。　　　　（椎名2009: 67）

　敬語研究もこの2つの流れがあったように思われる。つまり、あ
る形式がどのような敬語カテゴリーで、どのように機能するかとい
う形式－機能の対応づけと、直示的機能や対人配慮を果たす上で敬
語がどのように用いられるのか、という機能－形式の対応づけの2
つの流れである。以下、形式－機能の対応づけを3.2節で、機能－
形式の対応づけを3.3節でそれぞれ確認していく。

3.2　形式－機能の対応づけ

　まず、形式－機能の対応づけの研究を確認する。この方向での研
究はこれまで非常に多く見られるが、特に各時代の敬語形式の意
味・機能を記述したものが多い。ひとまず書名に「敬語」・「待遇表
現」が含まれる研究書のみ挙げても（11）のものがあり、ほぼす
べての時代にわたっている。

(11) a.　上代：藁谷（1989, 2012）、吉野（2005）、穐田（1976）

　　b.　中古：穐田（1976）、藁谷（1989, 2012）、根来（1991）、
　　　　森（1992）、大久保（1995）

　　c.　中世：穐田（1976）、泉（1998）

　　d.　近世：山崎（1963, 1990, 2004）、小島（1974, 1998）、
　　　　杉崎（2003）、辻（2009）、佐藤（2014）

　他にも源氏物語の敬語法について取り上げた玉上（1983）や、
文法書の中で敬語が記述される（湯澤1929, 1936）、講座として取

り上げられる（辻村（編）1971、北原（編）1978）など、さまざまなところで記述がなされた。平安時代の対者敬語（聞き手に対する敬語）について体系的に述べたものとして杉崎（1988）がある。また、特定の形式に着目したものとしても「はべり」についての布山（1982）、「参る」「参らす」についての宮腰（1986）がある。

さて、形式－機能の対応づけからは、敬語との意味変化が一定の傾向性を持って起こることがわかっている。まず、敬語の成立に関して、敬語は迂言的な表現から形成される（「御座」＋「あり」＞「ござる」など）。また、敬語はその待遇価値を下げることがあり（敬意逓減、井上1999）、そのために新しい敬語語彙との交替が起こることがある（近世期に二人称代名詞「貴様」の価値が下がり、「あなた」が用いられるようになる、など）。また、尊敬語・謙譲語といった素材敬語が対者敬語化し聞き手配慮の機能を持つ（金水2011、森山・鈴木2011）、ということは日本語史上よく起こっている変化である。特にこの素材敬語の対者敬語化は、（6）で授受表現との関連が指摘されていた重要な項目である。

3.3　機能－形式の対応づけ

近年では特定の機能を出発点として、敬語の運用の変化を扱う研究もある。それらの研究を2つに区分すると談話的機能（対人配慮）に関わる研究、直示的機能に関わる研究の2つに区分される。以下、3.3.1節で談話的機能に関する研究を、3.3.2節で直示的機能の研究を扱うことにする。

3.3.1　談話的機能（対人配慮）

これまでの敬語の談話的機能に関する研究には、敬語を運用する基準について考察したものが多い。特に金田一（1942）が提唱した"絶対敬語から相対敬語へ"という敬語の運用基準の変化がよく取り上げられ、さまざまな敬語の変化との関連が研究されてきた。

近年では福島（2013）のように絶対敬語の存在を疑問視する論もあり、確かに金田一氏が指摘するような、純然たる絶対敬語の時代が存在していたかについては、疑問の余地がある。

しかし、例えば、第三者待遇表現（話し手・聞き手以外の第三者に対する敬語使用）を見ると、古代語では素材敬語の対象となる参与者と聞き手との関係にかかわらず、上位の参与者には敬語を用いる。しかし、現代語では聞き手と発話事態の上下関係を考えて、聞き手のほうを高めるべきときは参与者への敬語を抑制する（井上1999、永田2001等）ようになっている。その他にも、人間関係による使用の変化について、古代語では固定的身分関係に応じた敬語使用がなされていたが、現代語では上下関係に加えて、話し手との心理的距離（親疎）によっても敬語を運用する（宮地1981等）という運用上の変化が指摘されている。古代語では“客観的・固定的な身分や階級へのつよい意識で敬語をつかった（宮地1981: 14）”のに対して、現代では特に丁寧語が“聞き手への尊敬というよりは、話し手の気品保持・上品さの表現からつかわれ（同: 15）”るものであるという変化は、おおむね研究者の同意するところとなっている。

　近年では、語用論研究の進展、特にBrown and Levinson（1987）のポライトネス理論が日本でも知られるようになり、聞き手に対する待遇の方法、言語的な配慮のさまざまなあり方にも目が向けられるようになっている。また、それを通して、日本語の対人配慮表現における言語普遍性・個別性の考察がなされることもある。このようなアプローチをとるものには“敬意表現”研究や“配慮表現”研究がある。“敬意表現”研究としては、井出祥子氏・坂本恵氏を中心とした研究者（『日本語学』20–4, 明治書院, 2001年等）に研究があるほか、日本語教育分野でも多く取り上げられている。また、“配慮表現”研究としては、守屋（2001, 2002）、山岡（2004）、山岡・牧原・小野（2010）等があり、「ちょっと」や、「つまらないものですが」などのように人間関係を良好に保つために用いられる“配慮表現”が整理されている。

　この取り組みは日本語史研究にも応用されるようになり、高山（2012）や野田・高山・小林（編）（2014）では、謝罪・依頼等配慮が必要な際に用いられる言語行動上の表現としての“配慮表現”について、問題点や研究上の課題が示されると共に、古代語から現

代語までの諸処の事例研究が進められた。

3.3.2 直示的機能

敬語の直示的機能としては、2.4節で述べたように、近藤（1986, 2000）、金水（1989, 2004）に詳しい。移動動詞や授受動詞は、古代語では敬語を中心とした語彙体系が形成されているが、現代語では話し手を中心とする語彙体系となっている。

また、直示的機能を含めた文法機能の変化として、森山（2003）が指摘した謙譲語の機能の変化も重要である。森山（2003）は中古語と現代語の謙譲語の性質を比較し、中古語では上位者が動詞の項に現れるときに広く謙譲語が用いられるのに対し、現代語では一定の制限があることを述べ、"尊者定位"の中古語から、"自己定位"の現代語への変化を論じた。この謙譲語の機能の変化については、第8章にてさらに詳しく扱う。

3.4 敬語の変化の動向 聞き手の重視

ここまでで述べてきたように、敬語史においては、聞き手を志向する敬語体系になってきていることが示されている。まず、語彙体系として、歴史的には対者敬語が形成されてきている。運用上も対者敬語の使用は重視されており、現代では、すべての文末に丁寧語「です」「ます」を付すのが規範的とされるほど、その使用が徹底されるようになった。また、第三者待遇表現を見ても、話題の人物と聞き手を比較して、聞き手のほうがソト、あるいは上位の人物であれば、話題の人物に対して敬語を用いないという運用法になっているが、これは話題の人物に対する配慮より聞き手に対する配慮を優先させていると見ることができる。

（6）で述べたように、宮地（1975）は授受動詞の変化の理由を"丁寧表現"（対者敬語）の発達に求めているが、宮地（1975）自身が"仮説的解釈"としているように、この点はさらなる考察が必要となる。

第1章 授受表現の歴史的研究と敬語・発話行為　15

4. 命令・依頼表現の歴史的研究の推移

4.1 形式－機能の対応づけ

命令・依頼表現の歴史的研究も、前述のような敬語研究の中で行われてきたものである。命令・依頼表現の歴史的研究における関心のありかも、以下のようにまとめられる（陳（2005）に詳細な研究史がある）。

(12) 形式－機能の対応づけ

  a. 特定のテキスト・時代において命令表現がどのように使用されるのか。

  b. 特定の形式がある時代にどのように現れるのか。

(12a) 特定のテキスト・時代を対象とした研究の主なものとして、中古の和文作品を扱った川上（2005）、平安時代の資料を扱った藤原（1995, 2014）、『平家物語』を扱った西田（1970）等がある。また、近世期は比較的記述が豊富であり、寺島（1976, 1978）、式亭三馬の滑稽本作品を扱った広瀬（1991, 1992, 1993, 1995, 1996, 1998, 2000）、『桑名日記』を扱った山本（2010a, 2010b）、佐藤（2014）がある。また、山崎（1963）、小島（1998）は待遇表現全体を視野に入れるものであるが、その中に命令表現も組み込まれて体系化されている。近代以降は陳（2004a, 2004b, 2006a, 2006b, 2013, 2014）の一連の研究が特に明治期の命令表現の多様性を明らかにしている。他にも、「候へ」を扱った武田（1973）、近世上方で成立した「行き」「食べ」という連用形の外形で命令を行う"連用形命令"を扱った村上（2003）、近世期の「～（さ）しめ」を扱った米田（2014）、近世江戸語の尊敬語による命令形式を扱った山田（2014）等が挙げられる。

(12b) 特定の形式に着目した研究として、田中（1957）や工藤（1979）は近世から近代にかけて、どのような形式が命令・依頼表現として用いられているかを明らかにしている。両者は単に形式の変化を扱うのみでなく、体系性を志向している点が注目される。また、田中（1957）では命令表現の変化が"意味に応じて形式を対応させる"という日本語の分析的傾向との関連が指摘されている。

北﨑（2014）のように、命令形の機能を網羅的・記述的に述べる
ものも見られる。

4.2　機能－形式の対応づけ

しかし、機能－形式の対応関係を目指した研究は命令・依頼表現
研究において多くないように思われる。中古の依頼表現を扱った藤
原（1995）、『平家物語』の行為指示表現を包括的に扱った原
（2005）は挙げられるが、いずれもそれぞれの時代の命令・依頼表
現を共時的に記述しようとするものである。また、野田・高山・小
林（編）（2014）では、命令に関わる言語行動として依頼が取り上
げられており、敬語にとどまらず対人配慮を果たす表現が調査され
ているが、前述した少なさを補いきれてはいない。

これは、これまでの命令・依頼表現研究が待遇表現研究の一環と
して行われてきたことに起因するものと思われる。これまでの待遇
表現研究は、話者や待遇する人物の属性、および話者と待遇する人
物の関係を主たる関心としており、実際の談話で果たされる機能に
ついてはあまり関心が向けられることがなかったためと考えられる。
また、個々のテキストの性格を明らかにするために命令表現形式を
指標とする研究が多かったことも実際の機能に関心が向けられな
かった一因といえる。

しかし、授受表現の運用の変化がどのように変化したか、という
問題意識に立つときには、特定の発話行為が行われる場面を取り出
す必要があり、そのために発話行為を定義する必要がある。先の研
究で明らかにされているように個々の待遇表現形式の意味は変化し
うるので、形式を基準に発話行為を定めると、比較対照は不可能で
ある。どの言語にも共通する語用論的条件から発話行為を定義する
必要がある。

授受表現と敬語が語用論的に等価な機能を持つのは、丁寧さの要求
が高まるときである。論旨を先に述べれば、丁寧さの要求が高まるの
は人と人とが関わる場であり、そのようなときに行われるのが"策動"
という発話行為である。次節では策動で用いられる言語表現としての
"策動表現"の研究史に触れ、それをもとに策動表現を定義する。

第1章　授受表現の歴史的研究と敬語・発話行為　17

5. 発話行為・策動表現の枠組み

5.1 発話行為の研究史

本研究は発話行為を特定し、その発話行為において、授受表現や敬語がどのように用いられているかを考察する。発話行為の分類は、欧米の言語学ではすでに 20 世紀前期・中期から研究がある。例えば、Buhler（1934）、Jakobson（1960）、Searle（1969）等が挙げられる（山岡（2008）に詳細な解説があり、本節も多くを同書による）。

　一方、90 年代に現代語の記述文法を著す流れが生まれるが、その中でも対人コミュニケーションの機能はモダリティの一部として記述に組み込まれていった。寺村（1985）の"対人的モダリティ"、仁田（1991）の"発話・伝達のモダリティ"などである。また、日本語教育研究や 1980 年代後半以降興隆を見せる会話分析でも発話行為を整理する試みが出てきている。以下、本研究に必要な範囲で発話行為の研究史を素描する。

5.1.1 Searle（1969）の発話行為論

Searle（1969）は、表 1.3 のように発話行為を分類している *1。

Searle（1976）は、発話行為を分類する基準として世界と言葉の適合の方向を考える。まず陳述表現型について、例えば、（13）の"自慢"の発話では、"100 点を取る"という事態が起こった後、その内容を発話している。これを Searle（1976）は世界に対して発話を対応させていく（*words-to-world* direction）ものと位置づける。

(13)［*words-to-world* direction］
　　　［陳述表現型：自慢］僕、テストで 100 点とったんだ！［テストで 100 点をとる→発話］

行為指示型・行為拘束型は発話によって世界を変える（*world-to-words* direction）ことを意図する、とされる（Searle 1976）。（14）の"依頼""約束"の発話では、発話を行った後に発話内容が実現している。

表1.3　サールの発話行為（speech act）の5分類（山岡 2008: 72）

分類	発語内目的	適合の方向	誠実性条件	範疇の例
陳述表現型 (Assertives/ Representa- tives)	事実に関する命題が真であることに話者が責任を負うこと	言葉を世界へ (words-to- world)	命題に対する信念	陳述、主張、結論、推論
行為指示型 (Directives)	聞き手にある行為を行わせようとすること	世界を言葉へ (world-to- words)	聞き手の行為に対する欲求	依頼、命令、助言、懇願
行為拘束型 (Commissives)	話し手がある行為を行うことについて自ら責任を負うこと	世界を言葉へ (world-to- words)	話し手の行為に対する意図	約束、脅迫、提供、協力
宣言型 (Declarations)	ある対象の地位や状態についてなんらかの変化をもたらすこと	双方向 (bi-direction)	なし	命名、賭け、任命、譲渡
感情表現型 (Expressives)	話し手の心理状態を表現すること	無方向 (no direction)	話し手の様々な心理状態	感謝、祝福、謝罪、賞賛

(14)［*world-to-words* direction］

    a.　［行為指示型：依頼］窓を開けてもらえませんか？

       ［窓が閉まっている（暑い）→発話→聞き手が開ける］

    b.　［行為拘束型：約束］これから毎日お手伝いをします。

       ［手伝いをしない→発話→話し手が手伝いをする］

　また、宣言型は発話によって新たな事態を発動させようとしている点で行為指示型・行為拘束型と共通するが、発話と同時に発話内容は充足される。例えば、(15)で、話し手は発話によって卒業式を始めることを意図するが、発話の瞬間に卒業式は始まり、話し手の意図は充足する。Searle（1969）では、世界と双方向の対応（bi-direction）を持つと説明される。

(15)［宣言型：開会の辞］これから卒業証書授与式を挙行します。

    ［卒業式前→発話→卒業式中（特定の動作主がいるわけではない）］

一方感情表現型は、話し手がその時点での自らの心的状態を発話するものであり、世界との対応を持たない。

5.1.2　山岡（2008）の発話機能論

　山岡（2008）の発話機能論は、Halliday（1985）による、複数の会話参加者における発話は、話し手と聞き手の相互関係から成り立つものとする考えを中心に据えながら、Searle（1969）の発話行為論を取り入れたものである。

　山岡（2008）によれば、二者による "あらゆる会話の原型は、《要求》（demanding）と《付与》（giving）（同: 50）" であり、この組み合わせは "双方が互いを補完するもので、高い緊密度を有していて、常に表裏一体の関係（同: 51）" にある。この考えに基づき、山岡（2008）では、"連" を 1 つの会話の単位として認める。連とは、一方の参与者が第一発話として "命令" や "許可要求" を行うと他方の参与者が基本的に "服従" や "許可（許可付与）" を行うことになるというような呼応の関係である。さらに山岡・牧原・小野（2010）では最後の《容認》を加えた《要求》→《付与》→《容認》の 3 者が "会話の原型（同: 120）" であると位置づける。

(16)a.　[命令→服従]

　　　　A：当分地方で休養しないか。《要求》[命令、第一発話]

　　　　B：承知しました。《付与》[服従]

　　　　A：それでいいんだ。《容認》

　　b.　[許可要求→許可（許可付与）]

　　　　A：休憩してもいいですか。《要求》[許可要求、第一発話]

　　　　B：承知しました。《付与》[許可]

　　　　A：それでいいんだ。《容認》　　　　　　（山岡2008: 50）

　このような考え方は、山岡（2008）が "発話機能を規定する語用論的条件の重要な特徴は、それは話者だけから見たものではなく、聴者もまたそれを共有していることが前提となるということである（同: 49）" と述べる通り、話し手と聞き手を対称的なものとして捉える考え方に基づいている。山岡（2008）はこのことをもとに、

20　　I　授受表現・敬語の構造と歴史

自らの論を“発話行為”と区別される“発話機能論”としている。

その上で、山岡（2008）は、表1.4のように4つの分類を提唱する。行為指示型と行為拘束型をまとめてともに策動としているのは、これらが同じ適合の方向（世界を言葉へ）を持つことを重視しているためである。

表1.4　山岡（2008）による発話機能の分類（山岡 2008: 73）

分類	定義	適合の方向	Searle (1976) との対応
策動 (Deontics)	参与者の行為に対する制御機能	世界を言葉へ (world-to-words)	行為指示型 行為拘束型
宣言 ・ (Declarations)	世界の現象を変化させる遂行機能	双方向 (bi-direction)	宣言型
演述 (Assertives)	世界の現象に関する記述機能	言葉を世界へ (words-to-world)	陳述表現型
表出 (Expressives)	発話者の心情に関する遂行機能	無方向 (no direction)	感情表現型

5.1.3　日本語教育における策動表現の分類

これとは別に、日本語教育の分野でも、発話行為の分類が行われてきた。例えば、坂本・川口・蒲谷（1994）では表現行為を、それを行う“目的・意図”の違いから以下の3つに分類している。

(17) 1　表現内容である自己の感情・意識・認識などの表出すること自体が「目的・意図」となる、「自己表出表現」（「述べ」の表現）

　　 2　表現内容である自己の感情・意識・認識、知識・情報などが相手に理解されることを「目的・意図」とする、「理解要請表現」（「伝え」の表現）

　　 3　表現内容を相手に伝えるだけではなく、それによって相手あるいは自分（またはその両者）が何らかの行動を起こし、その行動で表現内容が実現されることを「目的・意図」とする、「行動展開表現」（「働きかけ」の表現）

(坂本・川口・蒲谷1994: 47)

坂本・川口・蒲谷（1994）において"日本語教育における表現指導の目標は、学習者がこれら三種の表現をそれぞれ違いに応じて的確に表現できるようにすることである（同: 48）"と述べられるように、このような表現行為の分類は、主に日本語教育上の要請から設けられたものである。

　これらの分類は坂本・川口・蒲谷（1994）では、"行動展開表現"の議論の前提として導入されているが、それぞれの具体的な例は示されておらず、この3分類で完結するものなのか、またその内訳はどのようなものがあるか、等の位置づけが問題となる。"策動"は（17）の"行動展開表現"に対応すると思われるが、"自己表出表現"と"理解要請表現"は山岡（2008）の分類に直接対応していない。

　山岡（2008）は日本語教育において用いられる"表現意図"という用語に内包的定義が与えられていないことを指摘し、"文の形式的側面である構文と対応するところの、文の意味的側面を直観的に把握したものが「《命令》・《叙述》・《応答》」などの各範疇だったわけである。そして、それらの範疇群の総称として「表現意図」という用語が後から考案されたものと考えられる（同: 18–19）"と述べる。坂本・川口・蒲谷（1994）の分類には"表現意図"の定義やその下位分類の定義がなされておらず、発話行為を厳密に定義しようとする上では問題がある。

5.2　本研究の立場

　前節で述べた問題点から、本研究では山岡（2008）の発話機能の基本的枠組みに従い、"策動"の発話行為を取り上げる。策動の発話行為は、発話によって話し手が聞き手に関わっていくことを示す、あるいは発話によって聞き手を動かそうとする行為であり、特に対人配慮の意識が高まる表現と考えられる。

　ただし、本書では、《要求》《付与》という連の単位は十分に扱えておらず、扱う範囲は《要求》の発話にとどまっている。これは、《要求》の発話に授受動詞が表れやすいためであるが、第一発話に着目してその発話を分類しようとする立場は Searle（1976）をは

じめとした発話行為を観察する立場に近い。

"策動"の定義を山岡（2008: 73）によって確認しておくと、(18)の通りである。本書では、特に言語表現による策動について述べたいときに、"策動表現"の用語を用いることがある。

(18)**策動**：参与者の行為に対する制御機能を持つ発話機能。

（山岡2008: 73）

(19)**策動表現**：参与者の行為に対する制御機能を持つ言語表現。

5.3　策動表現の分類

5.3.1　先行研究における分類

策動表現は、いくつかの観点からさらに下位分類が可能である。例えば、策動表現とほぼ等価に設定されていると思われる"行動展開表現"の分類を確認すると、坂本・川口・蒲谷（1994）では、(20)の3つの観点で分類がなされている*2。またそれぞれの"表現意図"は表1.5のように分類されている。

(20)a.　行動：だれが行動するのか

　　b.　決定権：だれがその行動の決定権を持っているのか

　　c.　利益：その行動の結果、だれが利益・恩恵を受けるのか

　しかし、この分類には問題もある。姫野（1997）が"二種類の型にまたがって同じ名づけを与えている場合は、基準を分類に用いていないのであろうし、一種類の型に二つ以上の名づけをしている場合は受益者と決定権者以外の何らかの分類基準を用いているのであろう（同: 173）"と述べるように、分類軸を設けながら軸に沿った分類にはなっていない。例えば、利益が話し手にある"確認"は"許可求め"と重なってしまう。逆に"勧誘"の項には、非常に多くの分類軸が混ざっており、分類軸自体が発話行為の分類に用いられていないように見える。

　この問題は山岡（2008）の指摘にあったように、そもそも行動展開表現の研究が日本語教育上の要請から行われたことに起因している。坂本・川口・蒲谷（1994）では日本語教育のトピックとなりうる表現行為が直観的に抽出され、それに説明を与えることが目的であったと考えられる。発話行為自体は日本語に個別的なもので

表1.5　行動展開表現の分類（坂本・川口・蒲谷 1994: 50）

表現意図	行動	決定権	利益	典型的な表現
忠告・助言	聞き手	聞き手	聞き手	シタホウガイイデスヨ
勧誘	話し手＋聞き手 聞き手	聞き手	話し手＋聞き手 聞き手 話し手	シマセンカ・シマショウヨ
依頼	聞き手	聞き手	話し手	シテモラエマスカ・シテクレマスカ
指示・命令	聞き手	話し手	話し手 聞き手 どちらでもない	シテクダサイ・シナサイ
許可与え	聞き手	話し手	聞き手	シテモイイデス
申し出	話し手	聞き手	聞き手	シマショウカ
許可求め	話し手	聞き手	話し手	シテモイイデスカ
確認	話し手	聞き手	話し手 聞き手 どちらでもない	シテモイイデスネ
宣言	話し手 話し手＋聞き手	話し手	話し手 聞き手 どちらでもない	シマス・サセテモライマス

はなく、どの言語・社会にも普遍的なものであると考えられるため、理念的な枠組みを行う必要がある。

　また、副次的な問題として、"決定権"が挙げられる。日本語教育の研究では、当該の行動を行うかどうかを決定するのが話し手か、聞き手か、つまり決定権が話し手と聞き手のどちらにあるかが発話行為の分類軸として用いられてきた（柏崎1993、国立国語研究所1994、中道・土井1995、姫野1997等）。しかし、決定権があるかどうか、というのは話し手が判断することで、話し手がどのように状況を見積もっているかによって行われる発話行為が異なると考える。本書では、あくまで話し手の第一発話に注目し、話し手の裁量をより明確に示す尺度として、"選択性"を用いる（Leech 1983）。選択性とは話し手が当該の行動をどれだけ選択性が高く（随意的

24　　Ⅰ　授受表現・敬語の構造と歴史

に）、あるいは選択性が低く（強制力・拘束力を強く）行おうとしているか、という尺度のことである。行為指示表現を例にとると、同じことを行為指示する際にも、話し手がその行為をどれだけ強制的に遂行させたいかによって行為指示する形式は異なる。

(21)a.　電話に出てください。（Answer the phone.）

　　　b.　ひょっとして電話に出ることができるでしょうか。
　　　　　（Could you possibly answer the phone?）

(Leech 1983: 108)

　(21) が同じ聞き手に用いられたとしたとき、直感的には、(21a) のほうがより聞き手に当該の行為を求める強制力が強く、逆に（21b）は相対的に丁寧であり、聞き手に対する強制力は弱い表現のように感じられる。Leech（1983）は、これらの表現が随意性（選択性）の度合い（the degree of optionality）によって使い分けられていると述べる。つまり、(21a) のほうがより話し手が聞き手に与えている選択性の度合いが低く、(21b) のほうがより選択性の度合いが高い、と説明する。

5.3.2　本研究の分類

　以下、本研究における策動表現の分類を述べる。まず、最も重要な分類軸は、発話後の行為を行うのが、話し手か、聞き手かという視点である。

(22)a.　**行為指示表現**：発話によって、聞き手がその行動をするように制御する言語表現

　　　b.　**行為拘束表現**：発話によって、話し手がその行動をするように制御する言語表現

　"話し手と聞き手がともに行動を行う"ことを導く表現として"勧誘"を立てることも不可能ではないが、典型的な発話機能を捉える観点から、ここでは特立するのを避けた[*3]。

　行為拘束表現・行為指示表現は利益・選択性によってさらに下位分類が可能である。まず、行為指示表現の枠組みを図1.2に示す。姫野（1997）、牧野（2008b）とほぼ同様の枠組みであるが、一部用語を変更したところがある。

第1章　授受表現の歴史的研究と敬語・発話行為　　25

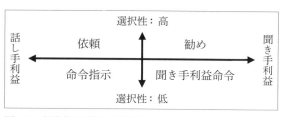

図1.2　行為指示表現の枠組み

　行為指示表現は**依頼**（利益：話し手、選択性：高）、**勧め**（利益：聞き手、選択性：高）、**命令指示**（利益：話し手、選択性：低）、**聞き手利益命令**（利益：聞き手、選択性：低）の4つに分類する。先行研究では勧めと聞き手利益命令、あるいは命令指示と聞き手利益命令を区別しないものも見られるが、本書では第5章における分類の必要上区別しておく。行為指示表現の歴史は第2部で扱う。

　次に、行為拘束表現は図1.3の通り分類しておく。利益は本章の図示では話し手利益と聞き手利益の分類としておいた。中間的（利益に関わらない）表現もあるが、今回は典型的なものを示す、という観点から、話し手・聞き手の二元的な軸で示した。

図1.3　行為拘束表現の枠組み

　行為拘束表現は、**許可求め**（利益：話し手、選択性：高）、**前置き**（利益：話し手、選択性：低）、**選択的申し出**（利益：聞き手、選択性：高）、**通告的申し出**（利益：聞き手、選択性：低）の4つに分類した。単に"申し出表現"と呼ぶときは、選択的申し出と通告的申し出を区別していない。行為拘束表現は第3部で扱う。

　なお、行為拘束表現については、特に変化が大きいと思われる申し出表現と前置き表現を中心に扱うこととした。許可求め表現につ

いては、現代語では「〜させていただけませんか」などの表現が用いられるが、話し手利益場面であって受益表現が使用されることが予測され、行為指示表現との連続性を持った表現と考えたからである。前置き表現については、近年「させていただく」の用法の拡張が問題となっており（菊地1997、北原2005等）、特に戦後の時期に授受表現の運用が特徴的に見られるところである。

最後に、本書で設定する発話行為を表1.6の通りまとめておく。

表1.6　本書で設定する発話行為

発話行為		利益	選択性
行為拘束表現	許可求め	話し手	＋
	選択的申し出	聞き手	＋
	前置き	話し手	－
	拘束的申し出	聞き手	－
行為指示表現	依頼	話し手	＋
	勧め	聞き手	＋
	命令	話し手	－
	聞き手利益命令	聞き手	－

実際の発話は必ずしもこのような典型的に選択性や利益を判断できないものもあるが、いずれの機能も理念的なものを示すという観点から分類を示した。特に選択性の低い発話行為に関して、利益性に応じた発話行為を設けるべきかどうかなど、議論が分かれる点があると思われる。これについては、言語現象と付き合わせながら当該の言語における分類の必要性を考える必要がある。

───────────

＊1　表1.3の訳語は久保（2001）のものを採用した。陳述表現型はSearle（1976）ではRepresentativeとされているが、Searle（1979）ではAssertiveとされている。
＊2　行為指示表現（後述）に限られるが、同様に（20）の軸で分類した研究と

しては、柏崎（1993）、国立国語研究所（1994）、中道・土井（1995）が挙げられる。

＊3　勧誘に用いられる形式は「一緒に行ってください」や「一緒に行きましょう」など行為指示表現や行為拘束表現にも用いられる形式が現れる。これは話し手が行動することに焦点を当てるか、聞き手が行動することに焦点を当てるかの差であり、広く捉える上では必要ないと思われる。

第2章

授受表現と敬語の構造

1. はじめに

　日本語の授受表現や敬語は一定量の研究があり、基本的な意味・用法については多くのことが明らかになっている。本章では、先行研究をもとに授受表現と敬語の構造について述べていく。なお、本章は現代語を中心にして述べるが、古代語や方言の分析にも用いることができるよう、複数のバリエーションの説明を可能とする枠組みを企図した。

　菊地（1978）によれば、敬語は形態論（造語論）・構文論・意味論・語用論と、さまざまな分野にまたがって明らかにされるべき問題点が存在している［→表2.1］。この菊地（1978）の指摘は非常に重要な指摘である。

表 2.1　敬語研究の持つ多面性（菊地 1978: 50）

大分類	下位区分		具体例
言語体系内部に属する面	文法論（広義）に属する面	形態論ないし造語論に属する面	動詞に関して、一般に「お＋連用形＋になる」という尊敬語が存在する。
		構文論に属する面	「尊敬語」は主語と対応関係にある。
	意味論に属する面		「尊敬語」は、当該の人物を「上位者」として待遇する。
言語運用論に関する面			どのような人物をどのような場面で上位者と待遇するかについて、ある程度の社会習慣がある。特に、話手側の人物を上位者として待遇してはならないという「原則」がある。

29

授受表現も敬語形を有していたり、人称的方向性によって使い分けられるなど、敬語と同様形態論（造語論）・構文論・意味論・語用論と多方面にわたって問題がある。以下、本章では、各側面に分類して授受表現と敬語を規定する。

本章の構成は以下の通りである。まず、2節では授受表現の特徴について、同様に統語論・意味論・語用論の3つの側面から考察する。3節では敬語の特徴について、統語論・意味論・語用論の3つの側面から考察する。最後の4節はまとめである。

2. 授受表現の理論

2.1 授受表現における議論のレベル

日本語の授受表現では、「やる・あげる」「くれる」「もらう」およびその敬語形「さしあげる」「くださる」「いただく」が中心的に用いられているとされる。授受表現も敬語と同様、研究の観点は、統語論的側面・意味論的側面・語用論的側面と多面的な分野にわたる。それぞれから見た問題点を概観しておくと、以下の通りである。

(1) a. **統語論（構文論）的側面**：授受表現には格枠組み・敬語カテゴリーが異なる系列の表現が存在する。それらはどのような統語論的・構文論的規定を持っているのか。[→ 2.2節]

    b. **意味論（語彙論）的側面**：授受表現の表す特徴的な意味とはどのようなものか。[→ 2.3節]

    c. **語用論的側面**：授受動詞には"視点制約"があると指摘されている（久野1978）。その制約はどのようなものか [→ 2.4節]。授受表現を用いることと丁寧さの関係はどのようになっているか [→ 2.5節]。授受表現には方向性を示す文法形式としてその使用が必須になるときがあるが、それはどのようなときか [→ 2.5.2節]。

以下（1）の観点に沿って授受表現の規定を確認する。

2.2 統語論的側面

2.2.1 授受表現の体系

　日本語の授受表現は基本的に「やる（あげる）*1」「くれる」「もらう」の3語が対立し、各語に対応する敬語形式が存在する、という体系となっている。日高（2007）は日本語の授受表現を以下のようにまとめている。物の授与を含意する動詞には他にも「配る」、「渡す」などがあるが、表2.2の語彙は「〜てあげる」「〜てくれる」のように、恩恵の授与を表す補助動詞としても用いられ、ひとまとまりの語彙体系をなしていると考えられる。

表2.2　標準語の授与動詞の体系（日高2007: 6）

ヴォイス的対立	敬意の有無による対立	人称的方向性による対立	
		遠心性動詞	求心性動詞
授与動詞 （与え手が主語）	敬意あり	さしあげる	くださる
	敬意なし	やる・あげる	くれる
受納動詞 （受け手が主語）	敬意あり		いただく
	敬意なし		もらう

　以下、本書では日高（2007）に従い、与え手主語の動詞を"授与動詞"、受け手主語の動詞を"受納動詞"と呼ぶ。また、テ形補助動詞に関して、特記のない限り求心性動詞のテ形補助動詞「てくれる」「てもらう」「てくださる」「ていただく」を"受益表現"、遠心性動詞のテ形補助動詞「てやる」「てあげる」「てさしあげる」を"与益表現"と呼ぶ。本書の授受表現とはこれら本動詞と補助動詞すべてを総括した呼び方である。

2.2.2 本動詞の格枠組み

　山岡（1993, 2008）をもとに、現代語の授受動詞の格枠組み（統語格）を以下のように表記する*2。

(2) a.　〜カラ／ガ　＋　〜ニ　＋　〜ヲ　＋<u>あげる</u>

　　　　動作主　　　　　目標　　　対象

第2章　授受表現と敬語の構造　31

b. 　～カラ／ガ　＋　～ニ　＋　～ヲ　＋<u>くれる</u>
　　　動作主　　　　　目標　　　対象

c. 　～ニ／ガ　＋　～カラ／ニ　＋　～ヲ　＋<u>もらう</u>
　　　目標　　　⎡起点　⎤　　　　⎡対象⎤
　　　　　　　　⎣動作主⎦　　　　⎣相手⎦

これらの敬語形、「さしあげる」「くださる」「いただく」はそれぞれ「あげる」「くれる」「もらう」の構造を基底に持ちながら、さらに動作主、または相手が上位者であることを指定する。なお、表記上、行を分けているのは、それを付与する動詞・接辞に対応している。例えば（3a）では、「行く」が動作主・目標・対象を指定し、「さしあげる」が動作主が上位者であることを指定している。

（3）a. 　～カラ／ガ　＋　～ニ　＋　～ヲ　＋<u>さしあげる</u>
　　　　　動作主　　　　　目標　　　対象　　あげる
　　　　　上位者　　　　　　　　　　　　　（謙譲語）

　　b. 　～カラ／ガ　＋　～ニ　＋　～ヲ　＋<u>くださる</u>
　　　　　動作主　　　　　目標　　　対象　　くれる
　　　　　上位者　　　　　　　　　　　　　（尊敬語）

　　c. 　～ニ／ガ　＋　～カラ／ニ　＋　～ヲ　＋<u>いただく</u>
　　　　⎡目標　⎤　　⎡起点　⎤　　　　対象　　もらう
　　　　⎣動作主⎦　　⎣受影者⎦
　　　　　　　　　　　上位者　　　　　　　　（謙譲語）

2.2.3　補助動詞の格枠組み

補助動詞の格枠組みとして（4）、（5）を示しておく（山岡2008: 130–132）。なお引用中、山岡（2008）に従い"前項動詞の斜格で、有生名詞句のうちの任意の一つ"をOBLとして示す（受益者の格標示については後述する）。

（4）a. 　～ガ　＋　～OBL／ノタメニ　＋<u>てあげる</u>
　　　　　動作主　　受益者

　　b. 　～OBL／ノタメニ　＋<u>てくれる</u>
　　　　　受益者

c. 〜OBL／ノタメニ ＋ 〜ニ ＋てもらう
   受益者   動作主

(5) a. 〜ガ ＋ 〜OBL／ノタメニ ＋てさしあげる
   動作主   受益者   てあげる
   上位者   （謙譲語）

b. 〜ガ ＋ 〜OBL／ノタメニ ＋てくださる
   動作主   受益者   てくれる
   上位者   （尊敬語）

c. 〜OBL／ノタメニ ＋ 〜ニ ＋ていただく
   受益者   動作主 てもらう
                    上位者 （謙譲語）

さらに、「くれる」「くださる」は受け手が、「てくれる」「てくだ
さる」は受益者が話し手側の人物であると指定する*3。この点は
2.4.3 節にて詳しく述べる。

補助動詞では必ず受益者をとることが必須である。（6）のよう
に受益者の存在を否定する文は容認度が低い。

(6) a. ＊鈴木は誰のためでもなく佐藤を助けてあげた。
   b. ＊鈴木は誰のためでもなく佐藤を助けてくれた。

ただし、受益者がどの項で標示されるかは接続する動詞や文脈に
よって異なる。山田（2004）は受益者の標示の方法を以下のよう
にまとめている。

(7) 動詞の項が受益者となる場合、その項としての格表示が保
    持されるが、特に強調したい場合に限ってノタメニ格が用
    いられる。また、主語以外に項を持たない自動詞の場合や
    項以外に受益者をとる場合にはノタメニ格で表される。

                                  （山田 2004: 89）

仮に（8）の文を考える。

(8) 鈴木が佐藤を助けてあげた。

前項動詞「助ける」の格枠組みは（9）のように示される。

(9) 〜ガ ＋ 〜ヲ ＋助ける
   動作主   対象

(8) の場合、特別の文脈がなければ、「助ける」の対象にあたる

「佐藤」を受益者として解釈する。

(10)鈴木が　　佐藤を　　助けてあげた。
　　動作主　　対象　　　助ける
　　動作主　　受益者　　　　　てあげる

「助ける」の項に含まれない人物（(11)では“武田”）を受益者として解釈する際には、ノタメニ格で標示する必要がある。

(11)鈴木が　武田のために　佐藤を　助けてあげた。
　　動作主　　　　　　　　対象　　助ける
　　動作主　受益者　　　　　　　　　　　　てあげる

澤田（2014）が述べるように、受益表現「てくれる」は与益表現よりも文法化が進んでおり、「てくれる」は無意志動詞を前項動詞としてとることができるが、与益表現は不可能である。このことは、「てくれる」がもはや主語について、動作主と指定していないことを示しており、そのため（4b）では主語に対する規定を含めていない。

2.2.4　授受表現の対立系列

多くの研究で指摘されているように、現代語の授受動詞は「やる（あげる）」「くれる」「もらう」およびその敬語形「さしあげる」「くださる」「いただく」が語彙体系をなしている（松下1930、宮地1965、山田2004、日高2007）。この節では、「やる（あげる）」「くれる」「もらう」が持つ基本的な3項対立の類型論的特徴について述べる。

3項対立は「やる」／「もらう」と「やる」／「くれる」という性質の違う2対の対立からなると説明できる。まず、「やる」／「もらう」の組について述べると、（12）は同じ内容を表しているが、主語と補語の位置が変わっている受身の関係として対立している。

(12)a.　太郎は花子に花束をやった。
　　b.　花子は太郎に花束をもらった。

この組み合わせは「勝つ」／「負ける」のような語彙的な受身の関係として捉えられる。

(13)a.　太郎は花子にじゃんけんで勝った。

b.　花子は太郎にじゃんけんで負けた。

　次に、「やる」と「くれる」の組を考える。(14) も2つの文は同じ動作を表しているが、格関係を変えているわけではない。変わっているのは話し手側の人物がどちらかということである。

(14)a.　太郎は花子に花束をやった。

　　　　［太郎＝話し手側、花子＝話し手側でない］

　　b.　太郎は花子に花束をくれた。

　　　　［太郎＝話し手側でない、花子＝話し手側］

この関係は標準語の「行く」／「来る」の使い分けと並行的なものである。

(15)a.　太郎は花子のところに行った。

　　　　［太郎＝話し手側、花子＝話し手側でない］

　　b.　太郎は花子のところに来た。

　　　　［太郎＝話し手側でない、花子＝話し手側］

「来る」「くれる」のように補語に必ず話し手（または話し手側の人物）をとる語彙は多くない*4。

　このように、現代語の授受表現の3項対立は「やる」／「もらう」という語彙的な受身の関係による対立と「やる」／「くれる」という話し手の位置による対立の2対として説明できる。

2.2.5　類型論的観点から見た日本語の授受動詞

　言語ごとの授受動詞体系を類型論的に観察した山田（2004）によると、「やる」／「もらう」のような語彙的な受身の組み合わせは通言語的に広く確認できる。しかし、「やる」／「くれる」のような話し手の位置による対立はあまり見られないという。

表2.3　授受表現の類型論的比較（山田 2004: 340）

型	言語	ヤル相当語	クレル相当語	モラウ相当語
A	日本語	◇	△	○
B	英語、韓国語、ヒンディ語等	◇	◇	○
C	サンスクリット語	◇	◇	◆（◇＋接辞）
D	サモワ語、チベット語等	◇	◇	×

（それぞれの記号は1つの形式を表す）

B–D 型の言語には「やる」相当語と「くれる」相当語に同じ記号が付されていることからわかるように、日本語と他の言語の最も大きな違いは、「やる」相当語と「くれる」相当語を区別するかどうかにある＊5。他の言語は「やる」相当語と「くれる」相当語の区別がない。

(16)［韓国語］

    a.   Nae-ga   Cheolsu-ege   chaeg-eul   ju-eossda.
        私-主格   チョルス-与格   本-対格   give-過去
        「私はチョルス（人名）に本をやった」

    b.   Cheolsu-ga   na-ege   chaeg-eul   ju-eossda.
        チョルス-主格   私-与格   本-対格   give-過去
        「チョルスは私に本をくれた」

    c.   Nae-ga   Cheolsu-ege   chaeg-eul   bad-assda.
        私-主格   チョルス-与格   本-対格   receive-過去
        「私はチョルスに本をもらった」   （山田 2004: 336）

補助動詞はさらに区別が少なくなる。ここでも「てやる」相当語と「てくれる」相当語の区別を持つ言語は日本語以外に見られないようである。

表 2.4　事態の恩恵的な捉え方を表す形式と物の授受を表す形式の分布
（山田 2004: 354）

言語	行為の授受			物の授受		
	テヤル	テクレル	テモラウ	ヤル	クレル	モラウ
日本語（東京語など）	◇	□	○	◇	□	○
カザフ語	◇	◇	◇	◇	◇	○
モンゴル語	◇	◇	◎	◇	◇	○
韓国語、ヒンディ語等	◇	◇	×	◇	◇	○

（それぞれの記号は 1 つの形式を表す。◎：特別な語形を用いる、×：形式を欠く）

(17)［韓国語］

    a.   Nae-ga   Cheolsu-ege   chaeg-eul   ilgeo
        私-主格   チョルス-与格   本-対格   読む.連用

ju-eossda.

give-過去

「私はチョルス（人名）に本を読んでやった」

b. * Nae-ga　　Cheolsu-ege　　chaeg-eul　　ilgeo

私-主格　　チョルス-与格　　本-対格　　読む.連用

bad-adda.

receive-過去

「私はチョルスに本を読んでもらった」の意図で

(山田 2004: 346–347)

ここまでの語彙体系の類型論的観察からは、「やる（あげる）」／「くれる」の対立、つまり「くれる」の存在が日本語の授与動詞体系を特徴づけているといえる。

2.3　意味論的側面

本節では、授受動詞の意味的特徴を述べる。広く物のやりとりを提供行為と見ると、提供行為には代表的なものとして“授受”、“売買”、“貸借”、“預け”などがある（日高 2007）。森田（1977）をもとに、日高（2007）は以下のように提供動詞の意味素性をまとめている。

表 2.5　提供動詞の意味素性（日高 2007: 9）

	所有権の移動	利用権の移動	有償／無償
授与動詞 7 語	＋	＋	無償
売る／買う	＋	＋	有償
貸す／借りる	－	＋	／
預ける／預かる	－	－	／

＋：あり、－：なし、／：当該の意味素性では区別されない

授受のやりとりは売買のやりとりにも使用されるが、“貸借”や“預け”には使用できない（日高 2007）。

(18)a.　［授受：お店に行って］これ、<u>ください</u>。

　　b.　［預け：友達に荷物を預ける］すぐ戻ってくるから、こ

のかばん、*あげていい？

　このことから、日高（2007）は授受の意味が所有権の移動によって特徴づけられていると述べ、授受動詞の表す意味を以下のように規定する。本書でもこの定義にあてはまるものを典型的な授受動詞と位置づける。

（19）a.　提供者Aは対象物Cを被提供者Bに移行する意向を持つ。
　　　b.　BはAによってCを移行されることを受け入れる。

（日高 2007: 10）

　なお、「やる」は授受動詞としての用法もあるが、以下のように所有権移動を含意しない、"二者間の距離を前提とした物・人の移動"を表す用法もある（日高 2007: 11）。

（20）a.　（私は）東京にいる娘に荷物をやった（＝送った）。
　　　b.　（私は）息子を父の迎えに駅にやった（＝行かせた）。

（日高 2007: 11）

　この用法に対応する求心性の動詞は「くれる」ではなく「よこす」である。

（21）a.　東京にいる娘が荷物を（私に）{よこした／*くれた}
　　　　　（＝送ってきた）。
　　　b.　母は（私の）迎えに兄を駅に{よこした／*くれた}
　　　　　（＝来させた）。　　　　　　　　　（日高 2007: 11）

「やる」「よこす」のこのような用法は、表2.5や（19）に示される所有権・利用権の移動を含意しないため、典型的な"授受"とはいえない。

　また、現代語に見られる授受動詞7語も、通時的に（19）の条件を充たしていたということは保証されない。例えば、「やる」は古代語では"人を遣わす"、"手紙を送る"といった意味に限定されて用いられているとされるが（古川 1995）、この指摘からは、中古において、「やる」が所有権・利用権の移動を伴わない動詞であったと解釈できる。この点は、各時代の授受動詞を調査し、時代ごとに用法を明らかにする必要がある。

2.4　語用論的側面　視点との対応

2.4.1　授受動詞の視点制約

　日本語の授受動詞「やる（あげる）」「くれる」「もらう」は、文中における話し手の位置（視点＊6）によって語彙が使い分けられている（久野1978）。主語に話し手がおかれるときは「やる（あげる）」「もらう」を用い、補語に話し手がおかれるときは「くれる」を用いる。

(22)a.　僕は太郎（友人）にお菓子を {やった／あげた／＊くれた／もらった}。

　　b.　太郎（友人）は僕にお菓子を {＊やった／＊あげた／くれた／＊もらった}。

　このことから、久野（1978）では「やる（あげる）」「もらう」は主語に、「くれる」は補語に視点をおかなければならない（久野の用語でいえば、文中で共感度＊7が一番高くなる人物をとらなければならない）という"視点制約"があると考えられている。

　しかし、「やる（あげる）」「もらう」の"視点制約"と「くれる」の"視点制約"は、その内実が異なる。例えば、報告文への埋め込みを行ったときにその違いが現れる。まず、「もらう」について、(23a) は上記の視点制約に反し用いることができないが、(23b) のように埋め込まれると容認される（衣畑2011）。

(23)a.　＊太郎は私にお年玉をもらった。

　　b.　太郎は私にお年玉を<u>もらった</u>ことを誰にも言わなかった。

　しかし、「くれる」は (24a) のように主語に視点をおくことができず、この性質は報告文の中に埋め込んでも変わらない（田窪1988: 130）。

(24)a.　＊私が太郎にお年玉をくれた。

　　b.　＊太郎は私がお年玉を<u>くれた</u>ことを誰にも言わなかった。

　「やる（あげる）」と「もらう」のような語彙的な受身がもととなる"視点制約"は、文の主語には視点がおかれやすい、という統語構造から予測される制約である。受身文の制約は日本語も英語も同様の現象が見られることが指摘されており（久野1978）、言語系統の異なる言語で共通していることから、「やる（あげる）」・「もらう」

の"視点制約"は言語普遍的であることが示唆される。一方で、「く
れる」の"視点制約"は「やる（あげる）」・「もらう」と異なり、通
常の動詞が視点をおきやすい主語には視点をおくことができないと
いう個別的な現象である。現代語の授受動詞の3項対立は二組の異
なる基盤の組み合わせであることを述べたが［→2.2.4・2.2.5節］、
このことが「くれる」と「もらう」の文法的性質の違いとして表れ
ているといえる。このことから、「くれる」と「もらう」の構文的
制約を同じ"視点制約"として説明するのは、問題がある。

2.4.2　受身文の視点の運用と「もらう」

ここからは具体的に視点の運用と制約に関する記述を行う。まず、
前提として視点の一般的な性質を確認する。話し手の位置と視点と
の関係について、（25）のようにまとめておく（久野1978、山岡
2008）*8。

(25)a.　文は基本的に視点を持つ。（文の参与者のいずれかに視
点をおかなければならない*9）

　　 b.　参与者に話し手が含まれる場合、話し手に視点をおか
なければならない。

また、一般的に、文には（26）・（27）の制約があると考えられ
る（久野1978、山岡2008）*10。

(26)**主語視点の制約**：主語に話し手をおかなければならない。

(27)**他動詞主語の制約**：他動詞の主語に動作主をおかなければ
ならない。

しかし、（26）・（27）は必ずしもこれに合致しなくても文が成り
立つもので、あくまで"語用論的な"制約である。では、（26）・
（27）の語用論的制約は文の成立条件とどのように関わっているの
だろうか。（28）は「殴る」動作を平叙文・受身文で示し、また参
与者を入れ替えて文を作成したものである。

(28)a.　僕は太郎を殴った。　　　［(26)：○、(27)：○]

　　 b.　僕は太郎に殴られた。　　［(26)：○、(27)：×]

　　 c.　太郎が僕を殴った。　　　［(26)：×、(27)：○]

　　 d. *太郎が僕に殴られた。　　［(26)：×、(27)：×]

これらの文章について、現代語の状況を観察するため、質問紙調査を実施した。回答者は関西大学の大学生225名で、生年は1989-1997年の範囲である。調査は2015年6月に実施した。(28)の4つの例文について、自然を5、不自然を1とする5段階評価の回答を求めて、その平均値を算出したところ、(28a)が4.95（小数第3位四捨五入、以下同じ）、(28b)が4.88、(28c)が4.82とほぼ同じ値であったのに対し、(28d)は3.20と容認度が低かった。
　回答のばらつきを見ても、(28d)を5とする話者は他の例文に比べて少ない。

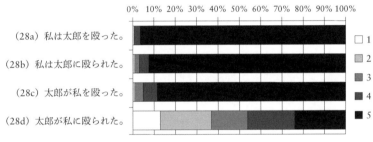

図2.1　(28)の容認度（若年層調査）

　平叙文・受身文の関係においては、(26)・(27)のどちらかを充たさないと少し容認度が落ちる。(26)・(27)を同時に違反すると文として成立しなくなる、といえる。
　ただし、この受身に関する制約は先述のように報告文の中に埋め込まれた際には適用されない。(29b)のように、(26)に違反するような構造になっても、話し手を補語（ニ格）においたほうが自然に感じられる。つまり、埋め込まれた受身文は、主節の表層構造に合うように用いたほうが自然であるといえる。これは2.4.1節で述べた「もらう」の運用と並行的なものである。

(29) a. ＊太郎が僕に殴られた。
　　　b.　太郎は［(太郎が) 僕に殴られた］ことを、誰にも言わなかった。

　つまり、「やる（あげる）」「もらう」の視点制約は受身文にも適用される語用論的制約［(26) 主語視点の制約］であると考える。

第2章　授受表現と敬語の構造　　41

2.4.3 「くれる」の視点制約

しかし、「くれる」は（30a）のように主語に視点をおくことができず、この性質は報告文の中に埋め込んでも変わらない。

(30) a. ＊私が太郎にお年玉をくれた。

b. ＊太郎は私がお年玉をくれたことを誰にも言わなかった。

((24) 再掲)

これをもとに、（31）に個別的な制約として、「くれる」の視点制約を記述しておく。

(31)**「くれる」の視点制約**：「くれる」は補語に視点をおかなければならない。

(31) の「くれる」の視点制約は、（26）の主語視点の制約に優先して適用されると考える。現代標準語の「くれる」はどのような環境にあっても、主語視点（与え手の視点）をとることができず、このことは「くれる」の補語が話し手であることが統語論的に指定されていることを示している。このことから先述の統語論的規定 [→ (2b)、(3b)、(4b)、(5b)] を改訂し、話し手を加えて示しておく。

(32) a.　～カラ／ガ　＋　～ニ　　　＋　～ヲ　＋くれる
　　　　　動作主　　　　　目標、話し手　対象

b.　～カラ／ガ　＋　～ニ　　　＋　～ヲ　＋くださる
　　　動作主　　　　　目標、話し手　対象　　くれる
　　　上位者　　　　　　　　　　　　　（尊敬語）

c.　～OBL／ノタメニ　＋てくれる
　　　目標、話し手

d.　～ガ　＋　～OBL／ノタメニ　＋てくださる
　　　動作主　　　目標、話し手　　　　てくれる
　　　上位者　　　　　　　　　（尊敬語）

2.4.4 文法的人称とウチ・ソト関係

さて、（26）の主語視点の制約、および（31）の「くれる」の視点制約における話し手は、必ずしも文法的な一人称（話し手）のみに限られているわけではない（山岡 2008、澤田 2011）。（33）の

ように主語・補語が一人称でなくても文は成立する。

(33) 太郎は次郎に本を {あげた／くれた／もらった}。

どこまでを "話し手側" と認めるかは、解釈のされやすさがあり [→第3章2.2節]、語用論的に決定されるものである。(33) の「くれる」も太郎より次郎が話し手に近いという文脈があれば、適切となる。本書では、参与者のうち、話し手側の人物をウチ、話し手側でない人物のことをソトと規定しておく。

ただし、話し手を主語において「くれる」を用いることは不可能であり、話し手を補語において「あげる」「もらう」を用いることは非常に不自然である。

(34) a.　僕は太郎（友人）にお菓子を {あげた／*くれた／もらった}。

　　 b.　太郎（友人）は僕にお菓子を {*あげた／くれた／*もらった}。

((22) 再掲)

話し手は必ずウチに所属し、参与者となった場合には視点がおかれなければならない。後述するが、話し手において制約が絶対的に適用されるという現象は、(77a) の "話し手を高めてはいけない" という敬語運用上の制約と並行的である。授受表現も敬語と同様、ウチ／ソトの関係において運用されているといえる。

2.5　語用論的側面

2.5.1　丁寧さの原則

2.2.5節で述べたように、話し手や聞き手への利益を言語的に表す手段を持っているかは言語ごとに異なる。さらには、利益を表明することが丁寧かどうかも、すべての言語に共通するわけではない。

Leech (1983) は、恩恵（利益）をどのように言語的に表明するかについての原則を示している（"丁寧さの原則"）。例えば英語では、(35a) のように、聞き手の利益に言及して招待などを行うことは丁寧であるが、(35b) のように話し手の利益に言及して述べることは丁寧ではないという。

(35) a.　You must come and have dinner with us. ［あなたはご来宅の上、食事をご一緒してくれなければなりません］

第2章　授受表現と敬語の構造　　43

b. #We must come and have dinner with you. [#私たちは
お宅にうかがい、食事をご一緒しなければなりません]

(Leech 1983: 133、池上・河上訳 1987: 193)

このことから、Leech（1983）では恩恵（利益）に関する丁寧さ
の原則を（36）のように示す。

(36)a.　他者に対する利益を最大限にせよ［気配りの原則（b）］

b.　自己に対する利益を最小限にせよ［寛大性の原則（a）］

(Leech 1983: 132、池上・河上訳 1987: 190)

（36a）"他者に対する利益を最大限にせよ"という運用について、
姫野（2003）によれば、同様の運用が韓国語・中国語にも見られる。

(37)中国語には、日本語の「～てあげる／くれる」のように授
受動詞を使って恩恵を表す表現はありませんが、「あなたの
ために」にあたる表現を用いることによって、自分が奉仕
する立場の人間であり、相手のために多くの（金銭的・時
間的その他の）負担を明示することによって、相手が自分
にとってそれだけ価値のある人間だと言うことを表します。

韓国語は、日本語と同じように授受動詞を補助動詞として
使って恩恵の授受を表します。しかし韓国語では、自分が相
手のために何らかの行動をとる場合、「～てあげる」と言っ
たほうが単に「する」と言うより丁寧なのだそうです。

(姫野 2003: 69)

しかし、現代日本語では、異なった運用が行われていると考えら
れる。まず、現代語には"話し手に利益のある事態は受益表現で示
さなければならない"という強い語用論的制約が存在する。例えば、
現代語では、（38）のように話し手利益の行為指示表現で受益表現
を必ず用いなければならない。また、行為指示場面以外にも（39）
のように感謝表現の前など、必ず受益表現を用いなければならない
環境が存在する。

(38)［コンビニに行くという友人に］僕の分のお弁当も {買って
きてくれない？／#買ってこない？／#買ってこい}。

(39)［卒業の日に、学生から先生への発話］先生、今まで多くの
ことを {教えてくださり／#お教えになり}、ありがとうご

ざいます。

　また、上位者に対して、与益表現を用いて聞き手への利益を示すことは許されない。これについては、若年層（大学生）に質問紙調査を行った*11。（40）の文を提示し、それを使用すると答えた回答者の割合を【カッコ】内に示す。

（40）a.　（先生、荷物を）持ちます。【71.05％】

　　　b.　（先生、荷物を）お持ちします。【71.05％】

　　　c.　（先生、荷物を）持ってあげます。【5.26％】

　　　d.　（先生、荷物を）持ってさしあげます。【0％】

　　　e.　（先生、荷物を）持ちましょうか。【92.11％】

　　　f.　（先生、荷物を）お持ちしましょうか。【81.58％】

　　　g.　（先生、荷物を）持ってあげましょうか。【2.63％】

　　　h.　（先生、荷物を）持ってさしあげましょうか。【2.63％】

「あげる」「さしあげる」を用いた回答は非常に使用する割合が低く、待遇価値が低いと考えられている。同様の調査は尾崎（2008）にも見られ、そこでもやはり与益表現の使用は多くない。

　川村（1991）は、日本語の文化において、利益を受けることを心理的負担と受け止める傾向があり、そのため、相手に利益を与えながらも、相手の心理的負担を軽減しようとする言語行動を行う傾向にあると述べる。このことをもとに姫野（2003: 68）は現代日本語における発話上の丁寧さの原則を、（41）のように示している。

（41）a.　自己に対する利益を最大限にせよ。（"「私に利益がある／あった」と述べよ。「私の利益は大きい」と述べよ。"）

　　　b.　他者に対する利益を最小限にせよ。（"「あなたに利益がある／あった」と述べるな。「あなたの利益は小さい」と述べよ。"）

これは（36）の原則とは相反するものとなっている*12。

　このように恩恵に関する丁寧さの原則（語用論的制約）も言語ごとに異なっている。また同じ言語でも地域や時代で異なっている可能性がある。もしこの制約に時代による差異があり、そこに変化が認められるとすれば、どのようなメカニズムでそれが起こるのかを

明らかにする必要がある。語用論的制約は目に見えるものではなく、人々の持つ抽象的な知識であり、それを示すのは簡単ではないが、さまざまな現象を総合的に判断し、その制約の歴史を明らかにしていきたい。

2.5.2 直示的機能　方向性

また、受益表現使用と関連する事項として、一部の動詞では、話し手に動作が向かうときにそれを「てくれる」「てくる」で示さなければならない動詞が存在する（山田2004）。

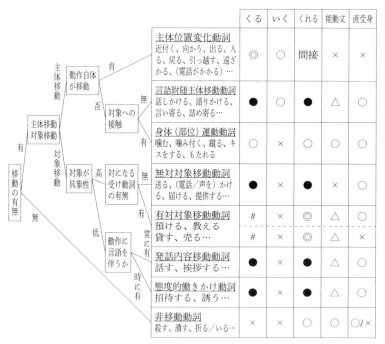

図2.2　移動動詞の分類（山田2004: 55）
凡例＝◎：必須、●：どちらか一方が必須、○：可、×：不可、△：主題化された主語の場合は可、＃：強意的な意味が加わる、くる：てくる文、いく：ていく文、くれる：てくれる文、能動文：話者主格能動文、直受身：直接受身文

山田（2004）による図2.2を見ると、表中◎・●が付されている動詞は「てくれる」「てくる」の使用が必須になっている。論旨

に必要な範囲で述べておくと、"主体位置変化動詞"に関して、これらの動詞はその動作・行為自体に何らかの移動が感じられる動詞であるが、能動文で話者以外の文の参与者が話者の方向へ移動する際に、動詞単独では用いることができない。

(42) a. ＊金を落として困っていると一人の老婆が私に<u>近づいた</u>。

　　 b. 　金を落として困っていると一人の老婆が私に<u>近づいてきた</u>。

　　 c. ＊金を落として困っていると一人の老婆が私に<u>近づいてくれた</u>。

(山田 2004: 37–38)

(43) a. ＊（バードウォッチング）何万羽もの鳥が<u>押し寄せた</u>。

　　 b. 　（バードウォッチング）何万羽もの鳥が<u>押し寄せてきた</u>。

　　 c. ＊（バードウォッチング）何万羽もの鳥が<u>押し寄せてくれた</u>。

(山田 2004: 37–38)

また"言語附随主体移動動詞""無対対象移動動詞""発話内容移動動詞""態度的働きかけ動詞"では、「てくる」「てくれる」のどちらかが必須となる。

(44) [話しかける：言語附随主体移動動詞]

　　 a. ＊道に迷って困っていた時、ひとりの老人が私に話しかけた。

　　 b. 　道に迷って困っていた時、ひとりの老人が私に話しかけてきた。

　　 c. 　道に迷って困っていた時、ひとりの老人が私に話しかけてくれた。

(山田 2004: 40)

(45) [送る：無対対象移動動詞]

　　 a. ＊実家の母が私に手紙を送った。

　　 b. 　実家の母が私に手紙を送ってきた。

　　 c. 　実家の母が私に手紙を送ってくれた。　　(山田 2004: 44)

このことは、動詞による程度の差異はあるものの、現代語で話し手に向かう方向性のある行為を表現する際、それを特立して示すことが日本語の文法カテゴリーの中に入り込んでいることを示唆している。このことにより、日本語には動作の方向が項で明示的に示されていなくても「～てくれる」「～てくる」を用いていれば、その

動作が話し手に向かっていることが示されるという"参与者追跡機能"（山田 2004）がある。

　一方、このように話し手への方向性を特立して示す文法形式は古代語には存在しない。このことから、これらの形式がどのようにして成立したかについては、重要な問題として捉えられる。本書では直示的機能に関わる授受動詞の問題として、第3章で「くれる」、第4章で移動動詞「来る」が文法化した形式「てくる」を取り上げ、それぞれの形式が話し手への方向性を示す機能を獲得した様相を記述する。

3. 敬語の理論

3.1　研究史概観

　これまでの敬語研究では、敬語の分類に対して大きな注目が払われていたが、敬語が人称的な区別によって使い分けられることには早くから注目がなされていた（滝浦 2005）。山田（1924）は日本語における敬語を"国語の動詞に人称なきことは勿論なるが人称の代りをなすことは敬語法の偶然の結果なりとはいふべからず（同: 12)"として、敬語が印欧語における人称と同じ機能を持つことに言及している。山田（1924）は敬語を大きく敬称と謙称に分けるが、その基準は（46）の通りである。

(46)a.　**敬称**：敬称とは対者又は第三者に関する者をさして尊敬の意をあらはすものにして第二人称又は第三人称をいふに用ゐるものなり。

　　b.　**謙称**：謙称は他に対して謙遜する意をあらはす語にして主として第一人称に立てる者が自己をさし、又は自己に付属するものをさしていふに用ゐるなり。

（ともに山田 1924: 15）

　しかし、これには例外も多い。例えば、（47a）のようにソトの人物に対して三人称の"主人"を主語にして用いると不適切であり、（47b）のように二人称主語で謙譲語を用いても適切な敬語使用となる例がある。いずれも山田（1924）の予測に反する現象である。

(47)a. [#]主人はアメリカから飛行機でお帰りになったんですよ。

（菊地 1978: 43）

　　b. ［部長→部下］君はさっきまで社長にお会いしていたの？

このことから、時枝（1941）は以下のように述べ、素材敬語は
すべて語彙論・意味論的事象であると考える。

(48)［...］次に文中に於ける敬語は、対照呼応の関係にあるから、
　　敬語は文法的事実に属するという説［山田（1924）］がある。

　　　御令息は御卒業なされた。［傍線ママ］

　　　右の文［上記例文］中の傍線の語は、首尾呼応してゐる
　　といふのである。しかしながら、右の如き呼応対照の関係
　　は、これを所謂係結の呼応関係と同列に論じることは出来
　　ない。係辞に対する結辞の呼応は、その変化それ自身が、
　　語の文法的系列を構成するに反し、敬語と呼ばれる「御卒
　　業なさる」は「卒業す」の文法的変化でなく、この二語は
　　異つた概念内容を持つた別の語である。それは「食ふ」と
　　「いただく」の相違に準ずべきものであり、「見る」「見果
　　つ」の相違に比すべきものであり、語彙的系列に属するも
　　のである。

（時枝 1941: 451）

このことから、「御令息は御卒業なされた」という素材敬語の使
用は、「鶏が餌を啄む」という文の「鶏」、「餌」、「啄む」の関係と
同様に、"事物の特殊なるありかたの表現（同: 448）"であるとす
る。

　しかし、主語に"高めるべき人物"をとれば尊敬語、補語に"高
めるべき人物"をとれば謙譲語とそれぞれ動詞を区別して用いるよ
うに、使う動詞と統語構造の関係、という統語論的現象も存在する。
つまり、山田（1924）の分類は、敬語の統語論的側面を捉えてい
たという点では重要な分析であったが、単純に人称の適用という現
象ではなく、他の側面（意味論、語用論等）も含めて説明される必
要がある。以下、本節では、敬語の各分野にわたる側面を確認し、
その機能を考えていく。

3.2　敬語の語彙論（意味論）的側面

基本的意味と待遇的意味

敬語の意味はどのように語彙に組み込まれているのだろうか。菊地（1994）では敬語の意味として2つのレベル、基本的意味と待遇的意味を想定する。

(49) a.　召し上がる：基本的意味［食べる］、待遇的意味［＋］
　　 b.　食べる　　：基本的意味［食べる］、待遇的意味［0］
　　 c.　食べやがる：基本的意味［食べる］、待遇的意味［−］

(49a–c) の語彙は同じ基本的意味を持つが、「召し上がる」は主語を上位者として認定している（待遇的意味［＋］）のに対し、「食べやがる」は主語を卑罵すべき対象（待遇的意味［−］）と認定していることを示している。

待遇的意味は単独の接辞（「(ら)れる」等）で表されることもあれば、特定の基本的意味と結びついた語として、語彙交替の形で示されることもある（「食べる」に対する「召し上がる」、「来る」に対する「いらっしゃる」など）。以下、本書では菊地（1994）に従い、「られる」「お〜になる」「給ふ（古典語）」等のようにそれ自体は待遇的意味のみを指定し、さまざまな要素と接続できる形式を"一般形"、「召し上がる」「いらっしゃる」のように特定の基本的意味と結びついた敬語形を"特定形"と呼ぶ。

3.3　敬語の分類

待遇的意味のありようは、文中の要素との関係によってさらに分類が可能である。敬語の分類については、先行研究によってさまざまな分類が提唱されており、細かいところまで一致しているわけではない。しかし、以下の点では、ほとんどの研究者が一致した分類を行っていると思われる（ただし、どのように定義するかまで一致しているわけではない）。

1)　**素材敬語と対者敬語の区分**：文中に"高めるべき人物"を必ずとる語彙は"素材敬語"、聞き手が"配慮が必要な人物"であるときに用いるのが、対者敬語。

2)　**尊敬語と謙譲語の区分**：文中の"高めるべき人物"が主語の

ときは尊敬語、補語のときは謙譲語。

　筆者もこの区別は非常に重要であると考える。ただし、これまでの先行研究では、歴史的研究においても"高める""敬意を示す""距離を示す"というような表現で、敬語使用の動機を定義として描いていた研究が多いように思われる。しかし、特に現代語において、敬語を用いることの動機は、待遇する人物、文脈、発話内容によって変動する。本書では異なる時代の表現を対照するという観点から、敬語使用の語用論的動機によらないようにするために、統語論的観点からの定義を行う必要があると考える。

　そのために、本研究の敬語の枠組みは基本的に菊地（1994）に則るものとした。表2.6にて、これらの分類を示す。この枠組みは、最も重要な区別を、文中の参与者と対応があるかないかという点に求めている。つまり、素材敬語は文中の参与者と必ず対応する必要があるが、対者敬語は必ずしも文中の参与者との対応を持たない（謙譲語Bは消極的な対応を持つ［3.4.4節］）、とするものであり、現状で、統語論的な分類が最も精密に行われている。また、文化庁『敬語の指針』でも基本的にはこの枠組みが採用されており、広く一般に知られるところとなっている。

表2.6　本研究で用いる敬語の分類

素材敬語 文中の参与者との対応あり			対者敬語 文中の参与者との対応なし	
尊敬語 主語が上位者	謙譲語A 補語が上位者	謙譲語B 特にフォーマルな場面 （主語との消極的な対応）	丁寧語 フォーマルな場面	美化語 フォーマルな場面 名詞に接続

　なお、以下の考察では、特に述部形式に関わるものに絞って考察する。3.4.1節で尊敬語、3.4.2節で謙譲語A、3.4.3節で丁寧語、3.4.4節で謙譲語Bをそれぞれ扱う。

3.4 敬語の統語論的側面

3.4.1 尊敬語

敬語の統語論的側面として、文に現れる要素（参与者）と敬語の対応を考えていく。まず、尊敬語を以下のように定義しておく。

（50）尊敬語は、主語を"上位者"と指定する語彙である。

（50）の規定は、例えば（51b）において、高めるべきでない人物を主語にとったときには尊敬語を用いることができないことから説明できる。

（51）a.　<u>先生</u>が豊橋でカレーうどんを<u>召し上がっ</u>た。

　　　b.　[#]<u>弟</u>が豊橋でカレーうどんを<u>召し上がっ</u>た。

主語の範囲は以下のように定義する＊13（原田 1973、菊地 1978、角田 1991、辻 2009）。

（52）a.　ガ、ノ、デ、カラで標示される動作主

　　　b.　ガ、ニで標示される所有者、経験者

（53）［ガ、ノ、デ、カラで標示される動作主］

　　　a.　<u>田中先生</u>が飛行機でお帰りになる。　　　　　（菊地 1978: 46）

　　　b.　<u>田中先生</u>のお書きになった本

　　　c.　<u>宮内庁</u>では今、花嫁候補を捜しておられます。

　　　d.　<u>お父さん</u>から少し小言をおっしゃってくださいよ。

　　　　　　　　　　　　　　　　　　　　　　　　（以上、角田 1991: 171）

（54）［ガ、ニで標示される所有者（経験者）］

　　　a.　<u>あの方</u>には財産がおありになる。

　　　b.　<u>田中先生</u>には中国語がおわかりになりますか。

　　　　　　　　　　　　　　　　　　　　　　　　　　（菊地 1978: 46）

　　　c.　［誰か先生の中で中国語がわかる人がいるかと問われ］
　　　　　<u>田中先生</u>がおわかりになります。

なお、"上位者""高めるべき（べきでない）人物"がどのような人物かは、語用論的・意味論的に適用されるものである。その要因としては、年齢上の上下関係・役割上の上下関係・使用場面などがあり、話し手が敬語を適用する人物の社会的属性や話し手との関係を総合して、語用論的に判断していると考える。これについては、本章 3.5 節にてさらに述べる。

52　　Ⅰ　授受表現・敬語の構造と歴史

(55)に尊敬語の格枠組みと意味役割との関係を示す（山岡2008）。

(55)a. 先生が　　　豊橋に　　行かれた。

　　　動作主　　　目標　　　行く

　　　上位者　　　　　　　　れる（尊敬語）

　　b. 先生には　二人のお子さんが　いらっしゃる。

　　　所有者　　対象　　　　　　いる

　　　上位者　　　　　　　　　　（尊敬語）

3.4.2　謙譲語A

本研究における謙譲語Aは、(56)のように定義する。

(56)謙譲語Aは、補語を"上位者"と指定する語彙である。

例えば（57b）のように、高めるべきでない人物が補語にきたときには謙譲語Aを用いることができない。

(57)a.　僕は先生から本をお借りした。

　　b. #僕は弟から本をお借りした。

菊地（1994）によれば、現代語の謙譲語A形式「お〜する」には、上位者があてはまる補語として、以下の格が挙げられる（菊地1994: 283–285）。本書では、以下の格（格助詞句）をまとめて"補語"と考えておく。

(58)a.　ヲで標示される対象：お諌めする、お祝いする、お送りする、お起こしする、お探しする、等。

　　b.　ニで標示される相手：お会いする、お祈りする、お売りする、お送りする、お教えする、お返しする、等。

　　c.　カラで標示される起点：お預かりする、おいとまする、お受けする、等。

　　d.　トで標示される同伴者：お別れする、ご一緒する、ご契約する、等。

　　e.　ノタメニで標示される受益者：お開けする、お祈りする、お書きする、お探しする、お調べする、等。

この中で、(58a–d)のヲ、ニ、カラ、トはそれぞれの動詞の必須補語といえるが、(58e)で高めている受益者（ノタメニ格）は、統語論的にはどのような述語であっても標示することができるため、

第2章　授受表現と敬語の構造　　53

接続する動詞の補語を高めているとは言えない。この点で（58a–d）と（58e）は性質を異にしている。（58e）のような受益者を高める表現は、日本語史においても近代以降に成立したものであるが、これらの表現がなぜ許容されるようになったかについては第8章で詳しく述べる。

　謙譲語Aの構造を（59）に示す。謙譲語Aは、接続する語（基本的意味を担う動詞・動名詞）の格枠組みの中から、斜格であり、有生名詞句をとる格のうちの任意の1つが上位者であることを指定すると考える。この記述は、山岡（2008）の授受動詞の構造の記述を参考にした。

（59）a.　私は　　　先生から　本を　<u>お借りした</u>。
　　　　　動作主　起点　　　対象　借りる
　　　　　上位者　　　　　　お〜する（謙譲語A）
　　　b.　私は　　　パーティーに　先生を　<u>お招きした</u>。
　　　　　動作主　場所　　　　　対象　　招く
　　　　　　　　　　　　　　　上位者　お〜する（謙譲語A）

3.4.3　丁寧語

　丁寧語は参与者との対応が見られず、発話事態に関わらず用いられうるものである。

（60）a.　<u>私の弟は関西大学</u>に通っています。
　　　b.　<u>関西大学は大阪府吹田市にある大学</u>です。

　"弟"や"関西大学"は高める対象ではないと考えられるが、（60）のような文では丁寧語「です」「ます」が使用できる。このことから丁寧語の使用は発話事態に基づいて決められるわけではなく、発話者のスタイルによって使用・不使用が決定されると考える。丁寧語の定義を（61）に述べる。

（61）丁寧語は、話し手の発話するスタイルがフォーマルであることを示す語である。

　"フォーマルなスタイルで話す"ための動機は一義的ではない。"聞き手が上位者である"、"場が公式な場である"など、さまざまな要因があり、また同じ人物に対する使用であっても丁寧語の使

用・不使用によって待遇意図がさまざまに示されることもある（近づけ・遠ざけ、等）。どこで丁寧語を使うべきかは社会言語学的な問題と考えるため、この定義ではひとまず措いて、"フォーマルなスタイルで話す"という言及にとどめておく。

3.4.4　謙譲語 B

（62）にある「いたす」「まいる」などの形式は、先行研究において"丁重語（宮地 1981）""謙譲語 B（菊地 1994）""謙譲語 II（文化庁 2007）"と呼ばれる語彙である。

（62）a.　私が出席いたしました。

b.　父は今日パリにまいります。

c.　家内がそう申しますので、私もそうしようと存じまして…

（菊地 1994: 270）

この丁重語は、先行研究によって扱いの違いが非常に大きいところである。例えば、辻村（1963）、草薙（2006）はこれらを素材敬語と同様に扱っている。また、菊地（1994）は素材敬語と対者敬語の両方の性質を持つものとして区分する。その一方で宮地（1981）は対者敬語として分類する。

（63）a.　謙譲語 B：謙譲語 B は話手が主語を低める（ニュートラルよりも《下》に待遇する）表現である。

（菊地 1994: 272）

b.　今日東京へ参ります

は、話し手が「東京に行く」ことを、「行く」の代わりに「参る」を使うことで話し手の行為を「へりくだって」表す表現があるが、これは、単に聞き手に敬意を示すもので、丁重語と呼ぶ。

（草薙 2006: 19）

c.　丁重語＝話題のものごとの表現をとおして、話し手が聞き手への敬意的配慮をあらわす敬語　（宮地 1981: 9–10）

（63a, b）のような研究が、謙譲語 B に素材敬語としての性格を認めるのは、上位者を主語にとるときに用いることができないという性質があり、これを素材敬語としての統語関係として、認めているためである［→（64）］。

第 2 章　授受表現と敬語の構造　　55

（64）#あなた（先生）もその会に出席いたしますか。

（菊地 1994: 274）

　ただし、これらの実際の機能は丁寧語に従属して、スタイルを一段階高めるものである。まず、出現環境として、謙譲語Bが丁寧語を用いない環境で用いることはほとんどなく［→（65）］、丁寧語の出現に従属して現れる*14。

（65）a. #昨日、東京に参ったわ。

　　　b. #毎日、散歩いたすわ。　　　　　（草薙 2006: 61）

　また、これらの形式は“三人称の人物、事柄が主語になる”際でも用いられる［→（66）］。これらの用法では、先行研究［→（63）］で述べられていた、主語を“自分側の行為”として認識する、あるいは主語を“低める”という感覚に合わないと思われる。

（66）［三人称の人物、事柄が主語になる用法］

　　　a.　この大会には全国から 300 人の選手が参加いたします。

（菊地 1994: 273）

　　　b.　あ、バスが参りました。

　　　c.　夜も更けて参りました。　　　（以上、文化庁 2007: 18）

　さらに、筆者には「いたす」が用いられるのは、補語としてとる人物の性質ではなく、話し手がどのような場と認識して話しているかの違いと感じられる。同じ人物が動詞の補語になる場合でも、（67）のように雑談では「いたす」を用いないが、（68）のように研究発表など公式の場では、「いたす」を用いても自然なように感じられる。

（67）［指導教員の中田先生と研究室で雑談、三浦先生は中田先生よりも年上］

　　　a.　この前、三浦先生にお会いしてこのことについてお聞きしました。

　　　b.?この前、三浦先生にお会いいたしまして、このことについてお聞きいたしました。

（68）［研究発表で言及］

　　　a.　この前、三浦先生にこのことをお聞きしましたが…

　　　b.　この前、三浦先生にこのことをお聞きいたしましたが…

つまり、これらの語彙は丁寧語と同様に、発話事態とは関係なく、フォーマルな発話を行う目的で用いられていると考えられる。

これは（69）の文の対比からも見て取れる。

(69)a.　私は昨日東京へ行ってきた。

　　b.　私は昨日東京へ行ってきました。

　　c.　私は昨日東京へ行って参りました。

いずれも発話している事態（話し手が東京へ行った）は変わっていないが、（69a）よりも（69b）、（69b）よりも（69c）が、より丁寧に発話されている印象を受ける。ただし、これらの表現は、どのような際にも用いられるわけではなく、（70）に示したような用法の制限がある。

(70)a.　「致す」：漢語動名詞・「お＋動詞連用形」に後接

　　b.　「おる」：「ている」の敬語化

　　c.　「ござる」：名詞述語（現代では、「ございます」で一語化）

　　d.　「存じる」：本動詞のみ

　　e.　「参る」：本動詞のみ

　　f.　「申す」：本動詞のみ

これらはいずれも形態上は動詞語幹であり、「する」「いる」などの語彙の取り替える形式として存在している。つまり、謙譲語Bは語彙の取り替えによって、単に丁寧語「です」「ます」を用いるよりも、よりフォーマルに発話していることを示す形式と考えられる*15。現代語の謙譲語Bを以下のように定義しておく。

(71)謙譲語Bは、話し手の発話するスタイルが特にフォーマルであることを示す語彙である。

3.5　敬語の語用論的側面

3.5.1　敬語的人称と運用上の制約

本節では敬語の語用論的側面として、敬語の運用上の制約を確認する。菊地（1994）は石坂（1944）を援用し、敬語運用上の人称として（72）の"敬語的人称"を設定する。

(72)a.　**敬語的Ⅰ人称（者）**：話し手と話し手側の人物。

　　b.　**敬語的Ⅱ人称（者）**：聞き手と聞き手側の人物。

第2章　授受表現と敬語の構造　　57

c. **敬語的Ⅲ人称（者）**：敬語的Ⅰ人称者でも敬語的Ⅱ人称者でもない人物。

（菊地 1994: 119）

表 2.7　敬語的人称と通常の人称の関係（菊地 1994: 119）

敬語的Ⅰ人称	一人称	通常の意味での一人称
	三人称の中でも一人称に近い人物	通常の意味での三人称
敬語的Ⅲ人称	三人称	
敬語的Ⅱ人称	三人称の中でも二人称に近い人物	
	二人称	通常の意味での二人称

これをもとに、菊地（1994）は以下の語用論的制約があることを述べる。

(73) a.　敬語上のⅠ人称の人物を高めてはいけない。

（菊地 1994: 121）

b.　敬語上のⅢ人称の人物で、聞手から見て高める対象と思われないような人物を高めるのは、聞手に対して失礼になる。

（同: 130）

c.　聞手から見て同等以下の人でも、話手がその人を高めることで結果的に聞手のことも立てることになる場合は、その人を高めてよい。[(73b) の違反とならない]

（同: 131）

(73b) の証左として、菊地（1994）は（74）の文の聞き手となったときにどのように感じるか、アンケート調査を行っている。

(74) 大学の運動部のときの先輩がこんど勲章を受章なさってね、それで、僕にパーティーの発起人をやってくれとおっしゃるんだ（おっしゃるんです）。

菊地（1994）の調査によれば、"大学の運動部のときの先輩"と聞き手が全く関係がない場合、"愉快でなく感じる"、"違和感を感じる"という人が一定数見られる（合計 43.8%）。これは菊地（1994）は、話し手の先輩を聞き手が高める必要がないため、つまり、(73b) に違反するため、と説明する。

ただし、(73c) の記述にもあるように、"聞手から見て同等以下"の人物を高めている例でも不適切とはならない例も見られる。

58　Ⅰ　授受表現・敬語の構造と歴史

(75) ［社員が社長に対して］では、この書類は課長に<u>お渡しして
おきます</u>。

菊地（1994）は社長は課長を高める立場にはないが、このよう
なときは、社員が敬語を使用することが結果的に社長を立てること
になる、つまり、（73c）に合致するため許容されると述べる。

これにより、山田（1924）が捉えきれなかった（76）［（47a）
の再掲］が不適切になるという現象は、"主人"は敬語的Ⅰ人称で
あるため高めてはいけない、と説明することで、解決できるように
なった。

(76) #主人はアメリカから飛行機でお帰りになったんですよ。

［（47a）再掲］

3.5.2　敬語的人称に対する批判と読み替え

菊地（1994）の述べた敬語的人称の概念により、山田（1924）
が捉えきれなかった事実を含め、敬語の現象をより包括的に説明す
ることが可能になっている。しかし、この敬語的人称は、敬語の事
実に即して構築されているため、"人称"の概念からは乖離してし
まっている（滝浦2005）。また、そもそも敬語の事実としては、
（73a）"敬語的Ⅰ人称の人物を高めてはいけない"という事実が重
要であり、二人称を"三人称の中でも二人称に近い人物"まで含め
て拡張することは（少なくとも敬語の運用上は）あまり重要ではな
い区別のように思われる。このことから本書では、"敬語的人称"
の概念は用いず、（73）の制約を以下のように読み替えておく。

(77) a.　話し手を高めてはいけない。

　　 b.　ウチ（身内）の人物を高めてはいけない。

本書ではウチの人物とは、"話し手側の人物"、ソトの人物とは
"話し手側でない人物"のことを呼ぶ。"話し手側"か"話し手側で
ない"かは、文脈や、話し手・聞き手・話題の人物の関係から相対
的に、場面ごとに判断されるものである。

現代語の敬語運用においては、（77a）話し手を高めてはいけな
いという制約は絶対的なものである。（77b）は（77a）を拡張した
ものとして捉えられる。また、（75）が相対的な上下関係に反する

にも関わらず許容されるのは、意味論的・統語論的に反しているのではなく、(75)のように参与者・話し手・聞き手がすべてウチの人物として扱われるときには、(77b)が意識化されず、参与者のウチ・ソトが省みられないためであろう。

このような語用論的制約の特徴は、表現上の違反が可能なことである。例えば、(78)は規範的には誤用であるものの、ある文脈があれば、"皮肉""冗談"などのニュアンスをもって受け取ることができる。

(78)〔先輩→後輩〕先輩がいらっしゃったぞ、酒くらいふるまえ。

このようなニュアンスは、(77a)の制約を意図的に違反して用いたことによる語用論的な含みであると考えられる。

4. まとめ

本節では、敬語と授受動詞に関する統語論的・意味論的・語用論的規定を行った。敬語と授受表現は、それぞれの観点で機能の重なりがある。3章以降では、これらの相互関係に着目して、授受表現と敬語の歴史を記述する。

---

*1　ただし、「あげる」の位置づけについて、「やる」の敬語形として「あげる」が存在するという感覚を持っている人がおり、現代でも、「犬にえさをあげる」が不自然という語感を持つ話者もいることには注意を要する。

*2　山岡(2008)は「あげる」「もらう」の統語格に「ノタメニ」格、また意味役割(意味格)に受益者を認めている。しかし、「太郎は花子のために次郎に本をあげた」のように目標と受益者は同時に現れうることから、本書では受益者は統語格(必須補語)としては認めない。授受動詞を用いる際に"好ましい"事態でないと授受動詞を使いにくいという指摘もあるが(益岡2001: 30–32)、これは授受動詞の選択に関わる語用論的な含意であると考えておく。ただし、「くれる」について、「太郎は花子のために次郎に本をくれた」という文は花子と次郎が話し手のウチの関係にある場面を考えなければ成立せず、受益者の選択がウチ・ソトの判断に関わっているといえる。そのため、受益者格を必須補語と考えるほうがいいという可能性はあるが、基本的には視点制約に関わる細則で処理できると考えている。

＊3　澤田（2007）は、「～てくれる」の受益者が主文主語になる場合があることをもって、「～てくれる」の受益者は"認知主体"であると位置づける。［ⅰ］では「寄せてくれる」行為の受益者は主文主語である藤兵衛である。

　　［ⅰ］　藤兵衛は、子分たちが寄せて<u>くれる</u>人情のうれしさを、釜木の前では
　　　　　そんな話に躱した。　　　　　　（松本清張『鬼火の町』、澤田2007: 95）
澤田（2007）の分析は妥当なものであるが、［ⅰ］のような例は典型的には地の文に見られるものであり、本書で主に扱う会話文にはほとんど見られない。受益者を話し手の人物と考えて問題になるような点も見られないため、本書では、「～てくれる」の受益者は話し手側の人物と考えておく。

＊4　久野（1978）は他にも「よこす」が与格目的語に話し手を要求する視点制約が強いとする。

＊5　世界の言語の中には、授与の受け手（受領者、recepient）の文法的人称に応じて授与動詞が分化する言語があるという。ただし、これらの言語で区別されるのはあくまでも文法的人称を基準とした方向性であり、日本語のように話し手以外の人物を話し手側として方向性を示すわけではない（澤田2011: 173）。

＊6　文法用語としての"視点"という用語には"視座（どこから見ているか）"という"注視点（どこを見ているか）"の2通りで曖昧に述べられるものがあったとされるが（松木1992）、本書では前者の立場をとる。また、山岡（2008）と同様、文には基本的には視点が存在すると考えておく。

＊7　久野（1978）による定義を以下に挙げておく。

　　［ⅱ］　**共感度**　文中の名詞句のx指示対象に対する話し手の自己同一視化を
　　　　　共感（Empathy）と呼び、その度合、即ち共感度をE(x)で表わす。共
　　　　　感度は、値0（客観描写）から値1（完全な同一視化）迄の連続体で
　　　　　ある。　　　　　　　　　　　　　　　　　　　　（久野1978: 134）

＊8　久野（1978）、山岡（2008）は話し手と視点の関係について以下のように述べる。

　　［ⅲ］a.　**発話当事者の視点ハイアラーキー**　話し手は、常に自分よりの視点
　　　　　　をとらなければならず、自分より他人よりの視点をとることができ
　　　　　　ない。
　　　　　　1 = E（一人称）> E（二・三人称）　　　　（久野1978: 146）
　　　　b.　**人称に関する視点制約**：第1人称名詞句には無条件に視点が置かれ
　　　　　　る。従って、第1人称名詞句を有する文中に於いて、他の人称の名
　　　　　　詞句に視点が置かれることはあり得ない。　　（山岡2008: 135）

＊9　話し手が太郎でも花子でもないときに、「太郎が花子にプレゼントをあげた」と第三者的に述べることもできるが、これは太郎を主語においている時点で太郎の視点から述べられている文と考えておく。

＊10　久野（1978）、山岡（2008）は視点と主語・補語の関係を以下のように述べる。

　　［ⅳ］a.　**表層構造の視点ハイアラーキー**　一般的に言って、話し手は、主語
　　　　　　寄りの視点を取ることが一番容易である。<u>目的語寄りの視点をとる
　　　　　　ことは、主語寄りの視点を取るのより困難である。</u>受身文の旧主語
　　　　　　（対応する能動文の主語）寄りの視点を取るのは、最も困難である。
　　　　　　E（主語）> E（目的語）> E（受身文の旧主語）　（久野1978: 169）

第2章　授受表現と敬語の構造　　61

b. **他動詞文の行為者主語制約**：行為者を主語の位置に、行為の対象を
（ニ格）目的語の位置に置く。 　　　　　　　　　　　（山岡 2008: 136）

＊11　回答者は関西大学・近畿大学の大学生 54 名で、2014 年 7 月に実施した。

＊12　ただし、『方言文法全国地図』第 320 図（国立国語研究所）を確認すると、
これらの容認度には地域差があり、東北地方・九州地方等では「てあげる」を
上位者に用いる地域がある（沖 2009）。このような地域差については今後の課
題とするが、この地域では標準語とのスタイル切り替えなど別の要因が働いて
上位者に対して与益表現が用いやすくなっている可能性がある。

＊13　尊敬語の主語にくることができるものは人物だけではなく、機関などの
抽象物や所有物が主語にくることもあるが（角田 1991、辻 2009）、定義にお
いては、"上位者" という用語を用いておく。

＊14　連用中止での使用なら自然に感じるが、これは「です」「ます」が連用中
止で用いることができないためであろう。

　［ⅴ］a.　昨日東京に {参り／[#]参りまし}、金田一先生のお話を伺って参りま
した。

　　　b.　大阪マラソンには 28,000 人の選手が参加 {し／[#]しまし}、とても盛
り上がっています。

＊15　ただし、「存じる」「申す」「参る」など謙譲語 A 由来の語については、主
語に高めるべき人物をおいて用いること、また、動作の相手や対象として話し
手をとることはできない。ただし、「おる」は「おられる」の形で上位者に対
して用いる例が少なからず見られる。例えば、「鳥類を飼育しておられる市民
の皆様へ（web ページ、鳥取県倉吉市、http://www.city.kurayoshi.lg.jp/p/
gyousei/div/seikatsu/kankyou/11/2/)」などは読み手と想定される市民が主語に
あたると考えられるが、「おる」が用いられている。このような謙譲語 B の語
の制限は、歴史的変化の途上の過程で本動詞用法を残すために謙譲語 A の制限
が残っているものと考えておく。

第3章

授与動詞「くれる」の視点制約の成立
敬語との対照から

1. はじめに

　現代日本語（標準語）の「くれる」には、"視点制約"と呼ばれる制約があることが知られている（久野1978）。授与行為の与え手（主語）に話し手がおかれる用法を"主語視点"、受け手（補語）に話し手がおかれる用法を"補語視点"とそれぞれ呼ぶことにすると、現代語の「くれる」は主語視点では用いることができず補語視点でのみ用いられる［→(1)］。

(1) a. 太郎が私にプレゼントを<u>くれた</u>。［補語視点：受け手＝話し手］

　　 b. 私が太郎にプレゼントを {<u>*くれた</u>／やった／あげた}。［主語視点：与え手＝話し手］

　ところが、中古語の「くれる」は、主語視点・補語視点のどちらの用法でも用例が見られ、視点制約が存在しないように見える［→(2)］。(現代語の下一段活用の「くれる」は、古典語では下二段活用の「くる」であるが、本書では古典語も含めて「くれる」で代表させる。)

(2) a. ［北の方は娘・四の君と面白の駒の結婚に反対する］^{［北の方→中納言］}「あたらあが子を何のよしにてかさるものに<u>くれ</u>ては見ん。」【わが大切な子をどんな理由でそんな者に<u>与え</u>て見はしようか。】［主語視点］　（落窪, 巻2: 140）

　　 b. ［北の方は大納言の遺産の分配に不満を言う］^{［北の方］}「我得たらん丹波の庄はとしに米一斗だにいで来べきならず。[中略]弁の殿の得たまへるは三百石のものいで来なり。かくとをくあしきはかげずみがえり<u>くれ</u>たるなり」【このように遠く悪い場所は景純が選んで<u>くれ</u>たも

のだ】［補語視点］ (落窪、巻 4: 250)

　これまでに「くれる」の視点制約の要因を述べた歴史的研究としては、古川（1995）、荻野（2007）があり、これらの研究では「やる」「くれる」等、現代語でも用いられる授与動詞語彙の歴史が述べられている。しかし、古代語の「くれる」は用例が少なく、これらの動詞に限った考察では当時の文法的制約を見えにくくするように思われる。また、日高（2007）は“ウチ／ソト関係”によって運用されるようになる敬語の変化の中で「くれる」の歴史を位置づけているが、歴史資料の調査は古川（1995）によっており、ここでも運用法の全体像については必ずしも明らかになっていない。そこで本書では敬語と対照しながら「くれる」の用法を調査し、その視点制約が成立する過程を示す。具体的には、「くれる」が敬語「たぶ」と共通の運用が行われていることを示し、「くれる」の視点制約の要因は話し手を高めることを避けるという待遇上の制約が生まれたためであることを述べる。

　本書の構成を以下に示す。まず、2 節では研究の前提として、現代語の「くれる」の視点制約について確認し、作業上の原則について述べる。3 節では、中古語の授与動詞の中で「くれる」の運用を考察し、敬語との共通性を示す。4 節では「くれる」と敬語語彙「たぶ」を対照し、運用の類似性を確認する。5 節では、「くれる」の視点制約が成立した要因について述べ、先行研究で述べられたこととの整合性を考える。最後の 6 節はまとめである。

2.　研究の前提

2.1　「くれる」の視点制約

　調査に入る前に研究の前提として、現代語の「くれる」「てくれる」の視点制約を（3）のように記述しておく（久野 1978 等）。

(3)「くれる」「てくれる」の視点制約：「くれる」「てくれる」
　　は補語視点しかとれず、主語視点は許容されない。

　　a.　「くれる」は授与の受け手（ニ格）が話し手である。

　　b.　「てくれる」は受益者（ニ格／ノタメニ格）が話し手で

ある。

（3）の規定の話し手には“話し手側の人物”を含む。どこまでを話し手側の人物と考えるか、その範囲については語用論的な問題と考えられるが、2.2節で述べる。

（4b）、（5b）が不適切なのは、（3）に違反して主語視点で用いているためと説明できる。

（4）a.　太郎が私にプレゼントを<u>くれた</u>。［補語視点］
　　　b. *私が太郎にプレゼントを<u>くれた</u>。［主語視点］

（5）a.　太郎が私に忘れ物を届け<u>てくれた</u>。［補語視点］
　　　b. *私が太郎に忘れ物を届け<u>てくれた</u>。［主語視点］

（3b）で述べたように、補助動詞「てくれる」では必ずしも表層の補語が話し手とは限らない。「太郎が私の書いた手紙を<u>次郎に渡してくれた</u>」という文は問題なく許容されるが、このことは動作の受け手が話し手と指定されているわけではなく、受益者が話し手（この場合、手紙を送ってもらった私）であることを示している。このことから本章では、「てくれる」の視点は、当該動作の動作主が話し手であるときは“主語視点”、それ以外は“補語視点”と認定する（澤田2009b: 6）。

2.2　視点の位置の判断

また、視点を判断する上では、話し手が事態のどの参与者の立場か（与え手か、受け手か）を確定しなければならない。地の文は多くの場合語りの主体が確定できないため、視点の判断はできない。本章ではこのため、視点の位置を判断する際には、会話文・手紙文・心内文を考察の対象とする。ただし、会話文でも、その中にさらに別の人物の発話が引用されている場合は、誰の視点で発話することも許容される。（6）では、鈴木は山田の視点をとれば「あげる」を用い、佐藤の立場をとれば「くれる」を用いることができる。このため、古典語ではこのような例からは視点の位置の判断が不可能である。

（6）［山田・佐藤・鈴木は友人、みんなでサッカー観戦に行こうとしている］

［鈴木→佐藤］「山田が無料チケットを持っているから、［お前に
チケットを｛あげる／くれる｝］って言ってたよ。」

　また、視点は誰にでも無条件におけるのではなく、視点のおきや
すさには階層性がある。まず、発話事態に話し手が含まれる場合は、
常に話し手自身に視点をおかなければならない（久野 1978: 146）。
また、現代語では人間と動物の授与では人間に（Kuno and
Kaburaki 1975: 38）、家族と家族外の授与では家族に、それぞれ
視点をおく必要がある。例えば、(7a)「イグアナ（動物）」、(7b)
「太郎（第三者）」に視点をおいて「くれる」を用いることはできな
い。本書では家族については親子関係までに限定するが、その他の
点については古典語でも同様と考えておく。しかし、これらの条件
で判断できなければ、視点の判断を保留する。

(7)　a.　ムツゴロウさんがイグアナに食べ物を｛#くれた／あげ
た／やった｝。
　　　b.　［姉が母に］妹が太郎くん（第三者）にプレゼントを
｛#くれた／あげた｝らしいよ。

3.　中古における授与動詞と「くれる」の意味特徴

3.1　「くれる」の意味特徴

　古川（1995: 194）は中古語の「くれる」に関して、"（動物など
も含め身分の低い者に）物を与える意を表すものであった"と指摘
している。表 3.1 では、中古に見られる「くれる」の全例を示した
（荻野 2007 等も参照、ここでは参与者の上下関係に着目している
ため、地の文のデータも挙げる）。古川（1995）の指摘通り、「く
れる」の受け手には動物や供の者・受領など、身分の低い人物（下
線部）がとれるのに対し、与え手にはそのような人物はとれない。
「くれる」には基本的に"上位者から下位者への授与"という意味
が認められる。

　ただし、下位者から上位者への授与と考えられる例として、『落
窪物語』の"景純→北の方"、および、『うつほ物語』の"娘→嫗"
の 2 例がある（表 3.1 では○で示した）。

表 3.1　「くれる」の与え手と受け手の関係

会話文			地の文など		
資料	用法	与え手→受け手	資料	文タイプ	与え手→受け手
うつほ	主語視点	正頼→犬、烏 ●	土左	地の文	貫之→人々・童 ●
落窪	主語視点	中納言→受領 ●	土左	地の文	貫之→楫取 ●
落窪	主語視点	中納言→落窪 ●	平中	地の文	男→宿守 ●
落窪	主語視点	北の方→少輔 ●	大和	地の文	男→女の家人 ●
落窪	主語視点	中納言→少輔 ●	うつほ	絵指示	家司→京童・博打 ●
落窪	補語視点	景純→北の方 ○	うつほ	間接話法	世の男性→供の者 ●
うつほ	補語視点	娘→嫗 ○	うつほ	地の文	嫗・翁→孫 ●
うつほ	補語視点	母→子 ●	落窪	地の文	典薬→あこぎ ●
うつほ	補語視点	豊後介→真菅 ●			

（●：上位者→下位者への授与、○：下位者→上位者への授与）

(8) a. 〔北の方〕「かくとをくあしきはかげずみがえりくれたるなり」【このように遠く悪い場所は景純が選んでくれたものだ】　　　　　　　　　　　　　　（落窪, 巻 4: 250、(2b) 再掲)

b. [嫗は自分の娘に生活の相談をしていた]〔嫗→娘〕「立ちぬる月にも、おもとの御ことのたまひ語らはむとて、まかりたりしかば、白き米三斗五升、大麦七斗くれてはべりしを [...]」【白米三斗五升、大麦七斗をくれましたが】　　　　　　　　　　　　　　（うつほ, 俊蔭: ① 70)

　2 例はいずれも会話文中の補語視点用法である。この 2 例については、授与行為の受け手が話し手のとき、実際の上下関係に反していても、臨時的に与え手を上位者として扱うという配慮が中古ではすでに行われていたと考えておく＊1。

3.2　中古語の授与動詞の運用との関連　視点の位置

3.2.1　中古語の授与動詞

　本節では、中古語の「くれる」の運用を、他の中古語の授与動詞と対照する。(9) には、『CD-ROM 角川古語大辞典』（角川書店）を用いて中古語の授与動詞を抽出した。

『CD-ROM角川古語大辞典』の「語釈検索」で「やる」「あげる」「上げる」「くれる」「くださる」「下さる」「与える」「あたふ」を入力し、（用例部分ではなく）語釈部分に入力した語彙が見られる動詞（複合語を除く）を抽出した。『角川古語大辞典』の記述により尊敬語、謙譲語、敬語的に中立的な語彙を分け、筆者により授与動詞としての用法が主ではない語彙は（9d）副次的に授与を表す語彙に分類した（3.2.2節で詳しく述べる）。

(9) a. **尊敬語語彙**：賜うぶ、賜ぶ、<u>賜る</u>*2、給ふ

　　b. **敬語的に中立な語彙**：与ふ、得さす、呉る（くれる）、<u>投ず</u>、取らす

　　c. **謙譲語語彙**：聞こゆ、奉る、<u>賜ばる</u>、賜る、参らす、奉る

　　d. **副次的に授与を表す語彙**：おこす、被く、捧ぐ、配る、授く、遣はす、遣る、為す、許す、分く、渡す（<u>下線</u>：『落窪』『うつほ』『源氏』に用例なし）

3.2.2　副次的に授与を表す動詞

ここで（9a–c）の授与動詞の運用を確認する前に、（9d）の副次的に授与を表す語彙の判断について述べておく。まず、（9d）の語彙には、（10）のように授与の対象が固定化している語彙、あるいは（11）のように授与の方法・様態に中心的意味があり一般的な授与動詞とは認められない語彙がそれぞれ存在する。

(10)［授与の対象が固定化している語彙］

　　a. ［「被く」：<u>禄やほうびとして与える（与えられる）</u>］笙の笛吹く君に、土器さしたまひて、御衣脱ぎてかづけたまふ。　　　　　　　　　　　　　　　　（源氏, 若菜下：④ 202）

　　b. ［「捧ぐ」：<u>供物・献上物として与える</u>］皇子もいとあはれなる句を作りたまへるを、限りなうめでたてまつりて、いみじき贈物どもを捧げたてまつる。

　　　　　　　　　　　　　　　　　　　　　　　　（源氏, 桐壺：① 40）

　　c. ［「授く」：<u>戒律を与える</u>］［僧都→浮舟］「御忌むことは、いとやすく<u>授け</u>たてまつるべきを、急なることにてまか

68　I　授受表現・敬語の構造と歴史

でたれば、今宵かの宮に参るべくはべり」

(源氏, 手習: ⑥336)

d. [「為す」: ある地位を与える] 大臣も法師になりたまひ
にけれど、しゐて帥になしたてまつりて追ひ下したて
まつる。 (蜻蛉, 中: 98)

(11)[動作の様態に中心的意味があり、所有権の移動を必ずしも
含意しない語彙]

a. [「配る」: 複数の対象に与える] 香どもは、昔今の取り
並べさせたまひて、御方々に配りたてまつらせたまふ。

(源氏, 梅枝: ③404)

b. [「許す」: 持っている物を手放す] 道に知らぬ老人、大
きなる蟹を以て逢ふ。問ふ、「誰が老ぞ。乞、蟹を吾に
免せ [乞蟹免吾]」【どうか私に蟹を譲ってください】

(霊異記, 中, 8: 147)

c. [「渡す」: 物や人を一方から他方へ送り移す] 此御時、
百済国ヨリ仏経・僧尼ワタセリ (愚管抄, 巻1: 59)

d. [「分く」: 一つにまとまっているものを分割する] 御車
は、あまたつづけむもところせく、かたへづつ分けむ
もわづらはしとて、【(上京の) お車は数多く連ねるの
も大げさであり、半々別々にするのも厄介だし】

(源氏, 松風: ②406)

また、「遣はす」「遣る」「おこす (>よこす)」については現代語
と同様、与え手と受け手の距離を前提とした表現であると考える。
まず、「遣はす」「やる」について確認すると、多くが"手紙・使者
を送る"という意味に限定されている (古川1995: 196–197)。

(12)a. 親しき女房、御乳母などを遣はしつつありさまを聞こ
しめす。 (源氏, 桐壺: ①26)

b. 「[前略] いとをかしき事こそ。」とて書きて遣り給ふ。

(落窪, 巻2: 133)

「やる」には明らかに所有権の移動を示さない用法も存在する。

(13)少将の御もとより御文あり。〔少将→落窪の君〕「[...] さて笛忘れ
て来にけり。取りてたまへ。[...]」とあり。げにかうばし

第3章 授与動詞「くれる」の視点制約の成立　69

き笛あり。包みて遣る。　　　　　　　　　　　　（落窪, 巻1: 82）

（13）では笛が少将の“忘れ物”であることが明示されており、所有権はもともと落窪の君にはない。

　また、「おこす」は、会話文に表れるすべての例（『落窪物語』『うつほ物語』『源氏物語』で5例）が補語視点用法と解釈でき、用法が偏っている点で注意される*3。しかし、中古の「おこす」の対象を見ると、「やる」で見られたような“手紙”・“使者”など与え手・受け手の距離を前提とする対象、また“借り物”など所有権の移動を伴わないと考えられる対象が多くを占める*4。

（14）a.　宮［東宮］、「これは乳母子とて、いとらうたくする者ぞ。これを解き捨てたらば、これがことといひに、文はおこせてむ」、と思ほして、勘事に据ゑたまひつ。【この者の蔵人の職を解いたならば、（藤壺が）それを問いただしに文をよこすであろうとお思いになり、蔵人を謹慎させなさった】［対象：手紙］　（うつほ, 国譲:③245）

　　b.　［心内：あこぎ］三尺の御木丁一つぞ要るべかめる、いかがせん、たれに借らまし、御とのゐ物もいと薄きを思ひまはして、おばの殿ばら、宮仕へしけるがいまは和泉守の妻にてゐたりけるがり文遣る。［中略、あこぎが文を送ったところ和泉守の妻は快諾］［手紙：和泉守の妻→あこぎ］「［...］木丁たてまつる」とて、しおん色のはりわたなどおこせたり。［対象：借り物（几帳）］　（落窪, 巻1: 36）

このことから、「遣はす」「やる」「おこす」は副次的に授与を表すことがあるものの、現代語と同様中古でも与え手と受け手の距離があることが前提となっている語彙であり、狭義の授与動詞には含まれないと考える。ただし、「やる」はのちに「くれる」の主語視点用法の衰退を補うように授与動詞化する。これについては5.4節にて再度述べる。

3.2.3　中古語の授与動詞

　3.1節で中古語の「くれる」は“上位者から下位者への授与”を表すという意味を持つことがわかった。このことは、（主語を高め

る）尊敬語との相関が考えられる。そこで、（9）の語彙から（9c）謙譲語語彙、および、（9d）副次的に授与を表す語彙を除外し、（9a）尊敬語、（9b）敬語的に中立的な語彙の用法（主語視点／補語視点）を調査した。

表3.2　中古の授与動詞とその用法（『落窪物語』『うつほ物語』『源氏物語』）

	(9a) 尊敬語			(9b) 敬語的に中立			
	たうぶ	たぶ	たまう	あたふ	えさす	くれる	とらす
総数	2	13	84	2	3	9	40
主語視点	0	4	11	2	1	5	21
補語視点	1	7	54	0	1	4	1

総数：会話文における全用例
用法を判定できない例もあるので、総数が一致しないところがある。

　補語視点用法を一定数持つ語彙は、尊敬語語彙と「くれる」のみである。主語に視点をおくことは統語構造から比較的容易であると予測されるが（第1章（26）、久野1978: 169）、尊敬語語彙が補語視点用法を一定数持つのは、尊敬語の“主語が上位者であることを示す”という待遇的意味、また、上位者が下位者に与えるという意味構造によって、話し手を上位者とすることが憚られるという運用上の制約があるからだと考えられる*5。このことから、「くれる」も敬語語彙と同じように上下関係によって運用されていたことが想定される。

4. 「くれる」と尊敬語授与動詞「たぶ」の対照

4.1　「くれる」と「たぶ」の関連

　（9a）で挙げた尊敬語授与動詞の中でも「たぶ」のみがテ形補助動詞「てたぶ」の形式を持ち、形式の上で「たぶ」と「くれる」は並行的である。また、意味的にも「てたぶ」は「てくれる」と同様に、話し手が事態によって利益を受けることを表しているように見え、岡崎（1971）も、“受益敬語といふ［中略］今日の語法に直接

第3章　授与動詞「くれる」の視点制約の成立　71

つらなる（同: 262）"ものとして位置づけている。

(15)〔藤原敏行→紀友則〕「もし哀れと思ひ給はば、[...] 三井寺にそれが
しといふ僧にあつらへて書き供養させて給べ」【書写供養
させてください】［補語視点］　　　　　　　（宇治拾遺, 巻 8: 264）

　以下本節では、「くれる」と「たぶ」の用法を①語彙的意味の類
似性［→ 4.2 節］、②用法の類似性［→ 4.3 節］の 2 つの観点から
対照し、「くれる」の視点制約の成立過程について考える。

4.2　意味的特徴　上位者から下位者へ

　中古の「くれる」と同様［→ 3.1 節］、中古の「たぶ」も上位者
から下位者への授与と考えられる。まず、「たぶ」の与え手・受け
手の関係を確認すると、最高位の人物といえる帝は与え手になるこ
とはあるが［→（16a）］、受け手にはならない。また、従者や童な
どといった人物は受け手にはなるが［→（16b）］、与え手にはなら
ない。

(16)a.　［帝はかぐや姫を召そうとする］〔帝→翁〕「汝が持ちてはべ
るかぐや姫奉れ。顔かたちよしと聞しめして、御使賜
びしかど、かひなく、見えずなりにけり。」【容貌がす
ぐれていると聞いて、使いをやったが】［主語視点］

　　　　　　　　　　　　　　　　　　　　　　　（竹取: 58）

　　b.　〔山伏→忠こそ〕「いぬる七月より修行にまかり歩くに、供養
絶えて、今日三日、童べにものもえ賜ばで、つかれ臥
しはべれば、とり申すなり。」【今日で三日、童にも何
も与えていないものですから】［主語視点］

　　　　　　　　　　　　　　　　（うつほ, 忠こそ: ① 237）

　また、1603 年刊の『日葡辞書』では「たぶ」「くれる」ともに
"上位者から下位者への授与"と記述される。

(17)a.　Tabi, u. タビ、ブ（賜び、ぶ）　身分の高い人が下の者
に与える。文書語。　　　　　　　　　　　（日葡辞書: 594）

　　b.　Cure, uru, eta. クレ、ルル、レタ（呉れ、るる、れた）
身分の高い人が下の者に与える。　　　　　（日葡辞書: 170）

「たぶ」と「くれる」はともに中古から中世末期頃まで、上位者

から下位者への授与を表していたといえる。

4.3　語用論的特徴　視点の位置

本節では、視点の位置（主語視点・補語視点）の観点から「た
ぶ」「くれる」の運用を考察する。中古から中世・近世前期にかけ
ての「たぶ」「くれる」の用例を視点によって分類した。調査した
資料は以下の通りである。

　10・11世紀：『竹取物語』（9世紀の可能性があるが、便宜上こ
　　　　　こに加えておく）『土左日記』『平中物語』『大和物語』『落窪
　　　　　物語』『うつほ物語』『枕草子』『源氏物語』『狭衣物語』

　12・13世紀：『今昔物語集』『讃岐典侍日記』『古本説話集』『大
　　　　　鏡』『今鏡』『保元物語』『平治物語』『愚管抄』『宇治拾遺物
　　　　　語』『撰集抄』『十六夜日記』

　14・15世紀：『延慶本平家物語』『徒然草』『太平記』『覚一本平
　　　　　家物語』『増鏡』『義経記』

　16・17世紀：『天草版平家物語』『エソポのファブラス』『大蔵虎
　　　　　明本狂言』『狂言記』

用例数は表3.3の通りである。

表3.3　「たぶ」「くれる」の用例と視点の位置

形式	たぶ		てたぶ		くれる		てくれる	
視点	主語	補語	主語	補語	主語	補語	主語	補語
10・11C	6	14	—	—	5	4	—	—
12・13C	5	22	0	8	1	4	—	—
14・15C	6	12	0	24	2	2	3	5
16・17C	0	0	0	0	4	85	13	115

4.3.1　「たぶ」

本動詞「たぶ」は、16世紀以降の調査資料には現れないが、15
世紀までの資料では主語視点・補語視点の両方の用法を持つ。

(18)a.　〔義則→忠澄〕「布は、甲斐、武蔵より持てまうで来たりしを、
　　　　還饗の禄、相撲人の禄に、みな賜びてき。」【みな与え

第3章　授与動詞「くれる」の視点制約の成立　　73

てしまいました。】［主語視点］ （うつほ, 嵯峨の院: ① 334)

b. ［姫君→大納言］「北の方の聞こえ給事いとことはりなり。ここにはただ何もかもなたびそ。君たちにあまねくたてまつらせ給へ。【何一つくださるな。】［補語視点］

(落窪, 巻4: 241)

(19) a. ［重盛→妙典］「汝は大正直の者であんなれば、五百両をば汝にたぶ。【五百両をお前にやる。】［主語視点］

(覚一平家, 巻3: 177)

b. ［仏御前は清盛に、祇王をとりたてるよう懇願する］［仏御前→清盛］「あれはいかに、日比召されぬところでもさぶらはばこそ、是へ召されさぶらへかし。さらずはわらはにいとまをたべ。出て見参せん。」【そうでなければ私にいとまをください。】［補語視点］ (覚一平家, 巻1: 23)

4.3.2 「てたぶ」

補助動詞「てたぶ」は、すべての例が補語視点用法で用いられていた。

(20) a. ［女→童子］「われ、この馬の口引きて給べ。道のゆゆしく悪しくて落ちぬべく覚ゆるに」【おまえ、この馬の口を引いておくれ。】［補語視点］ （宇治拾遺, 巻14: 429)

b. ［中吉→敵］「無用の凡下の頸を取つて罪を作り給はんよりは、我が命を扶けてたび候へ」【私の命をお助けください。】［補語視点］ （太平記, 巻9: ① 464)

「てたぶ」は32例中30例が（20）のような行為指示表現としての用例である。本動詞「たぶ」の行為指示表現として用いられている例は65例中22例であり、特に依頼場面で必要な表現として運用されていたことがわかる。

つまり、12〜15世紀では、本動詞「たぶ」は主語視点・補語視点の両用法をともに用いることができたのに対し、補助動詞「てたぶ」は、補語視点用法のみが用いられる。また、用例の偏りから補助動詞「てたぶ」は行為指示、特に依頼場面で用いられやすかったと考えられる。

4.3.3 「くれる」

本動詞「くれる」は、17世紀まで主語視点・補語視点の両用法の例が見られる。

(21) a. ^[母→留志長者]「人に物くるるこそ我が子にて候はめ」【人に物を与える方こそわが子でございましょう。】［主語視点］

（宇治拾遺, 巻6: 204）

b. ^[女→使用人]「頼りなくてかくてゐたるに、あはぬことなれど、今二三日の程、馬の草の少し欲しき。くれてんや」【くれるでしょうか。】［補語視点］ （古本説話集, 54: 468）

(22) a. ^[主]「はあ、おもひ付て御ざる。いつもきやつに、酒をくれまするが、今日はくれずにやれば、まいもどりまいもどり致す。」【いつもやつに酒を与えますが、今日は与えずにつかわしたので】［主語視点］

（狂言記, 抜殻, 13 ウ）

b. ^[冠者]「たのふだる人は、いつも、かのさまへ行おりは、酒をくれらるるが、けふはなにといたしてやら、わすれられて御さる。」【いつもあの方へ行くときは、酒をくださるが】［補語視点］

（狂言記, 抜殻, 13 オ）

4.3.4 「てくれる」

補助動詞「てくれる」も主語視点、補語視点の例がともに見られる。

(23) a. ^[新殿→盛高]「万寿をば宗繁に預けつれば、心安く構へて、この子をもよくよく隠してくれよ」【どうかこの子もねんごろにかくまってください。】［補語視点］

（太平記, 巻10: ① 526）

b. ^[雷→医師]「［...］今はてん上せうやうがなひ、幸汝はくすしじやと云程に、此腰をなおひてくれひ」【この腰を治してください。】［補語視点］ （虎明本狂言, 雷: 中, 14）

「てくれる」の補語視点用法も依頼表現が多い。120例中95例が行為指示表現で用いられている。行為指示場面でこれらの形式を用いる動機が高かったと想定される。

ただし、「てくれる」の主語視点用法は、すべての例が（24）に見られるように相手をおとしめたり、攻撃したりする文脈で用いられている。（25）に主語視点用法における「てくれる」の上接語をすべて挙げる。

(24) a. ［義経：心内］「あはれ所や、此処にて待ちつけて斬つて<u>くれ</u>ばや」【ここで待ち伏せして斬って<u>やろう</u>】［主語視点］

（義経記, 巻2: 96）

b. ［昆布売は大名に持たされた刀を抜く］ ［昆布売→大名］「ざれ事とはぬかつた事を云、さいぜんからそれがしを、なぶつたがよいか、どうぎりにして<u>くれふ</u>」【胴切りにし<u>てやろう</u>】［主語視点］　（虎明本狂言, 昆布売: 上, 287）

(25) 上接語：「祈り殺す」（2例）、「射る」（2例）、「うち放す」、「斬る」（2例）、「（手捕りに）する」、「（見栄えを悪く）する」、「（胴斬りに）する」（2例）、「攻め落とす」、「（すねを）なぐ」、「（ひとのみに）のむ」、「引きずり殺す」、「踏む」

本動詞の主語視点用法の例［(21a)、(22a)］はやりこめたり、攻撃したりするような文脈で用いられているわけではない。つまり、この攻撃の意味は補助動詞の主語視点用法における特徴的な意味と考えられる。

このことは以下のように説明できる。通常の言語運用上の配慮のもとでは、話し手を上位におくことは許されず、主語視点用法は用いることができなかった。しかし、相手をおとしめたり、攻撃したりする場面では、言語的な配慮が必要とされない。攻撃の場面では、上位者から下位者への授与を表す「くれる」の構造を援用して、聞き手（攻撃の相手）を下位者において蔑んでいることを明示するために「てくれる」の主語視点用法が用いられたと考えられる。

このことから12〜15世紀の「くれる」「てくれる」の運用も、「たぶ」「てたぶ」と同じように、本動詞は主語視点・補語視点の用法をともに用いることができたのに対し、補助動詞は、基本的に補語視点用法のみが用いられていたと考えられる。

5. 敬語の語用論的制約と「くれる」の視点制約

5.1 「くれる」の視点制約の要因

「くれる」の視点制約が成立した要因を述べた先行研究には、古川（1995）、荻野（2007）、日高（2007）がある。結論からいえば、筆者は日高（2007）の述べるように、「くれる」の視点制約は、本動詞・補助動詞ともに話し手を上位におくことを避けるようになるという待遇的な理由から、補語視点用法に偏って用いられるようになって成立したと考える*6。他の論の指摘する現象も重要なものではあるが、後で述べるように、「くれる」の視点制約の直接的な要因としては考えにくい。

菊地（1994: 33）を参考に、授与動詞の意味に2つのレベルを仮定すると、授与動詞「くれる」「たぶ」の意味は以下のように記述できる。

(26)［くれる］

基本的意味：上位の与え手Aが下位の受け手Bに対象物Cを授与

(27)［たぶ］

a. 基本的意味：上位の与え手Aが下位の受け手Bに対象物Cを授与

b. 待遇的意味：Aは上位者

基本的意味の記述に含まれる上位・下位は与え手・受け手の相対的な上下関係を示す。待遇的意味のAが上位者というのは、敬語が適用されるべき人物である、という点の上位である。

「くれる」「たぶ」は、ともにもともと上位の与え手から下位の受け手へという基本的意味を持っていた。歴史的変化の過程で話し手を上位におく主語視点用法が話し手を高めることになり避けられるようになったため、補語視点用法に偏って用いられるようになったと考えられる。

5.2　敬語運用の歴史的変化との関連

「くれる」の主語視点用法が制限されるという変化は、話し手を

主語にすることがあっても主語と補語の人物の関係に則して語彙を用いるという運用から、授与や恩恵の与え手という発話場面ごとに話し手が認定する人物を高め、話し手を高めないようにするという運用への変化である。これは、「くれる」使用の動機が、固定的な人物関係を示すことから授与や恩恵という発話場面ごとの関係に配慮することへと変化したと説明できる。

　敬語の歴史においては、対者敬語（丁寧語）が発達する（辻村1962, 1968）、第三者待遇表現が抑制されるようになる（永田2001）、というような変化があったことが示されている。対者敬語の発達に関して、対者敬語が現れ始めた中古においては、対者敬語（「はべり」）は、"話し手・聞き手の序列関係上での懸隔がかなり大である場合（森野1971: 156）"にその使用が限られるが、現在では、発話場や相手との関係によって、目下であっても対者敬語が用いられることがある。また、第三者待遇表現の抑制は、聞き手と話題の人物の関係を考慮に入れ、通時的には、聞き手を重視して話題の人物を高めない、という方向への変化と位置づけられる。これらはいずれも、固定的な身分関係に基づいて敬語を適用する運用から、聞き手や発話現場に対する配慮のために、丁寧語を用いたり、第三者待遇表現を抑制したりして、発話場面ごとに高める人物を決定する運用へと変化したと位置づけられる。

　「くれる」の用法の変化も、これと同様の歴史が想定できる。中世までの運用は話し手を主語にすることがあっても主語と補語の人物の関係に則して語を用いるという運用であった。つまり、実際行われた授与の上下関係をそのまま描く運用が行われていた。しかし、中世以降「くれる」使用の際に言語使用上の配慮が持ち込まれるようになる。つまり、授与を与え手が上位者、受け手が下位者となる擬似的な上下関係と捉え、話し手を上位者とおかないような運用が行われるようになる。補語視点用法は話し手が下位者となり、与え手を上位者として待遇することになるため適切であるが、話し手を主語にした主語視点用法は、話し手を上位者とおくため不適切であり、用いられなくなる。

　荻野（2007）によれば、中世の「てくれる」の多くは依頼表現

で用いられている（本章4.3.4節でも述べた）。このことは、依頼という聞き手に負担の大きい場面では、主観的な関係への配慮として「てくれる」を用いて恩恵の与え手を上位において待遇することが頻繁に行われていたためと説明できる。

5.3　本動詞と補助動詞の差異

4.3節で確認したように、中世から近世にかけての「くれる」は、本動詞では主語視点で用いることができるのに対し、補助動詞では基本的に主語視点で用いることができなかった。また、現代語の「くれる」の諸方言における運用も同様のところがある（日高2007, 2009）。例えば長野県信州新町方言、北部伊豆諸島（大島・利島・三宅島）方言では、本動詞「くれる」は補語視点・主語視点の両用法で用いることができるが、補助動詞「てくれる」は補語視点用法でしか用いることができないという（"文法化制約"、日高2009: 7）。

荻野（2007）は、補助動詞「てくれる」が「てくれ」等の依頼表現で多用されたため、補助動詞の補語視点用法が固定化し、本動詞にも補助動詞の制約が反映したと述べる。確かに用例の上では「てくれる」の補語視点用法は行為指示表現で使われることが多い。しかし、金水（1995: 18）が述べるように、文法化の過程では補助動詞化がなされたのち、補助動詞に生じた意味が本動詞に付与されることは起こりにくく、問題が残る。また、「くれる」の視点制約は、本書第2章2.4.3節で述べたように、「くれる」に個別の意味的制約である。そのため、その要因も「くれる」の意味にあったと考えるほうが、現代語との連続性を説明しやすい。さらには、補助動詞の主語視点用法が蔑みの意味を持つこととも統一的な説明が必要である。

本書では、本動詞と補助動詞には、上下関係の意味合いを表したときにその上下関係が目立つ度合いに差があったと考える。本動詞は、述語に必須の要素であり、基本的意味、中でも中心的な意味である"授与"を伝達することが優先されるため、中古から中世後期では話し手を上位におくことがあっても主語視点用法で「くれる」

「たぶ」を用いることができた。しかし、補助動詞ではそもそも授与の意味は希薄化して用いているため、上下関係の意味が目立ちやすい。加えて、補助動詞は任意の要素であることから、主語視点用法を用いると話し手を上位においていることで著しい語用論的な違反と感じられ、その使用が避けられたと考えられる。補助動詞の主語視点用法は、そのような語用論的な違反を利用して、蔑みのニュアンスとして用いているものと捉えられる。

4.3 節で確認した「たぶ」「くれる」の運用は、視点制約が成立する過程に見られる過渡的な現象と位置づけられる*7。

5.4 「やる」の授与動詞化

中古では、「やる」は"人を遣わす、手紙を送る"の意味に限定されて用いられていた（古川 1995、本章 3.2.2 節）。

(28) [薫→随身]「宇治へは、常にやこのありけむ男は<u>やる</u>らむ。」
　　　【あのせんだっての男を<u>使いに出す</u>のだろうか。】

（源氏, 浮舟: ⑥ 176）

その後、鎌倉時代以降に「やる」で授与されるものが広く見られるようになり、授与動詞として一般化したとされる。古川（1995）はこの「やる」の授与動詞化が、「くれる」の視点制約が形成された原因であると述べる。

しかし、3.2.3 節でも述べたように、主語視点用法は多くの動詞について一般的であるのに対し、補語視点用法に限定されることは一般的ではない。通常の語彙交替の過程で補語視点用法に運用上制限されるということは考えにくく、「くれる」自身にその原因があったと考えるべきである。

本書では、日高（2007）が述べるように、「くれる」に運用上の偏りが起こって［→ 5.1 節］、用いにくくなった主語視点用法を、「やる」の意味が拡張して担うようになったことで「やる」が授与動詞として一般化したと考える。

80　　I　授受表現・敬語の構造と歴史

6. まとめ

本書では、「くれる」の視点制約の成立に関して、以下のことを述べた。

1) 「くれる」は中古において、補語視点用法の例が一定数見られる。また与え手・受け手の関係から、「くれる」は与え手上位（受け手下位）という待遇的意味を持ち、敬語との共通点が見られる。［→3節］

2) 敬語語彙の中でも特に「たぶ」は「くれる」と同様テ形補助動詞を持つほか、①語彙的意味［→4.2節］（上位者から下位者への授与）、②運用法［→4.3節］の2点において「くれる」と共通の特徴を持つ。

3) 「くれる」には中世前期までに待遇的な理由から話し手を上位におくことが、話し手を高めることとして避けられるようになり、用法が補語視点用法に偏る。［→5.1節］

4) 「くれる」の運用では、現実の上下関係に関わらず授与や恩恵の与え手を上位に待遇するようになり、発話場面を重視した運用が行われるようになっている。このような変化は、第三者待遇の抑制、丁寧語の発達といった敬語運用の歴史的変化と並行的なものである。［→5.2節］

「くれる」の視点制約の成立は（29）のようにまとめられる。

(29)「くれる」は中古から与え手上位・受け手下位という基本的意味を持っていたが、中世前期頃に話し手を上位におくことが待遇的理由から避けられるようになると、補助動詞では、その制約に従って運用され、（話し手が下位者となる）補語視点用法に偏る。ただし、"蔑み"の意味で主語視点用法が残る。本動詞では授与という語彙的な意味を担うことから主語視点用法が残った。現代標準語の「くれる」の視点制約は、本動詞でも補助動詞でも主語視点用法が衰退する、というように用法がさらに限定された結果である。

＊1　中古でも、話し手が自らより身分の低い人物が主語となる動作に尊敬語を用いる例が一定数あり（渡辺1975）、この「くれる」の運用は敬語との並行性が認められる。

＊2　この「賜る」は中世以降に見られる"与え手主語"の「賜る」である。受け手主語の「賜る」は、格配置から本書の授与動詞の定義からは外れる。

　　［ⅰ］　光烈皇后ハ公武ノ右也陰就カ詭テ云コトハ「錢千万ヲ玉ハレ。サアラハ約能致丹トテ一定丹ヲ呼イタサン」ト【多くのお金をください】

（蒙求抄、巻4, 56ウ）

＊3　澤田（2011）では、以下の例が「おこす」の遠心的方向性を表す例として挙げられている。

　　［ⅱ］　［男達がかぐや姫をわがものにしようとする］文を書きて、やれども、返りごともせず。わび歌など書きておこすれども、甲斐なしと思へど、［...］

（竹取: 21）

＊4　以下に、『落窪物語』『うつほ物語』『源氏物語』の「おこす」が用いられている例で移動している対象物をすべて挙げておく。

　　［ⅲ］　贈り物（花、着物）、手紙、思い、童（雇い入れる）、使者、縫い物、借り物（几帳）、鏡箱、衣箱

＊5　なお、補語視点用法を持つ語彙としては「えさす」「とらす」もあるが、これらも語構成の上で使役の要素が含まれており、与え手上位の上下関係を前提としている可能性がある。

＊6　森（2012b）ではこの変化を"話し手を高めてはいけない"という語用論的規則の適用の強さを要因として説明していたが、"話し手を高めてはいけない"という規則自体は通史的に敬語を通底する規則と考えるほうがよく、また、自敬表現は"王者のことば"とされていることからも、"王者のことば"としての語用論的効果は"話し手を高めてはいけない"という規則を利用したものと考えるほうがよいため、考えを改めた。ただし、授受表現「たぶ」には主語視点用法（自敬表現）の例が多く、すべての例を自敬表現としての語用論的効果があるとは説明できない。このことは授与という意味に特徴的な事柄である可能性がある。

＊7　現代標準語においては本動詞でも主語視点用法を用いることはできない。しかし、明治期までは、中央語でも本動詞「くれる」の主語視点用法が用いられることがあったようである。例えば、尾崎紅葉『多情多恨』（1896年）には以下の例が見られる。

　　［ⅳ］　それから其莨屋へ、五銭の白銅を出して、剰銭は与れて来た。

（多情多恨、前3–2: 51）

第4章

補助動詞「てくる」の成立
動作の方向性を表す用法の成立をめぐって

1. はじめに

　本章では、補助動詞「てくる」の歴史を考察する。前節と同様に主語に話し手がおかれる用法を"主語視点用法"、補語に話し手がおかれる用法を"補語視点用法"とそれぞれ呼ぶことにすると、標準語（首都圏方言）の「来る」は主語視点用法では用いることができず、補語視点用法でしか用いることができない［→（1）］。これは「くれる」と並行的な現象である［→（2）］。

（1）a.　［友人・太郎］今から太郎くんのところへ {*来る／行く} よ。［主語視点］

　　　b.　［友人・太郎へ］今から僕のところへ {来て／*行って} よ。［補語視点］

（2）a.　［友人・太郎へ］これ、太郎くんに {*くれる／あげる} よ。［主語視点］

　　　b.　［友人・太郎へ］これ、太郎くんが僕に {くれた／*あげた} やつだよ。［補語視点］

「くれる」の歴史的変化は前章でも確認したが、「くれる」と同様の視点制約を持つ「来る」も、同様にテ形補助動詞を持ち文法化した形式として用いられている。本節では、「てくる」の文法化の観察を通し、日本語の話し手に向かう方向性を表す文法の成立を述べるとともに、「くれる」の文法化の影響を確認する。また、視点の運用とポライトネスとの関係、およびその歴史的変化についても考えたい。

　さて、現代日本語（以下、現代語）の動詞「来る」は主語の人物の移動を表す［→（3a）］。しかし、補助動詞「てくる」の形態をとると、主語の人物の移動も示すときがあるが［→（3b）］、主語

83

の人物が実際に移動しないときに用いられることもある［→
(3c)］。

(3) a. 太郎が花子のところに来た。

b. 太郎が花子のところに走ってきた。

c. 太郎が花子に誘いをかけてきた。

　本書では、「てくる」の主語が移動せず、主語の動作が話し手に
向かうことを表す用法を"方向づけ"用法と呼ぶ。歴史的に見ると、
「てくる」の方向づけ用法は、中世以前には見られないようであり、
現代語と古代語の差異を示す一特徴である。

　本章ではこの移動の意味を伴わない「てくる」の方向づけ用法の
歴史的な成立を確認するとともに、その成立の様相を追う。結論を
先取りすれば、「てくる」の方向づけ用法は「てくれる」の用法の
拡張を基盤として成立したことを述べる。

　本章の構成は以下の通り。まず2節で「てくる」の用法を確認し
たのち、方向づけ用法の定義を行う。3節では、歴史的に「てく
る」方向づけ用法がいつ頃から見られるか、調査を行う。4節では、
「てくる」方向づけ用法成立の歴史的背景について考察を行う。最
後の5節はまとめである。

2.「てくる」方向づけ用法の特徴

2.1　先行研究と用法の概観

まずはじめに、本章における「てくる」の用法の分類を（4）〜
（6）に示す（分類にあたっては主に益岡 1992、坂原 1995 を参照
した）。

(4)［動詞連続構文］

　　太郎が、私の家の火事のニュースを聞いて、来てくれた。

(5)［非継起的用法］

a. ボールがグランドから転がってきた。　　［空間的接近］

b. 私はこの問題をこれまでずっと考えてきた。　　［継続］

c. 金利が高くなってきた。　　　　　　　　　　［状態変化］

d. 母がお米を送ってきた。　　　［方向づけ：対象の移動］

84　　I　授受表現・敬語の構造と歴史

e.　委員会が調査結果を知らせてきた。

[方向づけ：行為の方向性]

f.　委員会が合意を破棄してきた。　[方向づけ：間接受影]

（6）[継起的用法]

a.　太郎が土産を買ってきた。　　　　　　[空間的接近]

b.　先週、琵琶湖で水上スキーを楽しんできた。

[異なる時空間の行為・出来事]

　本章で注目するのは、（5d-f）で挙げた主語の移動の意味が含まれない方向づけ用法である。方向づけ用法は、澤田（2009a）に従い3タイプ（対象の移動、行為の方向性、間接受影）に下位分類する。"対象の移動"用法はヲ格で示される対象が移動する。"行為の方向性"用法と"間接受影"用法は、ヲ格の対象にも移動が見られないものの中で、「てくる」に前接する動詞（句）が話し手を格としてとりうるものを行為の方向性用法、とれないものを間接受影用法として分類する。例えば、（7）の行為の方向性用法では、その前接動詞「知らせる」は（7a）のように「私に」として話し手を補語として持つことが可能である。それに対して、（8）の間接受影用法では、その前接動詞「破棄する」は（8a）のように話し手を動詞の補語としてとることはできない。

（7）a.　私に調査結果を知らせる。

b.　委員会が調査結果を知らせてきた。

[方向づけ：行為の方向性]

（8）a. * 私に合意を破棄する。

b.　委員会が合意を破棄してきた。　[方向づけ：間接受影]

　この方向づけ用法は、近年ヴォイスとの関連から住田（2006）、Shibatani（2007）、古賀（2008）などでも議論がなされてきた。本章では「てくる」の意味の問題を扱うが、歴史資料を観察する上では、移動の有無は必ずしも客観的に判断できない。そこで、本節では調査の前提として、どのような例が確認できれば「てくる」方向づけ用法と認めうるか、現代語をもとに確認する。その上で、その基準を古典語にも適用して調査を進めることにする。

2.2 方向づけ用法の抽出

2.2.1 継起・非継起

まず、「てくる」の用法には大別すると、"継起"と"非継起"の二種類がある。"継起"の用法は前項動詞と後項動詞「来る」のあいだに時間差があるため、「て」と「くる」の間に副詞「それから」が挿入できる*1。方向づけ用法は非継起的用法であり、「それから」を挿入することができない。

(9) a.　太郎が土産を買ってきた。[継起的用法：太郎がおみやげを買って（、それから）きた。]

    b.　委員会が調査結果を知らせてきた。[非継起的用法：*委員会が調査結果を知らせて（、それから）きた。]

2.2.2 前接動詞

方向づけ用法に用いられる前接動詞は主体動作動詞であり、意志動詞である。例えば、目的語の移動と認められる動詞（「送る」、「投げる」、「転がす」など）、また、そもそも物理的に移動するものが認められない動詞（「言う」、「伝える」、「叩く」、「怒る」、「にらむ」など）が該当する。

他の動詞では別の解釈が可能となるため、方向づけ用法とは認められない。例えば、移動にかかわる動詞（位置変化動詞「帰る」、「出かける」、「出る」、「上がる」など、また、移動の方法を表す動詞「歩く」、「走る」、「飛ぶ」など）では移動が伴うことが想定され、空間的接近の例として解釈可能である。また、主体変化動詞（「生きる」、「いとなむ」、「枯れる」、「太る」など）では、"状態変化"、"継続"の意味となる。

また、前接動詞が主体動作動詞であっても、一回的な事象でなければならない。(10b)のように事件の複数性あるいは繰り返しによって習慣・継続的な意味になるときは、"継続"や"状態変化"の意味ととりうるため、資料の調査上は方向づけ用法と認めることはできない。

(10) a.　太郎がいきなり僕をからかってきた。[方向づけ]

    b.　太郎はいつも僕をからかってきた。[継続]

2.2.3 「てくる」による格付与

本動詞「来る」の格としては、ガ格、カラ格、マデ格、ニ格等が認められる。

(11)太郎が　東京から　大阪まで　来た。
　　　動作主　起点　　　目標　　　来る

移動を表す「てくる」の用法では、その格枠組みは「来る」の枠組みであり、マデ、カラ、（場所名詞＋）ニ等の格をとりうる。例えば、(12b)の空間的接近用法では、前接動詞単独ではニ格がとれない場合でも、「てくる」ではニ格をとることができる（Shibatani 2007: 119-120）。

(12)a.　＊太郎は僕の家に歩いた。

　　　b.　太郎が　駅から　僕の家に　歩いてきた。［空間的接近］
　　　　　動作主　　　　　　　　　　歩く
　　　　　　　　　起点　　目標　　　　　てくる

しかし、方向づけ用法で現れる格は前接動詞の格のみであり、前接動詞が持たない「来る」の格（カラ格、ニ格等）はとれない。例えば(13)のように、前接動詞「殴る」がニ格をとれないときは、「てくる」でもニ格をとることができない。

(13)a.　太郎が僕 {＊に／を} 殴った。

　　　b.　太郎が僕 {＊に／を} 殴ってきた。［方向づけ］

(14)太郎が　僕を　（＊僕に）　殴ってきた。［方向づけ］
　　　動作主　対象　　　　　　　殴る
　　　　　　　　（＊目標）　　　　てくる

2.2.4　主格の人物

方向づけ用法では、補語となる話し手側の人物が行為や行為の影響を受けるという意味特徴から、動作は話し手・話し手側の人物に向いている。したがって話し手が主格に立つことはなく、(15)のように話し手が主語に立つと、継続・状態変化の用法、または継起の用法の解釈となる。そのため、方向づけ用法とは解釈できない。

(15)a.　私は（これまでずっと）太郎をからかってきた。［継続］

　　　b.　私は太郎をからかって（、それから）きた。［継起］

2.2.5 移動の有無

空間的接近の例では主格の人物が移動する。しかし、方向づけ用法において、主格の人物は移動しない。対格のものが移動するか、または、移動するものがない。また、状態変化・継続は時間的意味を表し、人物等の移動は表さない。

ただし、意味による判断はどうしても主観的なものになりやすい。考察の上では、明らかに主格の人物の移動の意味を持つもののみを除外する。

2.2.6 まとめ 「てくる」方向づけ用法の基準

ここまでの考察をもとに、方向づけ用法の例と判断できる条件を（16）に示す。

(16) a. 前接動詞と「てくる」の間に「それから」を入れて解釈することができない。　　　　　　　　　　［→2.2.1 節］

    b. 主体動作動詞を前接し、一回的な動作を表す。

　　　　　　　　　　　　　　　　　　　　　　　　［→2.2.2 節］

    c. 「来る」の格（ニ、カラ、マデ等）をとらない（前接動詞が単独でそれらを持つときを除く）。　　　　［→2.2.3 節］

    d. 主格の人物が話し手でない。　　　　　　　　　［→2.2.4 節］

    e. 主格の人物が移動しない。　　　　　　　　　　［→2.2.5 節］

3. "方向づけ"を表す「てくる」の成立

3.1 調査資料と概観

本節では、（16）の条件を充たす「てくる」方向づけ用法の用例を調査する。調査は口語における変遷を念頭におき、口語を反映しているとされる作り物語、小説や狂言台本などを用いた。中世末期の資料を確認すると、「てくる」の"方向づけ"用法は見られなかったため、これ以降の文献から調査を行った。使用した文献は以下の通りである。

中世末期：『天草版平家物語』、『エソポのファブラス』、『大蔵虎明本狂言』（上・中巻のみ）

近世前期：近松世話物浄瑠璃（『日本古典文学大系』49）、噺本（『噺本大系』1〜6）

近世後期：「東海道中膝栗毛」（『新編日本古典文学全集』）「浮世風呂」（『新日本古典文学大系』）「春色梅児誉美」、黄表紙・洒落本作品（以上、『日本古典文学大系』）

明治期：『CD-ROM 版明治の文豪』（各作者 1 作品に絞る：森鷗外「青年」、伊藤左千夫「野菊の墓」、二葉亭四迷「其面影」、夏目漱石「坑夫」、尾崎紅葉「金色夜叉」、田山花袋「田舎教師」、泉鏡花「婦系図」、長塚節「土」）

これらの資料から、前節で述べた条件にあてはまる「てくる」方向づけ用法の抽出し、表 4.1 に挙げた。以下、上記の時代区分ごとに述べていく＊2。

表 4.1 「てくる」方向づけ用法の用例数

年代（地域）	中世末期	近世前期	近世後期	明治期
テキスト字数（概数）	55.6 万字	183 万字	75.5 万字	120 万字
「てくる」全用例数	238	186	400	1447
方向づけ用法	0	2	3	27
（前接動詞の異なり語数）	(0)	(1)	(2)	(17)

3.2 近世前期

近世前期で、方向づけ用法に見える例として、(17) の 2 例がある＊3。

(17) a. ［女の見た夢は結婚を予兆するものであった］しかれば此ゆめハあふたといふて、むすめやどへ帰るといなや、［ある男が］ゑんづきを<u>いふてきたる</u>を、よきさいわひとそのままゑんについた。

　　　　　　　　　　　　　　（噺本, 鹿野武左衛門口伝はなし, 14: ⑤ 190–191）

b. ［半兵衛→太兵衛］「［...］衽町の笹屋から、竹の子取りに矢の使ひ。阿波座堀の丹波屋から栗おこせと<u>言うて来る</u>。［...］」

　　　　　　　　　　　　　　（近松, 心中宵庚申: ② 466）

（17）の用例はいずれも（16）の条件をすべて満たしている。
（17b）は、カラ格が現れているものの、現代語でも「彼には僕から言うようにするよ」などと言えるように、「言う」の格としてカラ格が認められるため、（16）の違反とはならない。（17a）『鹿野武左衛門口伝はなし』は1683年刊であるが、この例が今回の調査範囲で見られた「てくる」方向づけ用法の最も早い例である。

3.3　近世後期

近世後期には、方向づけ用法の例が3例見られた。

(18) a. 〔新造→女郎〕「モシイ、御無心ながら、かてへ紙を一まいおくんなんしな。」〔女郎→新造〕「いいきぜんな［勝手なものだ］、色々な事を<u>いつてくる</u>。　　　（傾城買四十八手: 122）

　　 b. 〔ぼうさま→弥次〕「［...］お施主につかつせへて［寄進者になって］下されませ」〔弥次→ぼうさま〕「なんだ石塔のせしゆにつけ。いめへましいことを<u>いつてくる</u>。」

　　　　　　　　　　　　　　　　　　　（東海道中膝栗毛, 四編下: 223）

　　 c. ［先蔵と後兵衛の将棋の対局］〔先蔵〕「［...］斯う来る、ああ行く、若引たら尻からぴたりト。まづなんでも遣て見ろ」〔後兵衛〕「ハハア、おつな事を<u>して来る</u>ナ。飛車手王手がはづれたら、銀を奪取る計略だナ

　　　　　　　　　　　　　　　　　　　（浮世風呂, 前編下: 52–53）

　近世後期にも方向づけ用法の例はあまりなく、見られる例も伝達動詞「言ってくる」の例が2例である。しかし、（18c）の例は注目される。「おつな事をする」という動詞（句）は、一項述語であり、「*私におつな事をする」のような話し手が参与者となる項がとりにくいように思われる。この点で間接受影用法の例と考えられる。間接受影用法の例は明治期の調査範囲に見られないため、近世・明治期の孤例であることに問題は残るが、本書ではひとまず、（18c）が間接受影用法の早い用法であると考えておく。

3.4　明治期

明治期に入ると「てくる」方向づけ用法の例が多く見られ、前接

動詞の異なり語数も増える。

(19) a. 熊谷の小島は一高の入学試験を受けに東京に出懸けたが、時々絵葉書で状況を報じた。英語が難かしかったことなどをも知らせて来た。 (田舎教師, 15)

b. 「掏られた、盗られたッて、幾干ばかり台所の小遣をごまかして来やあがったか知らねえけれど、汝が其の面で、何うせなけなしの小遣だろう、落しっこはねえ。
[...] (婦系図, 34)

(19a) は対象の移動、(19b) は行為の方向性の例と考えられる。このように「てくる」方向づけ用法は、明治期までに一般的な用法になったと考えられる。

4. 方向づけ用法成立の要因

4.1 ダイクシスの運用の歴史的変化

田窪 (1988) によれば、ダイクシスの運用法には"融合型"と"対立型"の二種が存在する。例えば、標準語では、(20) のように話し手が聞き手のところに移動するときに「来る」を用いることはできない。しかし、方言や歴史資料では、(21) のように話し手が聞き手のところに移動する際「来る」を用いる例がある。

(20) [標準語 (首都圏方言)、電話で] 明日花子ちゃんの家に遊びに {#来る／行く} ね。

(21) a. 又、ほどへて、見えをこたるほど、あめなど降りたる日、[手紙: 兼家→道綱母]「暮れに来ん」などやありけん、
(蜻蛉日記: 43)

b. A：今カラコッチ来ン？
B：ウン、ジャスグ来ルケン (陣内 1991: 16)

田窪 (1988) は、(20) のように移動の方向が話し手領域・非話し手領域のどちらへ向かっているかを厳密に区別する運用法を"対立型"、(21) のように移動の方向が話し手領域・非話し手領域のどちらへ向かっているかの区別、話し手領域と非話し手領域の区別を徹底しないダイクシスの運用を"融合型"と呼ぶ。

「てくる」方向づけ用法の成立は、移動動詞の運用における"融合型"から"対立型"へという運用法の変化の表れであると考えられる。澤田（2009a）も、このようなダイクシスの運用法の歴史的変化を日本語の"領域区分化"の表れとして"日本語は、自己（話し手）の領域内の事物・事象と他者（聞き手、第三者）の領域内の事物・事象とを言語的に区別する方向に発達してきている。（同：14）"と述べる。補助動詞「てくる」は話し手領域と非話し手領域を区別しながら、話し手領域へ動作が向かうことを特立させて示す形式として発達したと考えられる。

　ここで注目されるのは、「来る」と同様の運用法を持つ「くれる」との関わりである。「くれる」も「来る」と同様に与格に話し手をとるという視点制約を持つ（久野 1978）。以下次節では「てくる」方向づけ用法成立に先行して「てくれる」の用法の拡張が見られることを述べる。

4.2　歴史的変化の様相　「てくれる」の成立との関連
4.2.1　構文的拡張　間接受影用法

補助動詞「てくれる」は 15 世紀頃に成立したと考えられている（宮地 1975: 814）。『大蔵虎明本狂言』ではすでに、「てくれる」には「てくる」間接受影用法と同じように、話し手が動作の相手とならないとき、あるいはそもそも動作の相手が想定できないときにも用いられる例がある。

(22)a.　［太郎冠者は武悪に他国へ去るように頼む］身共へのほうこうには、是からすぐに見えぬ国へ<u>いんでくれさしめ</u>

（虎明本狂言, 武悪: 上, 310）

　　b.　［太郎冠者は仮病を使っていたが、治すために"しびれ"に語りかける］やひしびりよ、只今<u>なをつてくるれ</u>は、明日おぢごさまへまいつて、よひ酒も肴物も、たくさんにたぶる程に、<u>なをつてくれ</u>ひよ

（虎明本狂言, 痿痺: 中, 100）

（22a）では「武悪が遠い国へ行く」という動作は話し手の太郎冠者を「行く」の項として想定できず、直接的には太郎冠者の関わ

る動作ではない。（22b）では「治る」は自動詞であり、これも話し手の太郎冠者自身を「治る」の項としてとることができない。このように遅くとも17世紀前半には「てくれる」間接受影用法の例が見える。

4.2.2　意味の漂白化

　中世末期の「てくれる」は、恩恵的認識を表す語句とともに用いられる例が多い。例えば、『虎明本狂言』には行為指示表現の例が82例あるが、ほとんどが依頼の例であり、禁止は1例のみである。また、平叙文の例は11例あるが、うち8例にはその文中に恩恵的に用いられていることが明示される表現（「ようこそ」など）があり〔→（23）〕、逆に非恩恵的に用いていることを明示している例は見られない。

(23)〔孫が祖父を見舞に来た〕^{〔祖父→孫〕}ようこそ見まふてくれたれ、おうぢは、こしがいたひ程に、しやうぎをくれさしめ

（虎明本狂言,財宝: 上, 113）

　このことから中世末期から「てくれる」は恩恵的な意味に偏って用いられていることが想定され、「てくれる」の基本的意味は現代語と同様"話し手に向かう恩恵を示す"ことにあると考えられる。

　ところが近世後期になると、「てくれては恨みだ」の形で、当該の動作に非恩恵的な認識をしていることを明示しながら「てくれる」を用いる例が見られるようになる。

(24)a.　^{〔文里→九重〕}あの子の来ねへうち、おめへがたに話しておきてへ事がある。かならず笑つてくれちやア恨だぜ【本気で聞いてくれねば恨みに思うよ】

（傾城買二筋道: 162）

　　b.　〔遊女九重は文里が遊郭から去ろうとするのを止めようとする〕^{〔九重→文里〕}「これ文里さん、今夜ばかりはどふぞ居て、あの子の胸も聞いておくんなんし」^{〔文里→九重〕}「ハテとめてくれては恨だ。」　　（傾城買二筋道: 166）

「てくれる」が"恩恵を受けることを示す"表現だけではなく、"（恩恵に関わらず）話し手に行為が向かうことを示す"表現へと、

その恩恵の意味が希薄化されて用いられるようになっている。

4.2.3　変化の動機　運用における義務化

　また、現代語の「てくれる」を含む受益表現は、話し手に恩恵がある場合、例えば、感謝表現の前には、「てくれる」などの受益表現を必ず用いなければならないという語用論的制約が存在する。

(25) a.　家まで {#送って／送ってくれて} どうもありがとう。

　　　b.　先生、論文を {#読んで／#お読みになって／読んでくださって} ありがとうございます。

　しかし、近世の資料では感謝表現の近くにも「てくれる」などの受益表現を用いない例が見られる。

(26) a.　［藤兵衛はお由の苦労をねぎらい、優しい言葉をかけた］〔お由→藤兵衛〕「そふやさしく被仰と真に嬉しく思ひますけれど、　　　　　　　　　　　　　　　　　（春色梅児誉美, 巻九: 171）

　　　b.　［女郎一重はやっと通人文里から許しを得られる］〔文里→一重〕「もう良いはな良いはな。まあまあ顔でも拭きやよさ」〔一重→文里〕「そんなら堪忍しなんすかへ」

　　　　　　　　　　　　　　　　　　　　　　（傾城買二筋道: 168）

　(26a) は直後に感謝表現があり、(26b) は許しが得られた場面である。いずれも現代語ではこのような場面で受益表現が義務的と考えられるが、(26) では受益表現が付与されない。このことから、近世までは、話し手が恩恵を受けたときには必ず受益表現が付されなければならないという規則がなかったが、近代以降、対立型の運用が徹底して行われるようになり、受益表現が必ず付されるようになったことが想定される。

　4.1 節で述べたように、日本語ではダイクシスの運用が話し手領域と非話し手領域を区別するように変化してきた。「てくれる」が先行して、話し手へ向かう動作を特立して示す機能を担うようになったが、対立型の運用が進んだことにより、「くれる」と同様の制約を持っていた「くる」にも補助動詞「てくる」の方向づけ用法が成立したと考えられる。

　その傍証として、「てくれる」と「てくる」の担う意味の関係を

94　　Ⅰ　授受表現・敬語の構造と歴史

考えたい。(27) のように、「てくれる」を使っても受害の意味を表すことができる。一方で「てくる」は、受害では用いることができるものの、受益の意味では用いることができず、例えば（28）のように感謝表現の前項で「てくる」を用いることはできない。

(27) やい、くそおやじ、よくもあんなフザケた所に連れて行ってくれたな。　　　　　　　　　　　　　　　　　（山田 2004: 215）

(28) 「あんた、すごいよ。よく頑張ったよ」／慰めてくれてありがとう、というつもりで私が頷くと、エディがさらに言葉を継いだ。[*慰めてきてありがとう]　　　　（一瞬の夏, 10）

ここからは、もともと受益を表す「てくれる」が恩恵の有無にかかわらず話し手に行為が向かう用法へと拡張して用いられるようになった。その結果、後発であり、恩恵に関する意味を持たない「てくる」は「てくれる」の本義といえる恩恵を表すという意味を担えなかったことが窺える。

4.2.4　領域区分と丁寧さの関連

さて、「来る」の融合型の運用法は現代の諸方言でも見られるものである。陣内（1991）では『日本国語大辞典』「来る」の方言の項にまとめられている近代以降の方言集の記録によれば、富山県／砺波／石川県鳳至郡／鹿島郡／岐阜県東部／鳥取県米子／西伯郡／島根県隠岐島／佐賀県西松浦郡／長崎県／熊本県／宮崎県西臼杵郡／鹿児島県／肝属郡／喜界島と、西日本の周辺部に見られるもので、方言周圏論的な解釈をすれば、近畿においても古くはこのような融合型の運用法が行われていたことが想定される。

領域区分を行うことが丁寧さと関連していることは、「来る」の方言用法に示唆的である。4.1 節でも述べたように標準語では「行く」を用いなければならないような、話し手領域から聞き手領域への移動で用いる場面で「来る」を用いる方言は各地に存在する。例えば、陣内（1991）では、九州地方の「来る」の方言用法について、調査がなされている。

(29) A：今カラコッチ来ン？

　　 B：ウン、ジャスグ来ルケン　　　　　　　（陣内 1991: 16）

陣内（1991: 21）によれば、九州における「来る」の方言用法は「行く」を使ったときに比べて“親しさと遠慮のなさ”を示し、“少し遠慮を要する相手”には「来る」を用いることが憚られるという。このことからはダイクシスの運用において、融合型よりも対立型のほうが丁寧であるということが示唆される*4。歴史的にもより丁寧な表現を用いようとする意識から対立型の運用が徹底するようになったと考えられる。

5．まとめ

本章では以下のことを述べた。

1）「てくる」方向づけ用法は近世前期の資料に例が見られるが、近代に入ると延べ語数、異なり語数ともに増加する。「てくる」方向づけ用法は近世前期にその早い例が見られ、明治期に異なり語数が増加し、一般化したと考えられる。［3 節］

2）「てくる」方向づけ用法の成立は日本語のダイクシスの運用の歴史的変化と符合するものである。非話し手領域から話し手領域への移動を厳密に区別する現代語の運用（“対立型・領域区分化”）では、話し手への行為を特立する動機が強くあり、方向づけ用法成立の基盤となった。［4.1 節］

3）この“話し手に行為が向かうことを示す”表現としては、「てくる」に先行して「てくれる」の用法が拡張している。「てくれる」は「てくる」に先行して間接受影用法を持ち、また、意味の漂白化が起こっている。「てくる」の方向づけ用法の成立は、“話し手に行為が向かうことを示す”ようになるダイクシスの運用法の変化が表れた一つの事象と位置づけられる。［4.2 節］

＊1 "継起"用法には以下のような"往復の移動"を表すような例も含む。

　　［ⅰ］　ちょっと、ご飯を食べに行ってきます。

継起的用法には、以下の例のように異なる時空間で行為・出来事をし、そこから現在に至ることを述べている例もある。ただし、文献の解釈上は「楽しんで（それから）来た」という継起的用法としての解釈を否定できないため、これらを方向づけ用法とは認めない。

　　［ⅱ］　先週、琵琶湖で水上スキーを楽しんできた。

＊2　森（2010b）では、近世前期を上方語、後期を江戸語として扱っていた。これは資料の多くがその土地で出版されるものであったことによるが、前期にも江戸出版の作品が含まれている。本書では地域差の詳細については今後の課題とするが、近世前期から「てくる」方向づけ用法は見られたという本書の主旨には影響しない。

＊3　また、もう1例方向づけ用法の可能性がある例がある。ただし対象「もっけな事」がガ格で表れており、方向づけ用法の確例とはしがたい。

　　［ⅲ］　高槻の伯父森右衛門様から、たつた今飛脚の状に、もつけな事が言うて来ました。見さっしゃれ。　　　　　　　　（近松, 女殺油地獄: ① 225）

＊4　Brown and Levinson（1987: 204）でもネガティブ・ポライトネスストラテジーの一つとして"話し手・聞き手を非人称化する（Strategy 7: Impersonalize S and H）"ストラテジーが挙げられており、その下位分類の一つとして"視点を隔てる（Point-of-view distancing）"ことが挙げられている。挙げられている例は英語やタミル語などのテンスや指示詞の用法ではあるが、視点を隔てる操作によってネガティブ・ポライトネスの表現になる、ということが世界の言語で広く行われていることを窺わせる。

II
行為指示表現から

第2部と第3部では、特定の発話行為でどのように授受表現と敬語が運用されてきたかという点に着目し、授受表現の歴史を観察する。第2部「行為指示表現から」では、話し手が聞き手に対してある行為を行うことを求める表現である行為指示表現を取り上げる。いずれの現象でも授受表現と敬語が運用上相互に関わり合って変化が起こっているが、この第2部では特に「くれる」「くださる」によって話し手への利益を示すことが重要になっていく歴史的変化を中心に扱う。

　第5章「行為指示表現の歴史的変遷―尊敬語と受益表現の相互関係の観点から―」では、日本語の行為指示表現の歴史を、特に尊敬語命令形（「なさい」等）と受益表現尊敬語命令形（「ください」等）がどのような用法を担うのか、その相互関係はどのようになっているのか、という観点から調査する。その中で、受益表現の用法が広がるのと連動して、尊敬語命令形の用法が狭まるという変化が見られることを述べる。

　第6章「近世上方における連用形命令の成立―命令形式の三項対立の形成―」では、近世後期の上方で成立した動詞連用形の外形を持つ命令形式の連用形命令（「書き」＜「書く」）に着目し、これが敬語形式から再分析されて形成されたことを述べる。また、この時期に江戸ではナ形命令（「書きな」）が成立し、近世前期には用例のある「書いて」と合わせて命令形式の3項対立が形成される。このことの意味を命令形命令の待遇価値の低下と併せて考察し、古代語と近代語の行為指示表現の差異について位置づけ、これらの命令形式の運用にも受益者の区別という観点が影響するようになったことを述べる。

第5章
行為指示表現の歴史的変遷
尊敬語と受益表現の相互関係の観点から

1. はじめに

現代語で命令や依頼など聞き手に何らかの行為を求める際には、動詞の命令形や受益表現補助動詞「てください」「てくれ」などが用いられることがある。

(1) a.　本を読め。［命令形］
　　 b.　本を読んでください。［受益表現］

しかし、現代語において、命令形による行為指示はあらゆる人に対して用いることのできる表現ではない。尊敬語の命令形であっても、上位者に対しては用いることができず、受益表現を用いる必要がある。

(2) ［学生が先生におみやげを持ってきた］
　　 a.　#うなぎパイを {召し上がれ／召し上がりなさい}。
　　 b.　うなぎパイをお召し上がりください。

しかし、歴史的には、(3) のように、上位者に対しても尊敬語の命令形を用いることができた。

(3)　［太郎冠者→大名］「さやうに申たれ共、お国でこそたのふだ人をぞんじたれ、爰元ではしつた者がござなひほどに、はやう代物をおこさせられひ」　　　　　　　　　(虎明本狂言, 雁盗人: 上, 168)

(2)、(3) より、行為指示表現において、歴史的に受益表現の必要性が高まっていることが予測される。本書では特に命令形による行為指示表現に着目し、受益表現「ください」の命令形と受益表現でない尊敬語の命令形を比較することで、行為指示表現の運用の歴史的変遷を考察したい。具体的には、受益表現命令形「ください」が、話し手への利益を表す尊敬語という語彙的な意味を持つため、上位者への話し手利益の行為指示（本章の“依頼”）という本来的

101

な用法から用法を拡大していくのに対し、逆に非受益表現の尊敬語命令形は受益表現の本来的な用法である依頼から例が見られなくなる、という相互関係を明らかにする。さらには、行為指示表現の歴史的変化の背景にある受益表現と尊敬語の運用の歴史的変化についても、考察を加えたい。

　これまでの行為指示表現の歴史的研究は、"依頼表現""命令表現"の研究としての記述が一定量あり、例えば、江戸東京語を対象とした田中（1957）、江戸語から現代語までを対象とした工藤（1979）、『源氏物語』を対象とした藤原（1995）などがある。このような研究では、どのような形態が用いられているか、誰に対して用いられているか、という点は調査があるものの、現代語において研究の進んできた行為指示の枠組みに即せば、さらに詳細な発話機能と形式の対応を考えていくことが可能なように思われる。この点で原（2005）は『平家物語』を対象として"行為指示表現"の枠組みからこれらを記述している研究として注目されるが、まだ歴史的変遷の全体が明らかになったとはいえない。本章は、尊敬語と受益表現は運用上どのように関わっているのか、また、どのような用法が歴史的変遷の中で重要な役割を果たすのか、という点について、行為指示という発話行為を通して明らかにすることを目的としている。

　以下、本章の構成を示す。まず次節では先行研究をもとに、本書における考察の枠組みを示す。3節では、時代ごとに尊敬語の命令形と受益表現の命令形の用法を確認する。4節で行為指示表現の歴史的変遷から、敬語と受益表現の運用における相互関係の歴史を考察する。最後の5節はまとめである。

2. "行為指示表現"とその枠組み

2.1　行為指示表現の分類

2.1.1　概観

本章では行為指示表現の分類基準として、先行研究で述べられている"受益者"と"選択性"の2つを用いる。この2つの基準によ

り、"命令指示"・"聞き手利益命令"・"依頼"・"勧め"の4つの用法に分類する。それらの関係を図5.1にて示す。

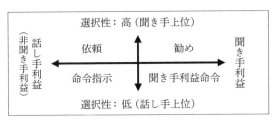

図5.1　行為指示表現の枠組み

2.1.2　受益者

　受益者とは当該行動によって利益を得る人物のことである。受益者が話し手か、聞き手かということは行為指示表現の選択に影響を与えていると考えられる。(4)のように話し手に利益のある行為指示では、「ください」「くれますか」のように受益表現を用いた形式が用いられ、「なさい」など尊敬語のみの形式は不適切な表現となる。

(4) [A先生が助手に、B先生に封書を届けるように頼む。受益者：先生（話し手）。（聞き手：助手には利益なし）]
　　a. [#]悪いけどこの封筒をB先生のところまで持って行きなさい。
　　b. 悪いけどこの封筒をB先生のところまで{持って行ってください／持って行ってくれる？}

なお、受益者は話し手か、聞き手か二元的に決められるものではなく、"公のため"というべき表現（牧野2008b）、また、受益者が想定できなかったり、受益者が話し手・聞き手の両者であったりする表現もあり、連続的なものである。

(5) a. ［先生が掃除中ふざけている生徒に］ちゃんと掃除をしなさい。［公のため］
　　b. ［先生が宿題を忘れてきた生徒に］バケツを持って廊下に立っていなさい。［受益者なし］

本書では牧野（2008b）に従い、これらを話し手利益の表現と合わ

せて考える。このため、作業上は聞き手利益か、非聞き手利益かのどちらかに分類している*1。

2.1.3　選択性

同じことを行為指示する際にも、話し手がその行為をどれだけ強制的に遂行したいかによって行為指示する形式は異なる。

(6) a.　電話に出てください。(Answer the phone.)

　　 b.　ひょっとして電話に出ることができるでしょうか。

　　　　 (Could you possibly answer the phone?)

(Leech 1983: 108)

(6) が同じ聞き手に用いられたとしたとき、筆者の直感では、(6a) のほうがより聞き手に当該の行為を求める強制力が強く、逆に (6b) は相対的に丁寧な表現であり、聞き手に対する強制力は弱いように感じられる。Leech (1983) は、これらの表現が随意性（選択性）の度合い（the degree of optionality）によって使い分けられていると述べる。つまり、(6a) のほうがより話し手が聞き手に与えている選択性の度合いが低く、(6b) のほうがより選択性の度合いが高い、と説明する*2。

この選択性はさまざまな条件に基づいて運用されている。その条件を (7) に挙げる。

(7) 上下関係

　　a.　**年齢上の上下関係**：年上―年下

　　b.　**血縁・役割上の上下関係**：父母―子、上司―部下、先生―学生

　　c.　**立場上の上下関係**：（パーティーの）幹事―参加者、（自治会の）役員―構成員

　　行為内容

　　d.　**当該行為の負担度**：負担［大］―負担［小］

　　e.　**当該行為の義務性**：義務的―非義務的（一回的）

　　発話意図

　　f.　**話し手の発話意図**：遂行されずともよい―話し手が行為指示を絶対に遂行させたい

104　　II　行為指示表現から

（7a–c）は上下関係を3種類に分けて示した。（7a, b）は比較的固定的な上下関係であるが、（7c）は臨時的な立場による上下関係と位置づけられる。例えば、話し手が式典の司会に当たっているときには、相手が上位者であっても「ステージにお上がりください」のように命令指示ができると考えられる。Searle（1969）でも、命令を行うための事前規則として、話し手が聞き手に対し"権威（authority）"のある地位にいるかどうか、という点が挙げられているように、恒常的であれ、臨時的であれ、話し手と聞き手の上下関係は選択性を考慮するうえで重要である。一般的に、上位者に対しては選択性を高める必要がある。

　また、話し手・聞き手の関係だけでなく、話し手が聞き手に求める行為の内容も選択性を考慮する上で重要な観点となる。（7d）当該行為の負担度について、「10円貸して」という行為指示に比べて、「100万円貸して」という行為指示は聞き手への負担が大きく、強い強制力のもとで行うことは難しい。また、（7e）当該行為の義務性について、同じ行為でも、聞き手がそのことを行うことが義務として課されている場合は、義務的でない、あるいは一回的なことを命令するよりも強い拘束力で行為指示を行うことができると考えられる。例えば同じ「郵便受けから新聞を取ってくる」という行為を子どもに命令するにしても、子どもがそれをお手伝いとして行うことが決まっている状況ならば、強く行為指示を行いやすい。

　また、文脈に関わらず、話し手が当該の行為指示を遂行させたい、聞き手に対する強制力を強めたいという意図があったときも選択性の度合いの低い表現をとることができる。

　しかし、行為指示表現を歴史的に研究する際は、当該行為の負担度・恒常性・当然性、および、発話意図を文脈から読み取るのは困難である。また、そもそも、行為指示される事態が各時代でどのような意味を持つのか（social pragmatic rule）も変化しうるものである。本章では、客観的に判断しうる基準、また通時的変化を見るために共通に判断可能な基準として、上下関係によって選択性を判断することとする。つまり、上位者に対しては選択性の高い行為指示を行い、下位者に対しては選択性の低い行為指示を行うと考える。

他の要因については数量の分布や変化の趨勢から推定を行うにとどめたい[*3]。

2.2　現代語の行為指示表現の様相

図5.2、図5.3で現代語の行為指示表現の用法を図示する。

図5.2 「なさい」の用法（現代）　　図5.3 「ください」の用法（現代）

表の凡例は以下の通り。〇：用いることができる。△：用いづらい。×：不適切である。

　現代語（首都圏方言）の行為指示表現の例を挙げる。まず、「ください」は勧め、聞き手利益命令、命令指示の4つの用法で用いることができる。ただし、依頼では、命令形「ください」の使用は不適切とされることが多く、受益表現を用いた上で疑問の形式をとる（森・水谷2012）。一方、尊敬語命令形について、現代語では、上位者に対し、「なさい」など尊敬語の命令形のみで行為指示を行うことはできない。

(8) a. [学生→先生] あの席が空きました。{座ってください／#座りなさい／#お座りになれ}。[勧め]

　　b. [先生→学生] 話があるから、こっちへ {来てください／来なさい}。[命令指示[*4]]

　　c. [先生→学生] 遅くなると危ないから、早めに {帰ってください／帰りなさい}。[聞き手利益命令]

　　d. [学生→先生] 書類に印鑑を {押していただけませんか／#押しなさい／#お押しになれ}。[依頼]

筆者の内省では、「なさい」は、話し手が聞き手に対して明らかに社会的上位であるときに限られ（先生から生徒へ、など）、公の

立場に則って命令するときに用いる形式という感覚がある。少なくとも同等・上位の人物に対しては用いることができない。

　ここまで、行為指示表現の枠組みを確認するとともに、現代語の用法を確認した。次節では歴史的に行為指示表現の運用がどう変化したか考察する。

3.　行為指示表現の歴史的変遷

3.1　調査の概要

3.1.1　調査資料

　現代語の受益表現形式「てくださる」「てくれる」などが一定量見られはじめる中世末期以降を中心として調査を行った。資料は口語を反映しているとされるもの（物語・小説の会話文、狂言資料など）を対象とする。ただし、会話文中で他の発話が引用されている場合は間接話法・直接話法を問わず考察の対象としない。調査資料は以下の通りである。

　中世末期：『大蔵虎明本狂言』*5

　近世前期：近松世話物浄瑠璃（『日本古典文学大系』49所収作品）

　近世後期：『東海道中膝栗毛』、『浮世風呂』、『遊子方言』、『傾城買二筋道』、『春色梅児誉美』

　近代〜現代：『明治の文豪』（CD-ROM：各作者1作品を抽出）、『新潮文庫の100冊』（CD-ROM：1880・1890年代生作者および1940年代生作者を抽出）

3.1.2　調査対象形式

　本章では受益表現と非受益表現の用法を対照させるという観点から、調査対象形式を以下のように分類する。

　直接型：尊敬語（助動詞も含む）の命令形。「お-あれ」「させられい」（中世末期）、「（お-）なされ」（近世）、「（お-）なさい」等。受益表現「くれる」等と承接している場合は下記の受益型に含める。

第5章　行為指示表現の歴史的変遷　107

受益型：受益表現「(て)くださる」の命令形。「ください」のほか、「お-ください」「てたも(れ)」等も含む。また、「てくれなんせ」のように受益表現「てくれる」に尊敬語が付加された表現も含めている*6。

なお、丁寧語が付加された形式（「なさいませ」「くださいませ」など）も、含まれる要素が尊敬語か、受益表現かに応じて直接型もしくは受益型に含めている（「なさいませ」は直接型、「くださいませ」は受益型）*7。

3.2 中世末期

中世末期の直接型・受益型の用法を示すと図5.4、図5.5の通りである。以下、直接型、受益型の順に考察を行う。

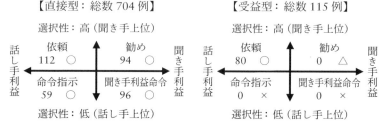

図5.4 直接型の用法（中世末期）　　図5.5 受益型の用法（中世末期）

図5.4以降の表の凡例は以下の通り。○：用例が一定数見られ、用いることができたと判断できる。△：用例は見られるが一般的ではない、または用法が限定されている。×：例がない。選択性を判定できない例があるので各用法の和は総数と一致しない。

3.2.1 直接型の用法

中世末期には、直接型は4つの用法で用いられており、行為指示に広く用いられていたと考えられる。

(9) a. [太郎冠者→売手]「まんぞくいたひた、さらばとつてまいらふ」《と云てがんをとらふとするを、おさへて》[売手→太郎冠者]「代物をおこしやれ」［命令指示］

（虎明本狂言, 雁盗人: 上, 168）

b. ［茶屋は出家にただで舟に乗る方法を教える］[茶屋→出家]

「せんちんはさつまのかみじやと<u>おしやれ</u>」［聞き手利
益命令］ (虎明本狂言, 薩摩守: 中, 311)

c. ［ばくち打は鬼に扮して見目吉を食べようとする］^{［見目吉}
^{→ばくち打］}「まつひら<u>ゆるさせられひ</u>」［依頼］

(虎明本狂言, 眉目吉: 下, 229)

d. ^{［祖父→孫］}「あめか、さたうか、もてきた」^{［孫→祖父］}「そのあ
めもさたうもしんぜう、まつこしを<u>かけさせられい</u>」
［勧め］ (虎明本狂言, 薬水: 上, 108)

3.2.2 受益型の用法

中世末期の受益型で確例がある用法は、"依頼"のみである。

(10)［出家は茶屋にただで渡し船に乗る方法を教えてもらおうと
する］^{［出家→茶屋］}「いかやうに致てもわたせはよう御ざる、<u>お
しへてくだされひ</u>」［依頼］ (虎明本狂言, 薩摩守: 中, 311)

他の用法には確例が見られない。ただし、聞き手利益の例が
(11) の1例のみ見られる。この例では話し手と聞き手の上下関係
が認定できない。ここでは、直前の発話が丁寧表現「いたす」「ご
ざる」を用いた丁寧な発話であることから、選択性を高く見積もり
丁寧な表現として用いた表現と考え、"勧め"では受益型を用いる
ことも可能であったと見ておく。

(11)［住持は施主に談義をした］^{［施主→住持］}「近比ありがたふこそ
候へ、まつ御酒を<u>まいつて下されひ</u>」［聞き手利益（勧め）］

(虎明本狂言, 泣尼: 中, 327)

3.3 近世前期

近世前期の直接型、受益型それぞれの用法を図 5.6、図 5.7 に示
す。

第 5 章　行為指示表現の歴史的変遷　109

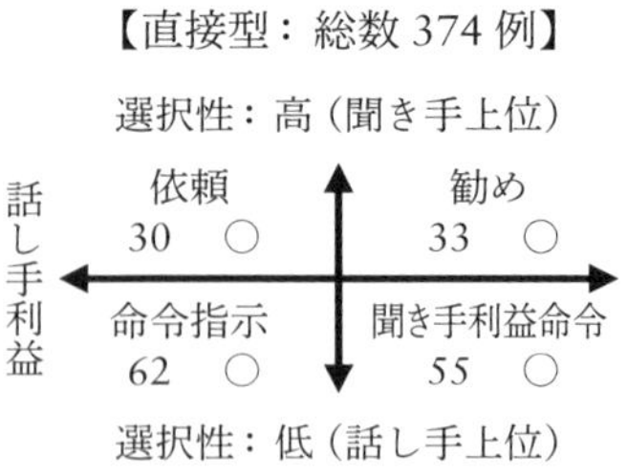

【直接型：総数 374 例】

選択性：高（聞き手上位）

話し手利益 ←　依頼 30 ○　　勧め 33 ○　→ 聞き手利益

命令指示 62 ○　　聞き手利益命令 55 ○

選択性：低（話し手上位）

図 5.6　直接型の用法（近世前期）

【受益型：総数 189 例】

選択性：高（聞き手上位）

話し手利益 ←　依頼 54 ○　　勧め 4 △　→ 聞き手利益

命令指示 11 △　　聞き手利益命令 3 △

選択性：低（話し手上位）

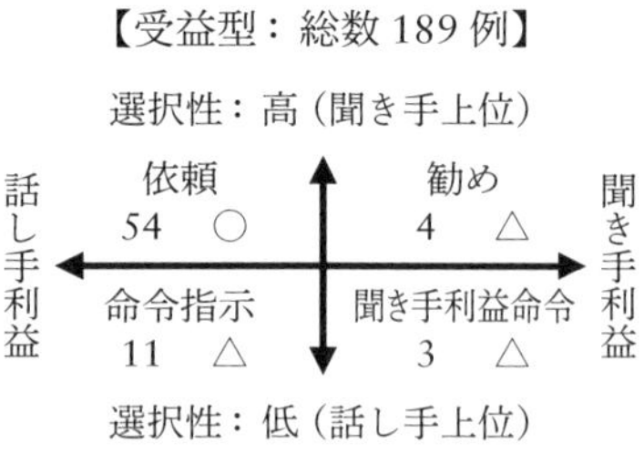

図 5.7　受益型の用法（近世前期）

3.3.1　直接型の用法

　近世前期においても、直接型は 4 つの用法にわたって幅広く用いることができたと考えられる。(12) にその例を示す。

(12) a. 〔太兵衛→花車〕「花車、酒出しや<u>酒出しや</u>」〔花車→太兵衛〕「エ、何おしやんす。今宵のお客はお侍衆、おつつけ見えましよ。お前はどこぞ脇で<u>遊んでくださんせ</u>」〔命令指示〕　　　　　　　　　　　　　　　　　（近松, 心中天の網島: ② 389–390）

　　 b. 〔屋敷の侍→手代〕「いやいや、下りの用はなし。江戸若旦那より御状が来た。これ<u>お聞きやれ</u>」〔聞き手利益命令〕　　　　　　　　　　　　　　　　　　　　　　　（近松, 冥土の飛脚: ① 110）

　　 c. ［三吉は乳母が自分の母とわかり、一緒に暮らしてもらえるように説得する］〔三吉→乳母〕「これ守り袋を<u>見さしやんせ</u>、なんの嘘を申しませう。[...]〔依頼〕　　　　　　　　　　　　　　　　　　　　　　　（近松, 丹波与作: ① 350）

　　 d. ［兄は徳兵衛に誰かの声がしなかったか尋ねた］〔徳兵衛→兄〕「[...] ただしお前が病み惚けて、空耳でかなござりましよ。帰つて<u>お休みなされ</u>」と言へば、〔勧め〕　　　　　　　　　　　　　　　　　　　　　　（近松, 心中重井筒: ② 184）

3.3.2　受益型の用法

受益型は依頼を中心として用いている。

(13) a. ［お沢が徳兵衛の売掛金を盗んだことが発覚する］〔お沢→徳兵衛〕「徳兵衛殿、まつぴら<u>許してくだされ</u>。」〔依頼〕　　　　　　　　　　　　　　　　　　　　（近松, 女殺油地獄: ① 245）

b. ［孫右衛門は梅川は駆け落ちの相手である忠兵衛の父。梅川は孫右衛門に忠兵衛と会うようにお願いする］^{［孫右衛門→梅川］}「なんと会うても大事あるまいかい」^{［梅川→孫右衛門］}「なんの人が知りませう。会うてやつてくださんせ。」
［依頼：第三者（忠兵衛）利益］　　（近松, 冥土の飛脚: ① 151）

　ただし、"勧め"に受益型の用例が見られるようになる。ただし、189 例中 4 例とそれほど多くはなく、勧めで受益型を用いることはそれほど多くなかったと考えられる＊8。

(14)a. ［おたねは鼓の師匠の源右衛門に酒の御馳走をする］^{［おたね→源右衛門］}「酒が御気に入つたら、一つあがつてくださんせ」［勧め］　　　　　　　　（近松, 堀川波鼓: ② 493）

　　b. ［治兵衛は大和やから出かけようとする］^{［伝兵衛→治兵衛］}「おつつけお下りなされませ」【早く下って（来て）ください】［勧め］　　　　　　（近松, 心中天の網島: ② 420）

　また、受益型に命令指示・聞き手利益命令の例が見られる。ただし、「てたも（れ）」のみが用いられ、用例数は直接型と比較しても少数である。話し手利益の命令指示だけではなく、(15b)では、聞き手に幸せな人生を歩ませようと意見する場面の行為指示で「てたも」が用いられており、聞き手利益命令でも用いることができたと考える。

(15)a. ［おさんは中居の玉と寝間を入れ替えようとする］^{［おさん→玉］}「そなたとおれと代つて、ここにおれを寝させてたも」［命令指示］　　　　　　　　（近松, 大経師昔暦: ② 547）

　　b. ［内儀はふさに遊女の生き方について意見する］^{［内儀→ふさ］}「これ、なうふさ、いつぞいつぞと思ひしが、ついでにそなたに意見がある［中略］心鎮めて聞いてたも」［聞き手利益命令］　　　　　（近松, 心中重井筒: ② 176）

3.4　近世後期

　近世後期の直接型・受益型それぞれの用法を図 5.8、図 5.9 に示す。

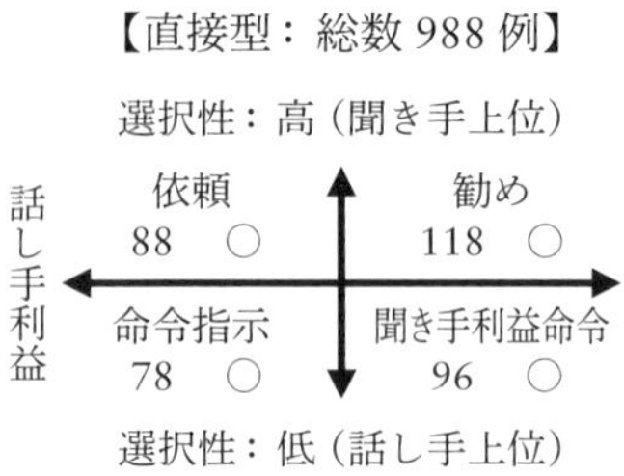

【直接型：総数 988 例】　　　　　　【受益型：総数 264 例】

選択性：高（聞き手上位）　　　　　選択性：高（聞き手上位）

```
          依頼        勧め              依頼        勧め
話         88  ○    118  ○      話      90  ○     4  △      聞
し   ←─────────────────→ 聞    し ←─────────────────→ き
手         命令指示  聞き手利益命令  手      命令指示  聞き手利益命令 手
利         78  ○    96  ○      利      44  △     2  △      利
益                          益  益                          益
```

選択性：低（話し手上位）　　　　　選択性：低（話し手上位）

図5.8　直接型の用法（近世後期） 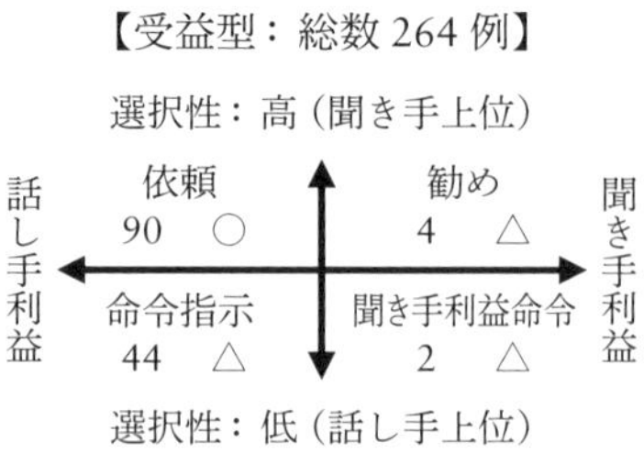　　図5.9　受益型の用法（近世後期）

3.4.1　直接型の用法

近世後期においても、直接型は依頼・勧め・命令指示・聞き手利益命令の4つの用法で用いることができる。

(16) a. ［北八は非人からキセルの火をもらおうとする］[北八→女の非人]「コレ火をひとつ<u>かさつし</u>」［命令指示］

（東海道中膝栗毛, 八編下: 492）

　　 b. ［男性の好みについて］[やす→女房]「私どもは、どんな男でも正直で律儀まつとうな人が能うございます」[女房→やす]「そう<u>仕なせへ</u>。必好い男を持ちなさんな」［聞き手利益命令］　　　　　　（浮世風呂, 二編下: 124）

　　 c. ［とめ女は旅人の手を強く引いて客引きをする］[旅人→とめ女]「コレ手がもげらア」[とめ女→旅人]「手はもげてもよふございます。<u>おとまりなさいませ</u>」［依頼］

（東海道中膝栗毛, 初編: 59）

　　 d. [嫁→姑]「おあぶなうございますヨ。お静に<u>遊</u>しまし。」［勧め］　　　　　　　　　　　（浮世風呂, 二編下: 121）

3.4.2　受益型の用法

近世後期においても、受益型は依頼を中心として用いられている。

(17) a. ［酔った客が二階に上がろうとする］[番頭→生酔]「アアもしもし二階は貸切でございます。どうぞ下に<u>被成て下さりまし</u>」［依頼］　（浮世風呂, 前編下: 47）

　　 b. [米八→丹次郎]「そんなら私がわりいから、<u>堪忍しておくんなさいナ</u>」［依頼］　　　（春色梅児誉美, 初編, 巻1: 57）

勧めの用例はまだ4例（総数264例）とそれほど頻繁に用いられているとはいえない。

(18) a. ［亭主→北八］「ヘイヘイ是は麁相申ました。何なとまけてあげませずに、おめし下されませ」［勧め］

(東海道中膝栗毛, 四編下: 221)

b. ［米八は病気の丹次郎を気遣う］［米八→丹次郎］「アノネ私がまた来るまで、不自由なものがあるならどふかして、使をよこしてお呉なさいヨ」［勧め］

(春色梅児誉美, 初編, 巻1: 58)

また、前期上方語では「てくだされ（い）」が下位者に対して用いられた例は見られなかったが、後期江戸語では下位者に対する例が見られはじめる*9。

(19) ［通り者は店の女房に遊女を紹介するように頼む］［通り者→女房］「これこれ。まだ用がある。松葉屋の染之介をききにやつて下さい」［命令指示］

(遊子方言: 46)

3.5　近代（明治期）

明治期における直接型、受益型、双方の用法を図5.10、図5.11に示す。

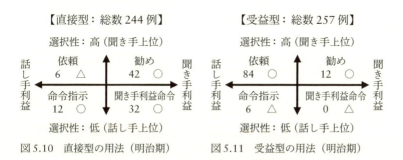

図5.10　直接型の用法（明治期）　　図5.11　受益型の用法（明治期）

3.5.1　直接型の用法

近代に入ると直接型は、依頼の用例が6例（総数244例）と少なくなる。直接型の依頼の用法は、一般的でなくなっているといえよう。

(20)［妻は客として来た風早を好いていない］^{［妻→遊佐］}「是非お目
　　に懸りたいと言つて、何と言つても帰りませんから、座敷
　　へ上げて置きました、些とお会ひなすつて、早く還してお
　　了ひなさいましな」［依頼］　　　　　　　（金色夜叉, 第五章）

他の用法では用例が見られる。上位者に対してでも、"勧め"で
は用いることができる［→ (21a)］。

(21) a.　^{［お梅→銑之助］}「貴方、貴方、貴方ッてば！」^{［銑之助→お梅］}「何
　　　　だ？」^{［お梅→銑之助］}「そんなに一生懸命にならずに、少し
　　　　お休みなさいよ。余り勉強すると体にさわりますよ」
　　　　［勧め］　　　　　　　　　　　　　　　　　　（生, 八）

　　b.　［御師匠さんは猫の三毛子の位牌を下女に取りに行かせ
　　　　ていた］^{［下女→御師匠さん］}「はい遅くなりまして、仏師屋へ
　　　　参りましたら丁度出来上ったところだと申しまして」
　　　　^{［御師匠さん→下女］}「どれお見せなさい。ああ奇麗に出来た、
　　　　これで三毛も浮ばれましょう。［...］」［命令指示］
　　　　　　　　　　　　　　　　　　　　　　　　　　（猫, 二）

　　c.　^{［教頭→お妙］}「［...］ 酒井さん。ああ云う者と交際をなさる
　　　　と云うと、先ず貴娘の名誉、続いては此の学校の名誉
　　　　に係りますから、以来、口なんぞ利いては成りません。
　　　　宜しいかね。危険だから近寄らんようになさい、何を
　　　　するか分らんから、あんな奴は。」［聞き手利益命令］
　　　　　　　　　　　　　　　　　　　　　　　　　（婦系図, 五十）

3.5.2　受益型の用法

明治期の受益型は、"依頼"で中心的に用いられているものの、
"勧め"でも一定程度用例が見られるようになる。

(22) a.　［直道は父に金貸しをやめるように頼む］「私のやうな
　　　　ものでも可愛いと思つて下さるなら、財産を遺して下
　　　　さる代に私の意見を聴いて下さい。意見とは言ひませ
　　　　ん、私の願です。一生の願ですからどうぞ聴いて下さ
　　　　い」［依頼］　　　　　　　　　（金色夜叉, 後編, 1 の 2）

　　b.　^{［迷亭→主人］}「私の證拠立てようとするのは、この鼻とこの

114　　II　行為指示表現から

顔は到底調和しない。［中略］先ず H を鼻の高さとします。α は鼻と顔の平面の交叉より生ずる角度であります。W は無論鼻の重量と御承知下さい。どうです大抵お分りになりましたか。……」［勧め］　　　（猫, 三）

　しかし、下位者に対する用法は命令指示 6 例（総数 257 例）で、まだ一般的ではないと考えられる。

(23)　[母→政夫]「民やはあの又薬を持ってきて、それから縫掛けの袷を今日中に仕上げてしまいなさい……。政は立った次手に花を剪って仏壇へ捧げて下さい。菊はまだ咲かないか、そんなら紫苑でも切ってくれよ」［命令指示：公のため］

（野菊の墓）

3.6　近代（大正～昭和期）

　調査の便宜上、『新潮文庫の 100 冊』から 1880・1890 年代生作者と 1940 年代生作者を抽出し、調査した。図 5.12～図 5.15 でそれぞれの用法を示す。

3.6.1　直接型の用法

　1880・1890 年代生作者では、"勧め"の例は一定程度見られるものの［→ (24)］、"依頼"は (25) の 2 例のみであり、ここでも"依頼"における直接型の使用は一般的ではないといえる。

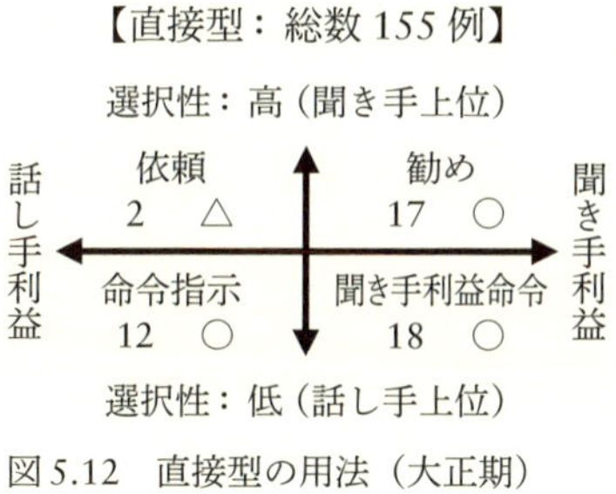

【直接型：総数 155 例】

選択性：高（聞き手上位）

話し手利益	依頼 2 △	勧め 17 ○	聞き手利益
	命令指示 12 ○	聞き手利益命令 18 ○	

選択性：低（話し手上位）

図 5.12　直接型の用法（大正期）

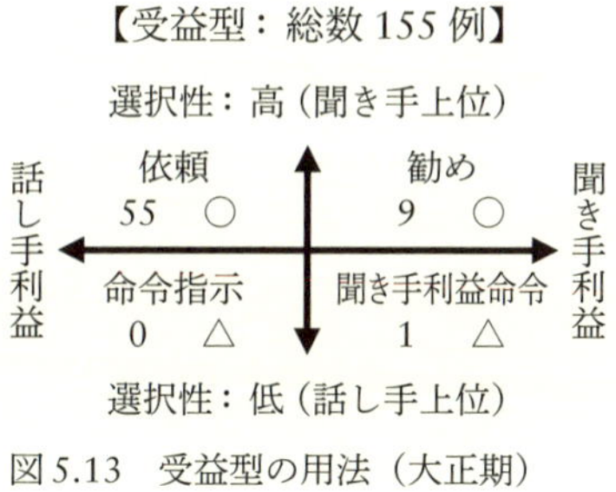

【受益型：総数 155 例】

選択性：高（聞き手上位）

話し手利益	依頼 55 ○	勧め 9 ○	聞き手利益
	命令指示 0 △	聞き手利益命令 1 △	

選択性：低（話し手上位）

図 5.13　受益型の用法（大正期）

図5.14 直接型の用法（昭和期）　　図5.15 受益型の用法（昭和期）

(24) [おかみ→先生]「あら、先生、また泣いていらっしゃるんですか。先生は本当に泣き上戸ね。──ダメですよ、先生。泣いたりなすっちゃ。お乾しなさいよ、あたし、一つ、いただきますわ。」[勧め]　　（路傍の石・付録, 山本有三［1887年生］）

(25) a. [弟子→将軍]「診るには番がありますからな。あなたは九十六番で、いまは六人目ですから、もう九十人お待ちなさい。」／[将軍→弟子]「黙れ、きさまは我輩に、七十二人待てっと云うか。［...］[依頼：公のため]

（北守将軍と三人兄弟の医者, 宮沢賢治［1896年生］）

b. ［男は犬に食べ物を食わせている庄吾と、酒を飲みたがっている］[男→庄吾]「だんな、いっしょに飲みましょう。そ、そんな野ら犬なんか、けとばしちまいなさいよ。」[依頼]　　（路傍の石・付録, 山本有三［1887年生］）

1940年代生作者は"依頼"の例がなく、"勧め"も1例（総数76例）のみであった。

(26) [柳→北岡]「──北岡さん！」／と、柳が、ふと外の通りを見て言った。「ごらんなさい、ほら！」／北岡が外の方を向いて、／[北岡→柳]「どうかしたのか？」／[柳→北岡]「あそこを歩いている……。ほら、頭の毛をくしゃくしゃにしてる女ですよ」[勧め]　　（女社長に乾杯！, 5, 赤川次郎［1948年生］）

『新潮文庫の100冊』全体を見ても、1900年代以降生の作者46人中6人が"勧め"の用法で直接型を用いている。ここでも"依頼"の例は見られない。このことから直接型は上位者に用いにくくなり、特に"依頼"では用いることができなくなっていると判断できる。

3.6.2 受益型の用法

1880・1890年代生作者で、下位者に対して受益型を用いたのは1例のみ（総数155例）である。受益型を下位者に対して用いるのは一般的とはいえない。

(27)［私は闘病中の矢須子を看病している。先生が回診に来て、石見に帰ることを告げた。］^{［私→先生］}「先生、まさか石見へ帰りっきりになさるんじゃございませんでしょうね」／^{［先生→私］}「いえ、そんなことありません、親父の中気は軽くてすんだそうですから。じゃ、御病人にお気をつけて下さい」［聞き手利益命令］ (黒い雨, 16, 井伏鱒二［1898年生］)

1940年代生作者では下位者に対して受益型を用いることが一般的となる。

(28)a. ［新社長の伸子は最初の幹部会議で発言する］^{［伸子→社員］}「[...] 節約も結構ですが、行きすぎると、社員がやる気をなくしてしまうことになりかねません。節約よりは、むしろ積極的に仕事を取ることを考えて下さい。[...]」［命令指示：公のため］ (女社長に乾杯！, 2, 赤川次郎［1948年生］)

b. ^{［博士→僕］}「やみくろの巣のあたりはできるだけ速かに通り抜けて下さい。あんなところでうろうろしておるとロクなことはないです。それから地下鉄には気をつけて下さい。[...]」［ともに聞き手利益命令］ (世界の終わり, 27, 村上春樹［1949年生］)

4. 敬語の歴史的変遷との相互関係

4.1 直接型と受益型の相互関係

受益表現「くださる」は "話し手に対する恩恵を表す尊敬語" であるから、受益型の本来的な用法は上位者への話し手利益の表現である依頼と考えられる。中世末期において受益型は、その本来的な用法である依頼に偏って用いられるが、近世以降勧めへ、また命令指示・聞き手利益命令へと用法を広げる。一方、直接型は、中世末

期では4つの用法で用いられていたが、近代に入るとまず依頼で用いられなくなり、その後勧めでも用いられなくなる。受益型の本来的な用法から直接型が用いられなくなる点で、用法の史的変遷における相互関係が見られる。

　以下、その要因として、尊敬語と受益表現の運用に関する制約に歴史的変化があったことを論じる。

4.2　歴史的変化の要因

4.2.1　尊敬語と受益表現の相互関係

　現代では行為指示表現に限らず、話し手利益の表現には受益表現を用いる。話し手が聞き手から恩恵を受けて、それに対して感謝を述べる際など、受益表現を用いることが語用論的に必須になるときがある。

(29)［卒業の日に、学生から先生への発話］先生、今まで多くのことを｛教えてくださり／#お教えになり｝、ありがとうございます。

しかし3節では、近世まで、話し手への利益となる行為指示である"依頼"で直接型が一般的に用いられることを述べた。このことから、近世以前には、行為指示表現だけに限らず、話し手への利益を受益表現で標示しなくても、聞き手や恩恵の与え手に対する配慮が果たされている丁寧な発話であったことが予測される。現に話し手が恩恵を受けたと考えられるときにも、受益表現を用いていない例が見られる。

(30)a.　［清十郎→お夏］「涙がこぼれて忝し。それほどにこの男を不便に思し召さるるかや。冥加に尽きん、勿体なや」【そんなにまでこの男（自分）をかわいいと｛思ってくださる／²お思いになる｝のか。】　　　　（近松, 歌念仏:①29）

　　b.　［藤兵衛はお由の苦労をねぎらい、優しい言葉をかけた］［お由→藤兵衛］「そふやさしく被仰（おっしゃる）と真に嬉しく思ひますけれど、どふもおまへさん方に限らず、男子達といふものは浮薄なものだから、［...］」【そう優しく｛おっしゃってくださる／²おっしゃる｝と本当に嬉しく思い

ますけれど［...］】　　　　　　　（春色梅児誉美, 巻9: 171)

c.　［女郎一重はやっと通人文里から許しを得られる］^{［文里→}
　　^{一重］}「これさこれさ、うたぐりはれた。これさ、もう良
　　いはな良いはな。まあまあ顔でも拭きやよさ」^{［一重→文里］}
　　「そんなら堪忍しなんすかへ」【それなら｛許してくだ
　　さる／[?]お許しになる｝のか】　　　（傾城買二筋道: 168)

　（30a）“かわいいと思う”、（30b）“優しく言う”、（30c）“許す”
という動作は話し手が聞き手から受ける恩恵的な動作である。また、
聞き手が発話場に存在し、さらに（30a）、（30b）には、近くに聞
き手に対する感謝の表現も見られる。これらのことから（29）の
場面と同様恩恵を標示する動機が強いと考えられるが、実際には
（30）で受益表現は用いられず、尊敬語のみが用いられる。このよ
うに、近世までは、このような場面で受益表現を用いなくとも聞き
手や恩恵の与え手に対する丁寧さの保たれた発話であったと考えら
れる。

　なお、現代語において、当該の文脈で尊敬語のみの表現でも、全
く容認されないほどの敬語運用上の著しい違反となるわけではない
（例文の訳では？で示した）。しかし、現代語では、話し手が動作の
対象や相手となる恩恵的な動作に関しては受益表現を用いるのが自
然である。現代語の談話資料『女性のことば・職場編』『男性のこ
とば・職場編』を確認すると、尊敬語「お‐になる」が用いられる
のは（31）のように当該の動作で話し手が参与者とならないとき
のみに限られている。

（31）a.　［電話］あのそうしましたら、あの、お戻りになりまし
　　　　たら、お電話いただけるようにお伝えいただけますか。
　　　　　　　　　　　　　　　　　　　　　　（女性のことば, 2082)

b.　［保険代理店の会議で、事故の補償について、本用例中
　　の＃は聞き取り不明の箇所］あとあのー、運転なさっ
　　てらっしゃる運転手の方ですとかー、えー、一緒に乗っ
　　てらっしゃる従業員の方なんかおけがをなさった＃＃、
　　そうゆう点＃＃＃そうゆったときの救援作業の部分も、
　　これも含まれているんですよ。　　　　（男性のことば, 7473)

（31a）"（電話の相手が）戻る"、（31b）"運転する"・"乗る"といった動作は、話し手が対象や相手となる動作ではなく、話し手は当該の事態の参与者ではない。対照的に（31a）で、話し手が動作の相手となる"電話をかける"には、受益表現「いただく」が付与されている。このように近世以前は尊敬語のみの表現でも聞き手や恩恵の与え手に対する配慮を果たす表現として用いることができたが、近代以後では"話し手が動作の対象となる恩恵的な動作には受益表現（「てくださる」「ていただく」など）を用いる"、という方向へ恩恵の標示に関する語用論的制約が歴史的に変化してきたと考えられる。

　行為指示表現においても、話し手の利益に対して、受益型が必要となるのは、この恩恵の標示に関する語用論的制約の変化によると考えられる。丁寧さが必要となる上位者に対して、話し手利益（非聞き手利益）の行為指示である依頼のとき、受益型（受益表現「ください」）が必須となり、直接型は用いられなくなったと考えられる。

4.2.2　用法の変化の方向性

　受益型（「ください」）は近世以降、丁寧な行為指示の形式として一般的となり、勧めへ用法が拡張した。現代では、下位者に対してであっても、話し手の選択するスタイルによって、受益型を用いることができる。

　逆に、直接型は近代以降依頼では用いられなくなる。受益型は話し手利益・聞き手利益に関わらず用いることができるため、直接型は受益型に比して丁寧さに欠ける表現として認識され、勧めにおいても用いることができなくなったと考えられる。

5．まとめ

　本章では、行為指示表現の歴史的変遷について以下のことを述べた。

1) 非受益表現の尊敬語の命令形（本章の直接型）は、近世まで"依頼""勧め"も含めすべての用法で用いることができる

［3.2 節］。しかし、近代に入ると"依頼"では用いられなく
なる［3.5 節］。現代では"勧め"も含め上位者に対して用
いることができない［3.6 節］。

2) 受益表現の尊敬語の命令形（本章の受益型）は、中世末期に
は"依頼"を中心として用い、下位者には用いない［3.2
節］。しかし、近世以降用法を拡大し［3.5 節］、現代ではす
べての用法で用いることができる［3.6 節］。受益型の中心
的な用法である"依頼"から直接型が用いられなくなるとい
う相互関係が見られる［4.1 節］。

3) この歴史的変遷の要因としては尊敬語と受益表現の運用に関
する語用論的制約の歴史的変化が挙げられる。近世までは、
尊敬語のみで聞き手や恩恵の与え手に対する配慮が果たされ
ていたが、近代以降は"話し手に対する恩恵があるときには
受益表現で必ず標示する"という語用論的制約ができた。行
為指示表現においても、この語用論的制約の変化に沿うよう
に、まず話し手利益の"依頼"で直接型が用いられなくなっ
た［4.2 節］。

---

*1 ただし、文献資料において、話し手が受益者を誰だと意図して当該の表現
を用いているかは、発話場の状況や文脈、当該の行為の性質から判断すること
になる。以下、本章における判断基準を作業細則として示しておく。

［ⅰ］a. 文脈に当該の行為をしたい（してほしい）という明確な表明があれ
ば、その利益を要求する人物が受益者。
b. 物の授与が伴う場合、物を受け取る人物が受益者。

*2 筆者は以前（森 2010a）この使い分けを、"決定権"のありか（話し手か、
聞き手か）によって使い分けられるものと述べた。これは Searle（1969）で述
べられた、命令を行うための"権威（authority）"が話し手と聞き手のどちら
にあるか、に着目した軸として設定していた。しかし、あくまで、この軸は話
し手が運用するものであり、話し手がどのように当該の行為指示内容を見積
もっているか、により注目するため、話し手・聞き手の上下関係の見積もりだ
けでなく、話し手の発話意図によっても運用されるものであることをより表す
ために、選択性の高さと基準の命名を改めた。ただしこの変更は、森（2010a）
で行っていた作業には影響しない。

＊3　本章における調査では、作業細則として、上下関係を認定する条件を以下の3点とした。

　　［ⅱ］a.　非対称的な丁寧語・丁重語の使用、また対称代名詞などの言葉遣い。
　　　　　b.　役割上の上下・主従関係（主人―家来、上司―部下など）。
　　　　　c.　家族上の親子関係（親―子、祖父母―孫）。

実際の調査にあたっては、作品内の位相や文体差によって用いられる形式が異なることが予測されたため、特に［ⅱa］非対称的な丁寧語・丁重語の使用を統一できる基準として重視した。この条件からは話し手と聞き手の上下関係が認められないときもあり、その場合は上下関係の判断を保留している。

＊4　ただし、[先生→学生]「#(自分に)パソコンの使い方を<u>教えなさい</u>」のように負担と利益の度合いによっては現代語では命令指示でも「なさい」が用いにくい場合もある。

＊5　中世末期の資料としては他にも『天草版平家物語』『エソポのファブラス』を調査しているが、「ください」の用例が合わせて6例と『大蔵虎明本狂言』と比較してかなり少ないため、ともに挙げることをしなかった。ただし、両者に現れる「ください」は6例中5例が"依頼"（残り1例は上下関係が決定できない）であり、それらを含めても本章の主張には影響しない。

＊6　森（2010a）では受益型に「てたも（れ）」、および「てくれなんせ」のように受益表現と尊敬語が共起する例を含めていなかったが、機能的には受益型の機能を果たしていると考え、本章では受益型の用例に含めた。

＊7　尊敬語の認定は湯澤（1936、1981[2]）等による。特に近世以前の尊敬語は、すべての形式がどのような人物に対しても用いることができるわけではなく、当該人物の待遇の度合いに応じて選択される形式に段階性があることが指摘されている（山崎1963、小島1998など）。ただし、本章では直接型と受益型の相互関係について着目するため、直接型内の使い分けは考察に含めなかった。

＊8　数量の分布から判断すれば、（14）のような例は発話意図が依頼に移行していたと解釈できる可能性がある。

＊9　近世後期江戸語では"命令指示"の例が44例見られるが、ここでは明治期（『明治の文豪』）・戦前（『新潮文庫の100冊』1880・1890年代生作者）に"命令指示"の例が多くないことから、後の連続性を重視してそれほど頻繁に用いられなかったと見ておく。

第6章

近世上方における連用形命令の成立
命令形式の三項対立の形成

1. はじめに

　現代語の近畿方言では、動詞の連用形に相当する形式で命令を行う"連用形命令"が用いられている。

(1) a.　はよ行キ。

　　 b.　はよ食べ。

　この連用形命令*1 は島田（1959）等によれば、宝暦［1751–1764］以降の遊里に端を発するものである。文献に見られる初期の例としては、以下のものが挙げられる。

(2) a.　まち　わたしも行くは　まち

　　　　のみ　最一ツ　のみ　　　　　　　（くだまき綱目［1761］）

　　 b.　［仲居→女郎］あそこへ　いき

　　　　　　　　　　（染模様妹背門松［1767演］、以上村上2003: 46）

　この連用形命令は、寛政末年頃には遊里語の枠から抜け出し一般社会でも使用されるようになった（村上2003: 46）。

　さて、この連用形命令はどのように成立したのだろうか。その成立の過程については先行研究にいくつか言及があるものの、いずれも問題を残している。本章では、この連用形命令の成立について考察し、連用形命令が敬語をもとにして形成されたことを述べる。また、その要因として、命令形の運用の歴史的変化があることを述べる。さらに特に西日本方言で命令形相当の形式（"第三の命令形"）で敬語に起源を持つものが見られており、連用形命令の形成も"敬語から第三の命令形へ"という一般性のある変化として位置づけられることを主張する。

　以下、本章の構成を述べる。2節では連用形命令の成立に関する先行説について述べ、いずれの説も問題が残っていることを示す。

123

3節では、筆者の考える連用形命令の成立過程について示し、文献資料の状況を確認する。4節では連用形命令の成立の要因について考察する。最後の5節はまとめである。なお、この章の内容についての初出論文である森（2013）に対して、村上（2014）による反論が出ている。6章は、付章として、村上（2014）に対する現時点での見解を述べることとする。

2. 連用形命令の成立に関する先行説

2.1 「なされ」等の省略

　山崎（1963）は"「お行きなされ」が「お行き」になったように、「行きなされ」が行きとなった（同: 780）"と述べ、連用形命令が敬語形の省略から成立したと述べる。省略説で想定される経路は、(3)の過程が考えられる（村上 2003: 49）。(3) では五段動詞とサ変動詞を例として挙げた。

　(3)　a.　［五段］お行きなされ＞お行き　　＞行き
　　　　　　　［サ変］おしなされ　　＞おし　　　＞し
　　　　b.　［五段］お行きなされ＞行きなされ　＞行き
　　　　　　　［サ変］おしなされ　　＞しなされ　　　＞し

　しかし、村上（2003）はサ変動詞の調査からこの説を採らない。サ変動詞の連用形命令「し」は連用形命令発生の初期から見られる。省略説を採るためには、「しなされ」などサ変動詞と敬語「なさる」が承接した形式が見られなければならないが、"サ変と「なさる」とが承接した形はそれ［筆者注: 連用形命令が用いられるようになった時期］まで用いられた形跡がな（村上 2003: 49）"い*2。同様に「おしなされ」「おし」という、敬語接辞「お」にサ変動詞「する」が承接する例も近世前期には見られないものである。

　また、省略説が成立するとすれば、どの地域で連用形命令が成立していてもよいと考えられるが、実際には近世の江戸語資料で連用形命令は見られず、地域的な差異がある。

　以上のことを総合すると、省略説は採るべきではない*3。

2.2 一段化動詞の命令形

この時代の上方語には、五段動詞が一段化したように見える例が存在する（以下、"一段化動詞"とする）[→(4)]。島田（1959）、岸田（1974）では、(5)のように五段動詞を一段活用のように活用させた"一段化動詞"の命令形として、連用形命令が形成されたと考えられている。

(4) a.　たれぞひとり<u>よびんか</u>と。［呼ばないか］

（洒落本, 河東方言箱枕: ㉗ 131）

　　 b.　ゆふべせん九へ<u>いきた</u>か［行った］

（洒落本, 風流裸人形: ⑧ 277）

(5)　未然：行きンカ、連用：行きタ、終止連体：行きる、仮
　　 定：行きれバ、命：<u>行き</u>　　　　　　（村上 2003: 49）

しかし、村上（2003）は資料上、連用形命令（「行き」）が先行して出現していること、あるいは、一段化して出現すると予測される形式（「行きい」、「行きよ」等）が全く見られないことをもとに、この説を採らない。筆者も村上（2003）に従い、連用形命令が一段化動詞の命令形として成立したとは考えない。

2.3 一段動詞の命令形語尾イ形からの影響

村上（2003）は連用形命令の成立を以下のように述べる。

(6)　連用形命令法の出現には、宝暦頃に一段動詞（特に上一段）の命令形としてイ形が一般的になった事が大きな影響を与えた。一段動詞のイ形は連用形に見まがうものであり、その影響により四段動詞等の命令形で連用形の外形を用いた新語形が用いられるようになった。　　（村上 2003: 53–54）

村上（2003）の説を採用するとなると、以下の過程を想定する必要がある。まず、一段動詞で命令形語尾がヨからイに変化し［図6.1 i・ii］、その後五段動詞でもイ段音が語尾となる命令形（連用形命令）が成立した［図6.1 iii］。

外形上の類推が影響を与えた可能性は否定できないものの、村上（2003）の説でも問題点が2点挙げられる。

まず、現代関西方言の連用形命令と命令形命令はすべての活用で

	変化以前	i（宝暦頃）	ii	iii	iv
下一段動詞	とめよ ➡ とめい				とめよ、とめい
	命令形ヨ→イ				とめ
上一段動詞	見よ	➡ 見い			見よ、見い
	命令形ヨ→イ				見
五段動詞	行け		類推	行け	
			行き		

図6.1　村上（2003）における連用形命令の成立過程（図示は筆者が行った）

併存している。表記上一段動詞のイ形と連用形命令は同形に見える
ことがあるが、アクセントの上での区別が存在する（牧野2009、
『現代日本語方言大辞典』（明治書院））。

(7) a. 五段動詞「行く」：［連用形命令］行キ、［命令形命令］
　　　　行ケ

　　b. サ変動詞「する」：［連用形命令］シ（ー）、［命令形命
　　　　令］セー（セヨ）

　　c. カ変動詞「来る」：［連用形命令］キ（ー）、［命令形命
　　　　令］コイ　　　　　　　　　　（現代日本語方言大辞典: 203, 208）

(8) 一段動詞「起きる」：［連用形命令］オキ（ー）、［命令形命
　　令］オキ⌐ー

　　　　　　　（アクセントの下降を⌐で示す。現代日本語方言大辞典: 203, 208）

　一方、命令形命令のヨ形からイ形への変化は命令形命令の形態変
化である。村上（2003）の想定では、一段動詞でイ形語尾が成立
した後、なぜ連用形命令と命令形命令が異なる形式として区別され
るようになり［図6.1 iii→iv］、それが現代まで保持されているの
かは説明できていない。

　また、待遇価値の面でも問題が残る。命令形の形態変化が要因と
なる村上（2003）の説では、なぜ連用形命令と命令形命令の待遇
価値が異なり、連用形命令のほうが高い待遇価値になるのかが説明
できない。

　以上のことから、一段動詞の命令形語尾イ形からの影響という説
も問題が残る＊4。

3. 連用形命令の形成試論

3.1 敬語助動詞から終助詞への再分析

結論を先に述べれば、筆者は、連用形命令は"動詞連用形＋敬語助動詞「やる」の命令形「や」"が"連用形命令＋終助詞「や」"と再分析されて成立したと考える。村上（2002）では近世後期の「連用形＋や」という形態は、「連用形＋敬語や」と「連用形命令＋終助詞や」という2つの解釈が可能で"意味的側面や待遇価値においても殆ど差異がない（同: 2）"と述べられている。現代との連続性を考えると、両者の意味・待遇価値が完全に一致していたとは考えにくいものの、待遇の範囲が近接していたことは確かであり、このような形態・意味の並行性こそが再分析を導く要因であったと考える*5。動詞「書く」を例に、連用形命令が分析される経過を示すと表6.1の通りである。

表6.1　連用形命令再分析のメカニズム（五段動詞）

	Ⅰ期 1700年前後	Ⅱ期 ～1760年以前	Ⅲ期 1760年以後～
連用形命令	*書き	*書き	書き kak-i 書く-命$_3$
動詞連用形 ＋敬語やれ、や	書きやれ kak-ijar-e 書く-尊-命$_1$	書きや kak-ija 書く-尊.命$_1$	書きや kak-i=ja 書く-命$_3$＝終
動詞命令形 ＋終助詞や	書けや kak-e=ja 書く-命$_1$＝終	書けや kak-e=ja 書く-命$_1$＝終	書けや kak-e=ja 書く-命$_1$＝終
「や」 二重承接	書きやれや kak-ijar-e=ja 書く-尊-命$_1$＝終	書きやや kak-ija=ja 書く-尊.命$_1$＝終	*書きやや

［凡例―命$_1$：命令形命令、命$_3$：連用形命令、尊：尊敬語、終：終助詞］

この過程をたどったとすれば、前節で述べた村上説の問題点はすべて解決可能である。命令形命令と連用形命令が併存しているのは、

すべての活用の動詞に接続した敬語「や」を語彙的資源としていたからと考えられる。また、待遇価値の面でも連用形命令は起源が敬語であったため、相対的な待遇価値は命令形命令よりも高くなる妥当性がある。

3.2 問題点 拗音化とその解決

ただし、近世期では、動詞に敬語「やる」「や」が接続すると、拗音化が起こっていたと考えられる（湯澤 1936: 432–433）。筆者の想定する過程では、このことが問題となりうる。

(9) a. ［お吉→お清］「[...] お清よ、父様が見えたら母に知らしやや」［下一段活用助動詞「せる」＋「や」］

（近松, 女殺油地獄: ① 219）

b. ［花車つや→とよ］「[...] とよなぜ奥へやりましやらんぞいの。サア御こたつへ火をいりや。マア奥へおいなはれ」［下一段活用動詞「入れる」＋「や」］

（洒落本, 月花余情: ② 109）

(9) では、活用から予測される形は (9a)「知らせやや」、(9b)「入れや」である。湯澤（1936）に従えば、このような表記がなされているのは、拗音化して［シラシャヤ］［イリャ］と発音されていることの反映と考えられる。同様に五段動詞でも、例えば、「行く」＋「や」は［イキャ］、「出す」＋「や」は［ダシャ］と発音されていたと考えられるが、これに従うと、「行き」＋「や」、「出し」＋「や」だと認識しにくかった可能性がある。

これについて、筆者は語幹単音節の一段動詞・サ変動詞では再分析が可能であったと考えたい。湯澤（1936: 432）では敬語助動詞が「ある」から「やる」に変化する際に、「見る」「居る」等の語幹単音節の一段動詞、およびサ変動詞「する」は語幹単音節を保持しており、拗音化しなかったと考える。つまり、語幹単音節の動詞で「見や」は［ミヤ］、「いや」は［イヤ］、「しや」は［シヤ］と発音されており、これらの動詞には連用形命令が分析される環境が存在していた。これらの動詞をもとに、他の活用の動詞にも類推が起こったと考える*6。

	Ⅰ期	Ⅱ期	【再分析】	Ⅲ期
上一段動詞	見よ	→	→	見よ（見い）
【語幹単音節】	見やれ［ミヤレ］	見や［ミヤ］	見＝や	見（み）
サ変動詞	せよ	→	→	せよ（せい）
【語幹単音節】	しやれ［シヤレ］	しや［シヤ］	し＝や	し
五段動詞	行け	→	→	行け
	行きやれ［イキャレ］	行きや［イキャ］	▲行き＝や［イキャ］	行き
一段動詞	起きよ	→	類推 →	起きよ（起きい）
（語幹複音節）	起きやれ［オキャレ］	起きや［オキャ］	起き＝や［オキャ］	起き

図6.2 連用形命令の成立（筆者の仮説）

3.3 文献資料から見える状況

本節では、表6.1の時代区分をもとに、連用形命令、およびそれに関連する形式が文献資料にどのように見られるかを確認し、連用形命令が成立する過程を考える。

表6.2 近世上方資料の連用形命令とその周辺形式

	Ⅰ期		Ⅱ期		Ⅲ期
	狂言資料	狂言記	近松浄瑠璃	洒落本	洒落本
	1642–1730	1660	1703–20	1756–57	1771?–1827?
連用形命令	—	—	—	—	○
連用形＋やれ（敬語）	○	○	○	○	(1)
連用形＋や（敬語）	—	—	—	—	○
命令形＋や（終助詞）	○	○	○	○	○
敬語・終助詞の共起	—	○	○	○	(1)

［凡例―○：用例あり、―：用例なし、（数字）：用例がごく少数、数字は用例数］

3.3.1 Ⅰ期

Ⅰ期で調査したほとんどの狂言資料では、敬語「や」は見られず、「やれ」のみが見られる。

(10)a. ［夫→妻］「なふなふちやをまいらふと仰らるる、立てて<u>しんじやれ</u>」
（虎明本狂言, 今神明: 中, 284）

　　b. ［太郎冠者→売手］「さらば代物持て、取に参らう」と云、［太郎冠者→売手］「棚を引ひて、<u>おきやれ</u>」と云【（店頭から下げ

て）奥にしまっておきなさい】　　（狂言六義, 鴈盗人: 328)

　また、命令形に接続する終助詞「や」も、近世初期において用例がある。

（11）a.　〔浅鍋売〕「おのおのあさなべの御用ならはこなたへおほせ
　　　　　られいや」
　　　　　　　　　　　　　　　（虎明本狂言, 鍋八撥: 上, 128)
　　　b.　〔師匠〕なををな剃れや、よく剃れや　（狂言六義, 忠喜: 696)

　ただ、『狂言記』（1660年刊）では、敬語「や」が見られている。そのため、『狂言記』はⅡ期の資料として分類した。17世紀後半には、口語においても敬語「や」が用いられるようになっていたと想定できる。

3.3.2　Ⅱ期

　近松浄瑠璃や1760年以前の洒落本作品は連用形命令が見られないものの、「やれ」よりも「や」が優勢であり、Ⅱ期の資料として位置づけられる。Ⅱ期の資料における敬語「や」の用法を確認すると、敬語「や」は子どもや乞食（と認識している人物）にも用いることができるほど、待遇価値は低い（湯澤1936）。山崎（1963: 640–641）は助動詞「やる」の命令形と連用形命令を、同じ“第三段階”の待遇価値を持つ表現として位置づけている。

（12）a.　〔母→子〕「小さい時から茶杓の持ちやう、茶巾さばきも習
　　　　　ふておきや」　　　　　　　（近松, 鑓の権三重帷子: ②595)
　　　b.　［惣七はやつれた姿で、小女郎のいた柳町に戻ってく
　　　　　る］内には［家の中からは］「乞食」と、尖り声。「余
　　　　　り物はやつてしまうた、通りや、通りや」と、つかう
　　　　　どなり。　　　　　　　　（近松, 博多小女郎波枕: ①166–167)

　一方で、同時期には、命令形に接続する終助詞「や」の確例も存在する。

（13）a.　今日から本の夫婦、皆喜んでたもやとて、
　　　　　　　　　　　　　　　　　　（近松, 心中重井筒: ②169)
　　　b.　女夫の衆の請取り取る、かならず内にござれや。
　　　　　　　　　　　　　　　　　　（近松, 大経師昔暦: ②571)

この敬語「や」と終助詞「や」はⅡ期の資料では区別されていた

と考えられる。その根拠として、近松世話物浄瑠璃作品や、1750年代までの洒落本作品では、2つの形式の「や」が共起している例が見られる。

(14)a. 「お清よ、父様が見えたら母に知らし<u>やや</u>」と、

（近松, 女殺油地獄: ① 219、(9a) 再掲）

　　b. 〔花車くま→小女郎やつ〕 そしてこないにこごといわんやうに<u>し</u>
<u>やや</u>　　　　　　　　　　　　　　（洒落本, 妣閣秘言: ③ 24）

ただし、Ⅱ期において、終助詞「や」と敬語「や」は音形が一緒になっている。このことが動機となり、"「や」の前の要素が命令形相当の形式である"という再分析が行われ、連用形部分が命令形相当の形式として独立したと考えられる。

3.3.3　Ⅲ期

連用形命令が見られるⅢ期（1770年以降）の洒落本作品では、動詞連用形に「や」を接続する形式は見られるものの、敬語「や」と終助詞「や」が承接する例はほとんど見られない*7。このことは敬語「や」と終助詞「や」が区別されなくなったためと考えられる。

ただし、『当世嘘之川』（1804年刊）には連用形命令が見られるにもかかわらず「や」の二重の承接が見られる。このことは不審であるが、連用形命令が成立して間もないこと、また、この作品でしか表6.1の想定に反する例が見られないことから、Ⅱ期・Ⅲ期の両体系を理解していた作者による混同であると考えておく。

(15)a. 〔彦→富きく〕 サア此処じやそこから<u>はいり</u>

（洒落本, 嘘の川: ㉓ 78）

　　b. 〔彦→富きく〕 そんなちやりでも旦那が聞と腹を立るほどに
かねて<u>心得て居やや</u>　　　　　　（洒落本, 嘘の川: ㉓ 80）

また、表6.3を見ると、Ⅲ期でも連用形命令と命令形命令は同程度の用例数を持っている。このことは"連用形命令が命令形命令を置き換えた"という関係にはなっていないことを示唆する。連用形命令が敬語形をもとにしていると考えれば、このように連用形命令と命令形命令が併存することは妥当性が高いといえる。表中、"判

第6章　近世上方における連用形命令の成立　131

別不可"の項には動詞連用形＋「や」「な」、および上一段活用イ形を長呼化したものを分類した。カ変動詞は当該の時期に連用形命令の例がないため、表からは除いた。

表6.3　連用形命令と命令形命令の用例数（洒落本）

期間	五段			上一段			サ変		
	連用	命令	判別不可	連用	命令	判別不可	連用	命令	判別不可
Ⅱ期	―	3	13	―	2	3	―	―	2
Ⅲ期	55	29	11	2	2	13	4	5	7

　なお、村上（2003: 53）は"こうした新しい命令形［連用形命令］は当初四段動詞やサ変、カ変において実現した"と述べる。資料上は確かに一段動詞より五段動詞の例が早く見えることは事実である。しかし、サ変、カ変の命令形「せよ／せい」「こい」は一段系の命令形語尾（非エ段の音、ヨ形・イ形）を持っている。このことから、このような初期の偏りは動詞の使用頻度によるものであり、一段動詞が早くから見られた蓋然性は否定されないと考える。

4.　連用形命令成立の持つ意味

4.1　命令形式の三項対立と第三の命令形

　現代の関西方言では命令形相当の表現としてテ形命令、連用形命令、命令形命令がある（牧野2008a、牧野2009）。標準語（首都圏方言）でも、命令形命令、テ形命令に加えて"ナ形命令"（「行キナ」）が用いられており、命令形相当の形式が三項対立する方言は一定の広まりがあるといえる（以下、これらの形式をまとめて"命令形式"と呼び、命令形命令・テ形命令以外の形式をまとめて"第三の命令形"と呼ぶ）。

(16)［関西方言の命令形式］

　　　a.　行ケ。　　　［命令形命令］

　　　b.　行ッテ。　　［テ形命令］

　　　c.　行キ。　　　［連用形命令（第三の命令形）］

(17) ［首都圏方言の命令形式］
    a. 行ケ。　　　［命令形命令］
    b. 行ッテ。　　［テ形命令］
    c. 行キナ。　　［ナ形命令（第三の命令形）］

この中で、第三の命令形が用いやすいのは、聞き手利益の行為指示を行うときである（牧野2008a、森・平塚・中村2012）。大阪方言（牧野2008a）を例にして述べると、連用形命令を最も用いやすいのは、聞き手利益命令（聞き手利益）を行うときである。

(18) a. ［転んだ母親に］骨折しているかもしれんからすぐ病院に行キ。
    b. ［一緒に飲んでいる同僚に］今日はおごりやから、もっとどんどん飲ミ。　　　　　　　　　　（牧野2008a: 67）

このように聞き手利益の行為指示を行う際に連用形命令を用いることは、近世期から連続しているものである*8。

(19) a. 新造様一ツのみ　　　　　　（洒落本, 短華蘂葉: ⑬286）
    b. ［客は芸妓に飯を食わせようとする］くひいなア
　　　　　　　　　　　　　　　　　　　　（洒落本, 睟のすじ書: ⑯131）

4.2 敬語から"第三の命令形"へ

このような歴史的変化の中で、敬語を語彙的資源として命令形式を形成する"敬語から第三の命令形へ"という変化が認められる。例えば、近世の江戸語で形成されたナ形命令は敬語「なされ」由来であると考えられる。

図6.3　ナ形命令の成立（湯澤1981[2]、藤原1978: 392）

標準語のナ形命令は、目上の人物には用いられない。ナ形命令はすでに敬語の意味を離れ、命令形式となっていると考えられる。

第6章　近世上方における連用形命令の成立　133

また、『方言文法全国地図』209–211図（国立国語研究所）では、目下の人物（孫）に対する行為指示が取り上げられている。オキヨ、オキロ、オキレ等命令形命令の回答が全国に広く見られるが、敬語形由来の形式（以下、"敬語形命令"と呼ぶ）も全国的に見られている。

(20) 調査文：朝いつまでも寝ている孫にむかって、起きるようにやさしく言うとき、どのように言いますか。

(21) a.　オキンサイ（広島県尾道市、山口県柳井市等）［＜ナサル］
　　　b.　オキナイ（兵庫県揖保郡新宮町、福岡県筑紫郡大宰府町等）［＜ナル］
　　　c.　オキラレ（富山県富山市、富山県婦負郡八尾町等）［＜（ラ）レル］　　　　　　　　（終助詞を付加した形式も含む）

　同図には、近畿地方の中心部（大阪府、京都府山城地域、奈良県北和地域）に連用形命令の回答（オキ、オキヤ等）も見られ、敬語形命令と連用形命令は等価の機能を持っている*9。これらを総合すると敬語から第三の命令形へという変化は一般的なものであると考えられる。連用形命令の成立もその変化と並行的なものと捉えたい。

4.3　第三の命令形形成の要因

　第三の命令形の形成は、直接的には命令形命令の待遇的価値が低下し、用いにくくなったことを要因としていると考えられる。命令表現と同じく対人配慮の意識に基づいて運用される敬語に関して、現代でも"京都市・大阪市を中心とした近畿中央部（加藤1973: 80）"は"敬語の非常に発達している（同）"地域である。また、各地方言に見られる敬語形式の多くが日本語史上に見られるものであり（彦坂2005: 143–144）、近畿中央部は敬語形式の伝播の中心と位置づけられる。命令表現においても、近畿中央部でまず対人配慮を言語形式に反映させる要求が高まったために連用形命令が成立し、その後、他の地域でも同様の要求から新しい命令形式が形成された、という経緯が想定できる。

　では、命令形命令の待遇価値が低下はなぜ起こったのだろうか。

134　　Ⅱ　行為指示表現から

筆者は、日本語における受益表現「〜てくれる」「〜てくださる」の発達が原因となっていると考える。

中世以降受益表現が発達し、行為指示表現の歴史においても、近代以降特に上位者に対する依頼では受益表現を用いた形式を用いることが必須となっている（森 2010a）。このことは、発話機能による形式の分化（依頼表現の分化）が起こったものと捉えられる（青木 2012: 52）。

しかし、発話機能と使用する形式は必ずしも一対一の対応をするわけではない。現代語でも勧めの発話行為を依頼の形式（受益表現を用いた形式やテ形命令）で行うことも可能である（"あたかも依頼"、坂本・川口・蒲谷 1994: 54）。

(22) a. 〔内儀→ふさ〕「これ、なうふさ、いつぞいつぞと思ひしが、ついでにそなたに意見がある。［中略］心を鎮めて聞いてたも」　　　　　　　　　　（近松, 心中重井筒: ② 176）

　　　b. 〔仁三→芸子〕「コレそんならこれひとつくへ」［中略］〔仁三→松八〕「ヤアゑらふゑふたコリヤ松八このちやわんむしくてくれ」　　　　　　　（洒落本, 睟のすじ書: ⑯ 133）

（22a）は聞き手に意見する場面、（22b）は聞き手に茶碗蒸しを与えようとする場面である。どちらも聞き手への利益が想定できるが、受益表現「〜てたも」「〜てくれ」で行為指示を行っている。（22b）では聞き手は異なるものの、直前に同じ内容の行為指示を命令形命令で行う場面があり、受益表現による命令表現と命令形命令には機能の重なりが想定できる。

ここでは、運用上受益表現を用いるほうが丁寧で、受益表現を用いない形式は強い拘束力のもとで聞き手に行為指示を行う、という行為指示の拘束力（選択性、Leech 1983）における対立があると考えられる。そのため、「〜てくれ」「〜てたべ（たもれ／たも）」という受益表現を用いた命令形に比べて、命令形命令は非常に強制力の強い形式として認識されるようになったたため、配慮に欠ける表現と認識されるようになり、用いにくくなった。

しかし、命令表現を用いるような間柄では、丁寧な形式を使うことが必ずしも適切ではない。特に、聞き手に対する利益があるとき

第6章　近世上方における連用形命令の成立　　135

にはむしろ積極的にそれを勧めるポジティブ・ポライトネスのストラテジー（Brown and Levinson 1987）が必要となる。

　第三の命令形は、このような相反する意図を折衷するため、つまり、何らかの言語的配慮を行いながらも強制力の強い行為指示を行う、という発話意図を満たすため、敬語をもとに形成されたと考えられる。

5. まとめ

　この章では、以下のように連用形命令が成立したことを主張した。

(23) 連用形命令は近世上方において、敬語助動詞命令形「や」が終助詞と再分析され、「や」の前部要素が命令形式として独立し、成立した。[3節]

　この連用形命令が成立した要因として、待遇価値の下がった命令形命令を避けながらも、聞き手に対して強い拘束力のもと行為指示を行うという発話意図があったことを述べた［4.3節］。また、首都圏方言・関西方言をはじめとした各地方言で、命令形命令と対立する新たな命令形式（第三の命令形）が成立していること［4.1節］、また、それらが敬語を語彙的資源としていること［4.2節］を示した。(23) のような連用形命令の成立も、"敬語から第三の命令形へ"という一般性のある変化として位置づけられると考えた。

6. 付章　成立した時期・場所の解釈

6.1　村上（2014）による問題提起

　筆者は、森（2013）にて、前節までに述べた連用形命令の成立について論じた。それに対する反論として、村上（2014）が発表された。その論点は基本的に村上（2002, 2003）に沿うものであるが、私にまとめると (24) の2点である。

(24) a.　成立した時期（1750年頃）・場所（遊里）の解釈
　　　 b.　「や」を脱落させる音韻的環境

(24a) について、森（2013）では、1750年（宝暦）頃に、また

136　II　行為指示表現から

遊里のことばとして最初に文献上に現れることの積極的な解釈は述べていなかった。これについて、敬語「やる」を語彙的資源とする形式が変化したのであれば、その背景として、当時の敬語「やる」の用法に歴史的な変化があった可能性がある。6.2 節では、連用形命令が成立した時期、また遊里という場と、当時の敬語体系の変化とを関連づけることを試みたい。

（24b）について、森（2013）では、"動詞連用形＋敬語助動詞「やる」の命令形「や」"と"連用形命令＋終助詞「や」"が直接再分析の起こる関係と考えた。一方で、村上説では、この両者の関係を"文法的には全く異質のものであって互いに峻別されるべきものであ（村上 2002: 1）"る、あるいは"Ⅱ期の「置きや」の「や」部分の脱落例が全くないという事実から推定されるのは通常、「置き」部分と「や」部分の結合力がきわめて強固であった、ということのはずである（同 2014: 74）"と述べ、形態的な融合形であったことで再分析が起きにくかったと考えている。この点について、再分析が起こる環境がどのような環境だったか、さらに検討が必要であると考える。6.3 節で検討する。

6.2　敬語体系の変化

6.2.1　敬語形式の概観

森（2013）の説は、敬語「やる」を語彙的資源とする形式が変化したと考えるものだが、その背景として、当時の敬語「やる」の用法に歴史的な変化があった可能性がある。本節では、連用形命令が成立した時期を、当時の敬語体系の変化と関連づけて説明したい。以下、森（2013）（本章 3 節）の時代区分に沿って各期の敬語体系を述べる。

なお、追加的に、Ⅱ期に相当する浄瑠璃資料として、紀海音浄瑠璃「心中二ツ腹帯」（1722）、浄瑠璃・歌舞伎作品として「夏祭浪花鑑」（1745）、「仮名手本忠臣蔵」（1748）、「八重霞浪花浜荻」（1749）、「幼稚子敵討」（1753）を調査している。

6.2.2 敬語形式の概観

Ⅱ期で使用されている尊敬語形式を表 6.4 に示す。

表 6.4 近世期の敬語形式 *10

	場面	性	(お〜)ある	(お〜)なさる	(ら)れる	やる	テ敬語	しゃる	(や)んす しゃんす さんす
Ⅱ期 近松	行為	女	0	2	0	0	—	2	12
	指示	男	1	9	0	3	—	1	0
	非行為	女	0	7	1	12	1	1	9
	指示	男	1	6	2	5	3	2	2
Ⅱ期 浄瑠璃	行為	女	0	5	1	14	—	8	20
	指示	男	8	16	41	36	—	26	0
	非行為	女	2	13	10	28	8	31	24
	指示	男	9	26	32	20	9	27	2
Ⅱ期 洒落本	行為	女	0	10	0	3	—	1	13
	指示	男	0	16	2	0	—	2	1
	非行為	女	0	7	1	2	5	0	0
	指示	男	0	7	2	2	0	0	0
Ⅲ期 洒落本	行為	女	0	83	0	2	—	1	12
	指示	男	0	25	1	5	—	7	2
	非行為	女	0	115	0	6	66	1	13
	指示	男	0	15	1	7	5	1	3

Ⅱ期・Ⅲ期を通して頻度が高い形式は、「(お)〜なさる」である。

(25) a. [孫右衛門→宿の主人]「ご無心ながら、ま一度お尋ね申したい。
紀伊国屋の小春殿はお帰りなされたか。もし治兵衛と
連れ立つて行きはなされぬか。」

(近松, 心中天の網島: ②421)

b. [十太郎→弥五郎]「弥五郎殿、お聞きなされたか。」

(仮名手本忠臣蔵: 90)

c. [さの→客]「どなたもよふ御出なすった。庄様ゆふべは、
はやふいになさったなァ」 (洒落本, 短華蘂葉: ⑬285)

その他、近松浄瑠璃では「(や)んす」、浄瑠璃では「しゃる」、
洒落本ではテ敬語(「て+コピュラ等」)が多い。

(26) a. 〔ふさ→徳兵衛〕「アアいとしぼや。気を揉まんす故にやら、顔にたんと痩せがきた。」　　　　（近松, 心中重井筒: ②182）

b. ［お軽は父に会えないまま身売りされようとしている］〔母→お軽〕「オオそれ［父］も戻らしゃったら、つい逢ひに行かしゃろぞいの。」　　　　（仮名手本忠臣蔵: 106）

c. 〔大夫かりの世→李白〕「あれ李白さん聞て下んせ。あのやうに無常な事ばつかりいふてでござんすわいな。」

（洒落本, 聖遊郭: ②328）

6.2.3　敬語「やる」の運用

Ⅱ期の近松浄瑠璃・他の浄瑠璃作品では、「やる」の頻度は低くない。女性に使用者が多いものの、男性にも一定数用いられている。また、(27b) のように第三者待遇ではあるが、目上を待遇している例もある。

(27) a. 〔おさん→治兵衛〕「ヤアウハウ、それなれば、いとしや小春は死にやるぞや。」　　　　（近松, 心中天の網島: ②410）

b. 〔三太郎→喜兵衛〕「やい三太、そりやなんぢや。茶屋へ行きやろが、山衆を買やろが、旦那は旦那、こちとは紺屋の手間取、何事もさらりつと、あさぎに言うてゐよいやい。」　　　　（近松, 心中重井筒: ②157）

c. ［姑が半兵衛を追い出そうとしている］〔仁右衛門→姑〕「養子に来てから今日迄。夜どまりをせぬ半兵衛が、庚申参りすればとてもどるまいとはなぜおしゃる。サア半兵衛のまいりやった庚申様はこく町。おばの所へせんどから嫁のちよめがきてゐるげな。」　　（心中二ツ腹帯: 348）

Ⅲ期の「やる」の用例数はⅡ期よりもむしろ多いように見えるが、その出現には偏りがある。『郭中奇譚（異本）』に８例（男性２例、女性６例）、『晬のすじ書』に４例（すべて男性）、『南遊記』に１例（男性）の例があるが、それ以外の 11 作品には見られない。

この中で『郭中奇譚』の表す言語現象の位置づけは問題となる。上方板の『郭中奇譚』は 1769（明和 6）年江戸板の改作（『洒落本大成』4 巻解題）であり、その成立年は未詳とされる。しかし矢野

（1976）は、宝暦期の大坂板洒落本に限って見られる「なんす」が『郭中奇譚』にも使用されていることをもって、この上方板を"江戸板の成立と隔りのない宝暦明和期に成ったもの"と考える。同様に上方板の『郭中奇譚』には「しゃる」の使用もあるが、「しゃる」の使用も"宝暦期までくらい《シャル》が用いられる傾向にあった"のであり、"宝暦期に近い頃の作品とするのが穏当"と述べられている。いずれにせよ、古い体系に基づいてこの作品が作られていると考えられ、Ⅱ期の体系に近い資料として処理するのが穏当であると思われる。

　その他の作品の例はすべて男性（6例）であることから、「やる」は少なくとも遊里の女性が用いる表現ではなかったと考えられる。

(28)a.　〔茂右ェ門〕「イイヤもふのぼり<u>やる</u>のにちがひはなひはサ。」

（洒落本, 睟のすじ書: ⑯ 135）

　　　b.　〔文吉→茂右ェ門〕「アアうれしがつてなにを<u>いやる</u>」

（洒落本, 睟のすじ書: ⑯ 135）

　このように、Ⅱ期からⅢ期にかけて、敬語「やる」は衰退の傾向にあるといえる。近松浄瑠璃作品では、「やる」は多くの用例を保ち、目上にも用いることができていたが、Ⅱ期後半以降は、基本的に遊女が用いる例はなく、男性が用いるか、女性が用いる際は明らかに目上の人物が目下の人物を待遇している。ただし、敬語「やる」はⅢ期と同時代の噺本でも用いられている。このことから、「やる」の不使用はⅡ期以降の遊女の言語使用に見られる特徴であると考えられる。

　村上（2014）において、"連用形命令の出現は宝暦以降であって、近松ののち約40年待たねばならないのである。"とされる、時期の問題については、遊里における「やる」の衰退がその時期だったということで説明できる。"成立時のあり方とその後の動向は別個のものとして考え"なくても"連用形命令は遊里語として出発した"ことは十分に説明できる。

6.3　拗音化の環境

　次に「や」を脱落させる音韻的環境について考える。動詞全体の

用例数では拗音化の起こる五段動詞が圧倒的に多いが、拗音化の起こらない語幹単音節の上一段動詞・サ変動詞も少なくない。用例数の多い近松浄瑠璃作品で個々の動詞の使用頻度を見ると、五段動詞で最も頻度が高いのは「聞く」の4例であるが、上一段動詞「見る」は7例（「てみる」も含めると13例）、サ変動詞「する」は10例であり、これらは五段動詞の頻度の高い語よりも高い頻度で用いられている。このように直音になる環境は"例外的"とはいえない。

表6.5 「動詞連用形＋や」に用いられる動詞

		拗音化の起こる環境			拗音化の起こらない環境		
		五段	上一段 語幹：複	下一段 語幹：複	上一段 語幹：単	下一段 語幹：単	サ変
	近松	70	0	10	19	5	10
II期	浄瑠璃	4	0	0	1	3	3
	洒落本	12	0	1	2	0	1
II期合計		86	0	11	22	8	14
III期	洒落本	7	0	2	2	1	1

6.4 付章のまとめ

付章では成立した時期（1750年頃）・場所（遊里）の解釈と「や」を脱落させる音韻的環境の2点について述べた。いずれも、敬語「や」が再分析したと考えることを否定するには至らない。

ただし、無核アクセントの命令形式が形成されることや、方言との関わりなど、まだ解決できていない問題が残っている。この点については今後の課題としたい。

---

*1 似たような形式として「お行き」「おやすみ」等の接頭辞「お」が付いた形があるが、これらは近世前期にすでに用例が見え、また使用者も遊里関係者に限らず幅広い。また、近松浄瑠璃以前にも一見連用形命令に見える形式（「食べよ」に対して「食べ」）という形態が見られるが、下一段動詞に限られ

ている（以下“語尾なし形”と呼ぶ）。いずれも村上（2003）に従い連用形命令とは認めない。

*2　村上（2003）では、『近世文学総索引』（近松門左衛門 12 作品、井原西鶴 6 作品）、『洒落本大成』（2〜8 巻）、噺本大系（1〜11 巻）、その他上方浄瑠璃、歌舞伎作品（『日本古典文学大系』所収作品）で調査がなされており、サ変動詞に「なさる」が承接する例が見られないことが示されている。

*3　村上（2003）でも“形態変化の原因としてこのような「省略」を適用する事は、その根拠を示す事が殆ど叶わない為にかなりの慎重さが要求されるべきである。（同: 49）”と述べられている。

*4　また、村上説のもう 1 つの問題点として、アクセントを解決できないことが挙げられる。(8) で示したように現代近畿方言の一段動詞において、連用形命令はアクセントの下降がないのに対し、命令形命令は下降がある。同じ活用から分化したと考えるならどこかの段階でアクセントの変化（アクセントによる区別の発生）があったことを想定しなければならない。この点について坂本（編）（1988）を用いて、再分析の起こった時期と考えられる近松世話物浄瑠璃のアクセントを調査した。まず、命令形命令については、多くに下降がある。“一語中で高い部分のみ、あるいは低い部分のみを示し、それぞれ相対する高さへの施譜は省略してしまう（坂本 1983: 32）”傾向も加味すると、命令形 50 例中 39 例（78%）が下降があるものとして解釈可能である。用例を［ ⅰ ］に示す。

　　［ ⅰ ］a.　下降調の例：「いへ〈上下〉」①、「ひけ〈上下〉」①、「来い〈上下〉」②
　　　　　　 b.　下降調と解釈可能な例：「しね〈×下〉」①、「あゆめ〈上××〉」②、「ころせと〈上上＊〉」①、「しばれ〈上××〉」②、「しんぜと〈××下下〉」「たずねよと〈上××××〉」

　一方、敬語「やれ」・「や」が接続する形式についても同様に調査し、［ ⅱ ］に示す（全例）。これらの例では「や」に前接する動詞語幹に下降がある例とない例があるが、少なくとも命令形に下降がある割合以上に非下降の例は多いといえる。

　　［ ⅱ ］a.　語幹が非下降調と考えられる例（4 例）：、「まつていや〈下××××〉」①、「なつておきや〈×××上上下〉」①、「だしやれ〈上上上下〉」②、「とりつきや〈下××××〉」
　　　　　　 b.　動詞語幹内で下降がある例（3 例）：「まつていやと〈×上上××〉」①、「つけやや〈上下××〉」②、「よびもどしやと〈上下上××××〉」②

　森（2013）は「ねや〈上下〉」①を語幹非下降調として取り上げていたが、現代関西方言では存在しないアクセント形であり、［ ⅱ a ］と同列に挙げることは避けた。ただし、本来敬語「やる」の命令形「やれ」も、形態の上では命令形命令である。［ ⅱ ］より命令形命令は下降調であったと考えると、「やれ」にも同様に下降があったことが想定される。つまり、［ ⅱ b ］のように語幹内に下降があるように見えても、本来「や（れ）」にあった下降が前接動詞に移動した可能性も考えられる。

　本書では、「や」が接続した際のアクセントの解釈は、用例も少なく一般化

を保留せざるを得ないが、「や」に前接する動詞語幹が非下降調である例が一定数見られることを考えると、もともと「や」に前接する動詞連用形部分は非下降調であり、それが連用形命令にも引き継がれたと考えるのが自然である。連用形命令形成時にアクセントの変化があったと想定する必要性は低い。

*5　ただし、村上（2002）では"「［連用形＋敬語や」と「連用形命令＋終助詞や」は］文法的には全く異質のものであって互いに峻別されるべきものであり（同: 1）"と述べられており、形態上の並行性を連用形命令成立の要因とは考えていないようである。

*6　ここでは、敬語ヤとの承接が拗音形で現れていた他の動詞でも非拗音形が現れ、連用形命令が独立するようになる（「行キャ」〉「行キヤ」）。助動詞ヨウの成立においても近世初期頃に"miŭ → miô → *miyô"（キリシタン式のローマ字表記、* はキリシタン資料に見られない形式、福島1975: 68）と拗音形から語幹を取り出すように形態変化が起こったとされており（大塚1962、福島1975）、敬語ヤの承接する上でも拗音形が非拗音形となるのも、このことと並行的と考えられる。

*7　『噺本大系』の資料では、1770年代以降の資料でも「や」の二重承接は見られる。

　　［ⅲ］　こんどからたしなミやや　（噺本, 新製欣々雅話［1799年刊］: ⑬248）
　　ただし村上（2002）によれば、噺本資料は"洒落本に比して三、四十年「古い」（同: 10）"状況であり、また「や」の二重承接が見られる作品には連用形命令がない。このことから、この作品はⅡ期の体系を持っていると考えればよい。このことは、1800年頃にⅡ期の体系にも触れることができることを示しており、（13）で述べたように、Ⅱ期・Ⅲ期の両体系を理解する作者が存在することの妥当性を示すものであるともいえる。

*8　ただし、すべての例で聞き手への利益を読み込めるわけではなく、仕事上（"公のため"、牧野2008b）の行為指示を行っている用例も少なくない。

*9　ただし、各地方言には命令形命令と形態論的に対立する形式でありながら、敬語由来とはいえない形式もある。例えば、富山県方言には「はよイコ（〈行く〉」と意志形と同形の命令表現（以下、"意志形命令"）がある（現代日本語大辞典: 151）。この形式は、『方言文法全国地図』209–211図には見られず、敬語由来の第三の命令形とは機能が等価ではないと考えられる。このような形式の分類については今後さらに考えたい。

*10　「てや」には他の「て＋コピュラ」形式を含む。他に、遊里では「お〜あそばす」が多く、他にⅡ期では「なんす」が見られる（話者はすべて女性）。非行為指示では「（お＋）動詞連用形＋る」、「動詞連用形＋コピュラ」の用例数が多い。

第6章　近世上方における連用形命令の成立　143

III

行為拘束表現から

第3部「行為拘束表現から」では、話し手自らが行為を行うことを表明する行為拘束表現、具体的には、申し出表現・前置き表現を取り上げ、その運用から日本語の授受表現や敬語の運用を考察する。第3部で調査する行為拘束表現からは、聞き手への利益を与益表現で示さないようになること、また、行為拘束表現においても受益表現を用いることが運用上重要になる、という変化があることを示す。

第7章「申し出表現の歴史的変遷―謙譲語と与益表現の相互関係の観点から―」では、話し手が聞き手の利益になることを行うことを伝える"申し出表現"に着目し、謙譲語と与益表現の運用がどのように行われてきたかを確認する。与益表現を用いた申し出表現は近世以前には上位者にも用いることのできた丁寧な表現であったが、近代以降その待遇価値が下がり、上位者には用いられなくなることを述べる。

第8章「オ型謙譲語の用法の歴史―受益者を高める用法をめぐって―」では「お～申す」「お～する」など、接頭辞「お」を冠した中世以降に見られる謙譲語形式（以下、"オ型謙譲語"）の歴史を考察する。謙譲語は用法が"衰退"していると考えられることがあるが、オ型謙譲語には、近代以降の新用法として受益者を高める用法が成立している。この章では、この新用法の成立を確認するとともに、その背景にある与益表現の運用の変化との関連について考える。また、オ型謙譲語と、中古に見られる「奉る」などの補助動詞型謙譲語との対照を通して、謙譲語の機能の歴史を考察する。

第9章「前置き表現の歴史的変遷―国会会議録を対象として―」では、国会会議録を資料とし、話し手が行おうとしている質問の前置きとして発話される"前置き表現"で、どのように授受表現・敬語が運用されているかについて述べる。

第7章

申し出表現の歴史的変遷
謙譲語と与益表現の相互関係の観点から

1. はじめに

　現代語には、話し手が恩恵を与えることを示す表現として、「て
やる」「てあげる」「てさしあげる」（以下、"与益表現"とする）が
ある。しかし、特定の環境では聞き手に恩恵がある行為であっても、
与益表現を用いると丁寧さを欠く表現となることがある。例えば、
聞き手に利益のある行為を話し手が行うことを申し出るときの表現
（以下、"申し出表現"とする）がそうであるが、（1）のように目
上の人物に対する申し出表現で与益表現を用いると、"押しつけが
ましい"印象があり、与益表現を用いにくい。

（1）［学生から先生への発話］

　　a. ＃先生、コーヒーを ｛入れてあげます／入れてさしあげ
　　　　ます｝。

　　b. ＃先生、かばんを ｛持ってあげましょうか／持ってさし
　　　　あげましょうか｝。

　　c. 　先生、かばんをお持ちしましょうか。

　しかし、この状況は近世以前では異なっていたようである。「て
あげる」は上位者に対する申し出を行う表現として用いることがで
きた。

（2）a. 　［北八たちは遊郭に行こうとする］^{［北八→亭主］}「遠いかね」
　　　　^{［亭主→北八］}「爰から廿四五町ばかしもあります。なんなら
　　　　馬でも、雇てあげましやうか。」

　　　　　　　　　　　　　　　　　（東海道中膝栗毛, 二編下: 122）

　　b. 　^{［女房→やす］}「ヲヲ、長ばなしで骸が乾くのも忘れた」^{［やす→}
　　　　^{女房］}「私が ［お湯を］ 汲で上ませう」

　　　　　　　　　　　　　　　　　　　（浮世風呂, 二編下: 128）

147

これまでの与益表現の歴史的研究は、補助動詞「てやる」「てあげる」がいつ頃成立したのか、という点を中心に行われてきた。宮地（1981）、荻野（2007）などでは「てやる」は室町中期〜近世前期（16世紀中期〜17世紀中期）、「てあげる」は近世後期（19世紀初）に成立したとされている。しかし、それらの運用の様相、つまり“どのように用いられていたのか”という観点からの研究はこれまで見られない。

　本章では、与益表現の運用の様相を明らかにするため、申し出表現に着目する。与益表現が上位者への申し出表現でどのように用いられてきたかを調査し、その中で、与益表現と謙譲語の運用の相互関係、および、その歴史的変遷を明らかにする。具体的には、近世以前では、与益表現を上位者への申し出にも用いることができたが、近代以後は上位者への申し出には用いにくくなることを示す。その要因として、恩恵を言語として示す方法に歴史的変化があったこと、また、敬語語彙の体系の中で、利益を示さず汎用的な謙譲語形式の有無が与益表現の丁寧さと相関していることを述べる。

2. 与益表現の運用の歴史的変遷

2.1 “申し出表現”の定義

　調査に入る前に、申し出表現の定義を行う［→第1章5.3.2節］。申し出表現は、話し手が聞き手に利益をもたらす行為を行うことを表明する表現であると考えられる。日本語では、申し出は意志形式によって行われる。本書では与益表現と意志形式「（よ）う」「（動詞終止形）」等による申し出表現を考察の対象とした。なお、本章では、第1章5.3.2節で分類した“通告的申し出”と“選択的申し出”は区別していない。

（3）［コンビニに行く際に聞き手にお菓子を買ってくることを申し出る。］

　　　a.　お菓子買ってきてあげようか。［与益「あげる」＋「う/よう」＋疑問］

　　　b.　お菓子買ってきてあげるよ。［与益「あげる」＋「（動

詞終止形）」]

　当該表現が申し出を表すか、意志を表すかについて、仁田
（1991: 215–216）が聞き手の存在／非存在で申し出表現か意志表
現かを区別できるとする。本書においてもそれに従い、聞き手（恩
恵の受け手）が発話場に存在していることを申し出表現と認める条
件とする。

2.2　調査の概要
2.2.1　調査内容と調査対象
　本章の調査では、"与益表現による上位者への申し出表現"が、
各時代にどれだけ見られたかを調査した。対上位者の場面を観察し
たのは、特に配慮が必要となる場面であると考えられるからである。
申し出表現で使用する言語的手段としては、与益表現の使用・不使
用の他に、敬語（謙譲語）の使用・不使用という観点も考察の対象
となりうる。本書ではまず、上位者に対して利益を示すことの待遇
価値について考察するため、対象となる与益表現を謙譲語形式に固
定し、（4）の形式を選んだ（参考 湯澤 1929, 1936, 1981[2]）。

（4）a.　「てまいらす*1」（中世〜近世前期）

　　　b.　「てしんずる」（中世〜近世後期）

　　　c.　「てあげる」（近世前期〜）

　　　d.　「てさしあげる」（近代〜）

資料は以下のものを使用した。

中世末期〜近世前期（上方）：『天草版平家物語』、『大蔵虎明本狂
　　言』、『狂言六義』、『狂言記』、『狂言記外五十番』、『狂言記拾
　　遺』、近松世話物浄瑠璃（『日本古典文学大系』49 所収作品）

近世後期（江戸）：『東海道中膝栗毛』、『浮世風呂』、『春色梅児誉
　　美』、その他黄表紙・洒落本作品（『日本古典文学大系』59
　　所収作品）

近代〜現代：『明治の文豪』、『新潮文庫の 100 冊』

2.2.2　上下関係の認定
上下関係は以下の手順で認定する。基本的には①によるが、②、

第 7 章　申し出表現の歴史的変遷　149

③でも上下関係を認める。

　①**言葉づかいによる認定**：当該の人物が話す言葉づかいによって
　　上下関係が認定できることがある。具体的には対者敬語の使用
　　関係（非対称的な使用）、対称代名詞による。

　②**家族関係**：家族間では"親―子"の関係には上下関係があると
　　判断する。ただし、夫婦関係・兄弟姉妹関係はそれだけでは上
　　下関係を認める条件とはしない（①の条件により夫婦・兄弟姉
　　妹関係でも上下関係を認めているときがある）。

　③**主従関係**：当該の人物が身分や役割上の上下・主従関係によっ
　　て結びつけられている場合、上下関係があると判断する。具体
　　的には、狂言などの"大名―太郎冠者"、会社における"管理
　　職―部下"、学校における"先生―生徒"などの関係が相当す
　　る。

2.3　調査結果

　調査した与益表現の用例数を表7.1に示す。表7.1で、申し出表
現全数に対する上位者への申し出表現の割合を確認すると、近代以
後は、近世以前より著しく割合が落ちているように見える。

表7.1　与益表現の使用状況＊2

時代	全用例	内訳				申し出表現		
		参らす	進ずる	あげる	さしあげる	全数	対上位者	
中世末期〜近世前期（上方）	110	19	75	16	—	72	37	（51.39%）
近世後期（江戸）	78	—	2	76	—	49	24	（48.98%）
明治期	283	—	—	279	4	116	11	（9.48%）
大正・昭和期：『新潮』前半	101	—	—	100	1	97	8	（8.25%）
昭和期：『新潮』後半	215	—	—	204	11	133	15	（11.28%）

2.3.1 中世末期～近世前期

中世末期資料では『天草版平家物語』に1例のみ「て進ずる」による申し出表現が見える。これは上位者に対して用いたものと考えられる。

(5) ^{［頼朝→文覚］}「さて頼朝は勅勘を許されいでは、なんとして謀反をも起こさうぞ」とあったれば、^{［文覚→頼朝］}「それはやすいことでござる：やがてまかり上って<u>申し開いて進ぜうず</u>。(mŏxi firaite xin?ôzu)［...］」［?：不鮮明］

(天草版平家, 巻2, 145)

近世前期に入ると、与益表現の用例が多く見られるようになるが、資料ごとの用例数も表7.2に示しておく。用例数の数字は［与益表現による上位者への申し出表現／与益表現による申し出表現総数］で示す。用例は（6）に示す。

表7.2　与益表現による上位者への申し出表現（近世前期・資料別）

資料	虎明	狂言六義	狂言記	外五十番	続狂言記	近松	拾遺
成立・書写年	1642	1645前後	1660	1700	1700	1703-22	1730
用例数	12／23	6／12	0／9	4／5	2／5	2／4	10／13

(6) a. ［雷は中風ぎみであると診断された］^{［雷→医師］}「今までさやうの事はしらなんだ、いそひでなをせ」^{［医師→雷］}「私は第一針が上手でござる、<u>たてなをひてしんぜう</u>」【針を立てて（病気を治して）あげましょう。】

(虎明本狂言, 雷: 中, 15)

b. ^{［出家→山立］}「こなたにも定めてかたがつかへましよ程に、<u>かたを打てしんぜましよ</u>」

(狂言記拾遺, 手負山賊, 巻1, 39オ)

c. ［孫右衛門は梅川が駆け落ちした相手・忠兵衛の父。孫右衛門が転んだのを見て］^{［梅川→孫右衛門］}「お年寄のおいとしや、お足もすすぎ、鼻緒も<u>すげてあげませう</u>。」

(近松, 冥土の飛脚: ①147)

ほとんどの資料で与益表現を用いた上位者への申し出表現が見ら

れる。『狂言記』にのみ用例が見られなかったが、『狂言記』においても丁寧体で話す人物が申し出表現で与益表現を用いているものもあり、丁寧な表現として用いられていると考えられる。

(7) ［茶屋は僧に茶を出す］^{［僧→茶屋］}「これは。あつう御ざる」^{［茶屋→僧］}「畏て御ざる、むめてしんぜませう」

（狂言記, 薩摩守, 巻3, 18ウ）

このことから近世前期の上方語では、与益表現を用いた申し出表現が上位者にも用いうる丁寧な表現であったと考えられる。

2.3.2　近世後期

近世後期江戸語では、「てあげる」が専ら用いられる。ここでも同様に、与益表現を用いた上位者への申し出表現が一定数見られる。与益表現による申し出表現が、上位者にも用いうる丁寧な表現であったことが推測される。

(8) a.　［北八たちは遊郭に行こうとする］^{［北八→亭主］}「遠いかね」^{［亭主→北八］}「爰から廿四五町ばかしもあります。なんなら馬でも、雇てあげましやうか。」

（東海道中膝栗毛, 二編下: 122、再掲）

　　 b.　^{［女房→やす］}「ヲヲ、長ばなしで骸が乾くのも忘れた」^{［やす→女房］}「私が［お湯を］汲で上ませう」

（浮世風呂, 二編下: 156、再掲）

2.3.3　近代―明治期

明治期以降、上位者への申し出表現の例が減少する。上位者に対して与益表現で申し出を行うことが丁寧ではないという認識が反映されたためと考えられる。ただし、上位者への与益表現による申し出表現が全く見られないわけではない。［→（9）］

(9) a.　^{［石田→婆さん］}「どうするのだ。」^{［婆さん→石田］}「旦那さんに玉子を見せて上ぎょうと思いまして。」^{［石田→婆さん］}「廃せ。見んでも好い。」

（鶏）

　　 b.　［昇、お勢、文三が三人で話している。］^{［昇］}「これだもの……大切なお客様を置去りにしておいて」^{［お勢］}「だッ

て貴君があんな事をなさるもの」[昇]「どんな事を」
[...][お勢]「そんなら云ってもよう御座んすか」[昇]「宜
しいとも」[お勢]「ヨーシ宜しいと仰しゃったネ、そんな
ら云ッてしまうから宜い。アノネ文さん、今ネ、本田
さんが……」ト言懸けて昇の顔を凝視めて、[お勢]「オホ
ホホ、マアかにして上げましょう」　　　（浮雲, 第10回）

　（9b）はお勢と昇の関係について、丁寧語を非対称的に使用して
いることから、上下関係を認めておいた。一方でこの表現は、丁寧
に使おうとして用いたものというよりは、遊戯的に使用した表現の
ようにも見える。

2.3.4　大正・昭和期〜現代

　大正期以降の作品にも上位者への申し出で使う例は見られるもの
の、数は多くない*3。前半（1870年〜1900年代生作者）[→
（10）]、後半（1910年〜1940年代生）[→（11）]それぞれの例を
挙げる。

（10）a.　［五助は秋太郎の家へ奉公に来ている。秋太郎が宿題を
頼んできた。］[秋太郎→五助]「今度やっていかなかったら、
先生はもう、おれのこと、教室に入れないって言って
いるんだ。」[五助→秋太郎]「それじゃあ、やっといてあげま
しょう。」[秋太郎→五助]「やってくれる。ほんとうかい。あ
あ、助かった。（路傍の石, やぶ入り, 1 [山本有三, 1887年生]）

　　b.　［閑間は眼鏡を拭こうとするが、手が震えている］[高橋夫
人→閑間]「閑間さん、わたしが拭いてあげましょうか」[閑
間→高橋夫人]「いや、よろしい。手が震える理由、自分で
もわかっているんだ」　　（黒い雨, 3 [井伏鱒二, 1898年生]）

（11）a.　吸物椀の蓋が取れずに山本が難渋しているの見た梅龍
が、「取って差上げましょうか」と言って、ふと見ると、
相手の左手の指が二本無かった。梅龍はハッとしたそ
うである。山本はしかし、梅龍の方をじろりと見て、
「自分の事は自分でする」と言って、彼女の手をかりよ
うとはしなかった。

（山本五十六, 第3章［阿川弘之, 1920年生］）

b.　フン先生はホテル・ノークラで、ブンに歴史を盗まれて以来、なにもわからない。／[ブン→フン先生]「フン先生、いま、先生の歴史——過去を<u>かえしてさしあげます</u>」

（ブンとフン, 第5章［井上ひさし, 1934年生］）

いずれも上位者に用いているものであるが、（11b）のように不敬なキャラクターをわざと描こうとしていると考えられるものも混ざっている。

与益表現による上位者への申し出表現は近代以降減少している。近代以降もわずかに例は見られるが、対上位者でも比較的近い間柄で用いられたものと考えられ、基本的に上位者への申し出表現として、与益表現を用いる頻度は低くなったと考えられる。

3.　歴史的変化の要因

3.1　与益表現の待遇価値の低下

ここまで、近世以前と近代以後では与益表現の待遇価値が異なることを述べた。現代で最も新しい与益表現である「てさしあげる」でも上位者への申し出表現に使いにくいことから、この歴史的な状況の相違は、話し手が聞き手に対して恩恵のある行為を行うことをどのように表現するか、という運用法の異なりの反映と考えられる。以下、その恩恵の言語表現のしかた、与益表現と謙譲語の関係について述べる。

3.2　恩恵の表明と丁寧さの関係

3.2.1　丁寧さの原則

Leech（1983）は、"丁寧さの原則"として、恩恵（利益）をどのように言語的に表明するかについての原則を示している。例えば英語では、（12a）のように、聞き手の利益に言及して招待などを行うことは丁寧であるが、（12b）のように話し手の利益に言及して述べることは丁寧ではないという。

（12）a.　You must come and have dinner with us.［あなたはご

来宅の上、食事をご一緒してくれなければなりません]

b. #We must come and have dinner with you.［#私たちは
お宅にうかがい、食事をご一緒しなければなりません]

（Leech 1983: 133、池上・河上訳 1987: 193）

このことから、Leech（1983）では恩恵（利益）を表明する際の
丁寧さの原則を（13）のように示す。

(13)a.　他者に対する利益を最大限にせよ。［気配りの原則（b）］

b.　自己に対する利益を最小限にせよ。［寛大性の原則（a）］

（Leech 1983: 132、池上・河上訳 1987: 190）

ところが、現代日本語では、（1）で見たように、与益表現を用
いた申し出表現は、上位者に対して用いにくい。つまり、聞き手に
対する利益を表明することが、必ずしも丁寧さと結びついていない
といえる。

逆に現代語では、"話し手に利益のある事態は受益表現で示さな
ければならない"という強い語用論的制約があると考えられる。例
えば、現代語では、（14）のように話し手利益の行為指示表現では
受益表現（「くれる」「くださる」「いただく」等）を必ず用いなけ
ればならない。また、行為指示場面以外にも（15）のように感謝
表現の前など、必ず受益表現を用いなければならない環境が存在す
る。

(14)［コンビニに行くという友人に］僕の分のお弁当も {買って
きてくれない？／#買ってこない？／#買ってこい}。

(15)［卒業の日に、学生から先生への発話］先生、今まで多くの
ことを {教えてくださり／#お教えになり}、ありがとうご
ざいます。

このことから、現代語における、授受表現を用いる上での丁寧さ
の原則は（16）のように示される（姫野 2003: 68）。これは（13）
の英語の原則とは相反するものとなっている。

(16)a.　自己に対する利益を最大限にせよ。

b.　他者に対する利益を最小限にせよ。

3.2.2　恩恵の言語表現の歴史的変遷

　しかし、（16）のような現代語の恩恵に関する原則、特に"話し手に利益のある事態は受益表現で示さなければならない"［＝（16a）］という語用論的制約は、近代以降のものであり、中世から近世にかけては、現代語ほど強く運用されるものではなかったように見える。例えば、尊敬語と受益表現による行為指示表現を調査したところ、近世には上位者に対しても話し手利益の行為指示で受益表現が用いられない例がある（森2010a）。

（17）［とめ女は旅人の手を強く引いて客引きをする］^{［旅人→とめ女］}「コレ手がもげらア」^{［とめ女→旅人］}「手はもげてもよふございます。おとまりなさいませ」［依頼］　　（東海道中膝栗毛, 初編: 59）

　しかし、明治期以降、上位者に対し"勧め（聞き手利益）"では「なさい」など受益表現でない形式が用いられているが、"依頼（話し手利益）"では受益表現（「ください」等）がほとんどであり、尊敬語のみの表現（「なさい」等）は用いにくくなる。

　また、（15）のように、現代語で受益表現が必須となる環境でも、近世以前は（18）のように受益表現が付されないところがある。

（18）a.　^{［清十郎→お夏］}「涙がこぼれて忝し。それ程に此の男を不便に思し召さるるかや。冥加に尽きん、勿体なや」【そんなにまでこの男をかわいいと｛思ってくださる／[?]お思いになる｝のか。】　　（近松, 五十年忌歌念仏: ①29）

　　　b.　［藤兵衛はお由の苦労をねぎらい、優しい言葉をかけた］^{［お由→藤兵衛］}「そふやさしく被仰^{おっしゃる}と真に嬉しく思ひますけれど、どふもおまへさん方に限らず、男子達といふものは浮薄なものだから、[...]」【そう優しく｛おっしゃってくださる／[?]おっしゃる｝と本当に嬉しく思いますけれど[...]】　　（春色梅児誉美, 巻9: 171）

　このことから、"話し手に利益のある事態は受益表現で示さなければならない"という語用論的制約が近代以降に成立したことが窺える。

　日高（2007: 14）によれば、現代語の恩恵の授受においては恩恵の与え手が上位で、受け手が下位となるという立場上の上下関係

があるという。この関係のもとでは、"恩恵を受けること"の表明は恩恵の与え手を上位者に、話し手を下位におくために適切な待遇となるが、"恩恵を与えること"の表明は、話し手自身を上位に、聞き手を下位におくことになり、不適切である。このようにして"話し手に利益のある事態は受益表現で示さなければならない"という語用論的制約が再解釈され"他者に利益のある事態を与益表現で示してはならない"[(16b) 他者に対する利益を最小限にせよ]という原則が導き出されたために、与益表現の待遇価値が低くなったと考えられる*4。

3.3 謙譲語と与益表現の相互関係

また、それぞれの言語が持つ謙譲語形式のリスト、特に、利益の意味を付与しない謙譲語形式の有無が、与益表現の待遇価値と関連していると考えられる。本節では、現代語、中世末期日本語の謙譲語形式を対照する。まず始めに、各言語の与益表現謙譲語と利益を表さない謙譲語の有無を表7.3に示しておく。

表7.3　現代と中世末期の謙譲語

	与益表現謙譲語	利益を表さない謙譲語
現代	○（「-てさしあげる」「-てあげる」）	○（「お-する」）
中世末期	○（「-ておまらす」等）	×

3.3.1 現代語の謙譲語と与益表現

現代語には、与格・対格等の人物が上位者であることを指定する機能を持つ一般形謙譲語形式として、「お〜する」がある（謙譲語A、菊地1994）。この形式は利益のありかを指定しない。「お〜する」を用いたことによって感じる利益の意味は、接続する動詞の語彙的意味によって含意される語用論的なものである。

(19)a.　先生のかばんをお持ちする。[利益：先生]

　　b.　先生のかばんをお借りする。[利益：話し手]

つまり、現代語は、前接動詞を選ばない汎用的な謙譲語形式として「お〜する」と与益表現「てあげる（さしあげる）」の2種類を

第7章　申し出表現の歴史的変遷　157

持つ。前節で述べたように近代以降、（16b）の"他者に対する利益を最小限にせよ"という語用論的原則の成立により、利益を示さない「お〜する」が好まれるようになった。与益表現を用いたことによる"押しつけがましい"印象は、（16b）の語用論的制約に違反しているためと考えられる。

3.3.2　中世末期の謙譲語

中世末期資料（『天草版平家物語』『エソポのファブラス』『大蔵虎明本狂言』）の中で、動詞に接続して用いられる謙譲語形式を（20）に挙げた＊5。

（20）「まらする」、「候ふ」、「奉る」、「申す＊6」

このうち、「候ふ」「奉る」「申す」はロドリゲス『日本大文典』等で文章語とされており、口語では用いにくかったと考えられる。また、「まらする」は、謙譲語Aではなく、謙譲語B（対者敬語）へ移行していると考えられる。謙譲語Aであれば、補語に高めるべき人物が必ず想定できなければならないが、「まらする」にはその反例が存在する。

（21）a.　［狂言の冒頭。男が妻について語る］「［...］今に至るまで、小袖をかづひて、色々とれと申せども、ついに［妻は小袖を］とりまらせぬ。」（虎明本狂言, 岩橋: 中, 170）

　　　b.　［果報者は"はりだこ"を買ってくるよう命じていた］
［太郎冠者→果報者］「是が則はりだいこで御ざる、こなたの仰られたは、字がたりまらせぬ、はりだいこがほん［真実］で御ざる」（虎明本狂言, 張蛸: 上, 82）

（21a）において動作の相手は"妻（の小袖）"であるが、当該の作品では妻に対して敬語が用いられておらず、動作の相手は高めるべき相手ではない。また、（21b）は前接動詞が自動詞"足りる"であり、そもそも動作の相手が想定しにくい。つまり、中世末期の「まらする」は聞き手に対する配慮を示す謙譲語Bの形式として用いられていたと考えられる。

このように見ていくと、中世末期の口語では、現代語の「お〜する」にあたる形式、つまり、前接動詞を選ばないという意味で汎用

的であり、かつ利益を表さない謙譲語一般形がなかったといえる。逆に、利益を表す形式ではあるが、与益表現「てまいらす」「てしんずる」等が汎用的な謙譲語形式として存在していたことは注目される。

3.3.3　まとめ　謙譲語と与益表現の相互関係

　現代語では、"他者に対する利益を最小限にせよ［→（16b）］"という丁寧さの原則が存在する。現代語の謙譲語には、利益を示すもの（与益表現）と利益を示さないもの（「お〜する」）があるが、（16b）の原則より利益を示さない「お〜する」が好まれる。しかし、中世末期日本語においては、（16b）のような語用論的制約がなく、また持っている謙譲語形式も与益表現しかない。そのため、話し手が申し出を行う際、聞き手への配慮から敬語使用を行おうとしたときには、与益表現を用いやすいと説明できる。

　歴史的に、利益を表明することが抑制され、利益を表さない謙譲語が発達したことにより、利益を表さない謙譲語「お〜する」を使用すれば、利益に言及せずとも聞き手に対する配慮が果たされるようになる。特に上位者に対しては、より語用論的制約を守るような言語使用が行われると考えられるため、利益を表さない謙譲語が選択される強い動機があり、与益表現の待遇価値が低くなったと考えられる。

3.4　与益表現と謙譲語形式の関係の歴史的変化

　現代語に見られる利益を表さない謙譲語形式「お〜する」は、江戸後期に見られる「お〜申す」「お〜いたす」を基盤として明治30年頃に成立したとされる（小松1967）。本章で調査した近世後期資料で、それらの謙譲語形式による申し出表現と与益表現による申し出表現を対照する。

　謙譲語「お〜申す」による上位者への申し出表現も近世後期に見られる［→（22）］が、数の上では利益を表さない謙譲語が5例であるのに対し与益表現20例と、与益表現のほうが優勢である。

第7章　申し出表現の歴史的変遷　159

表7.4　与益表現と利益を表さない謙譲語の用例数＊7

		全数	内訳	申し出	対上位者
近世後期	与益	78		49	24（48.98％）
	非与益	150	お〜申す：149、〜申し上げる：1	16	5（31.25％）
明治期	与益	283		114	11（9.65％）
	非与益	272	お〜申す：168、お〜致す：16、お〜する：85、〜申し上げる：3	26	11（42.31％）

(22)［北八は侍に巾着を売ろうとする］〔北八→侍〕「ハイ三百ぐらゐにさしあげませふ」〔侍→北八〕「それは高直じや」〔北八→侍〕「すこしはおまけ申ませう」　　　　　　　　（東海道中膝栗毛, 二編上: 103）

しかし、明治期に入ると「お〜申す」や「お〜する」による申し出表現［→（23）］が増加し、与益表現4例に対し利益を表さない謙譲語が11例と、数で与益表現を上回るようになる。

(23)a.　〔門附→女房〕「早速一合、酒は良いのを」／〔女房→門附〕「ええ、もう飛切りのをおつけ申しますよ」　　　　　　　　　　（歌行燈, 3）

b.　〔清三→和尚〕「和尚さん甚だ済みませんが、二三日の中におかえししますから、五十銭ほど貸して下さい」

　　　　　　　　　　　　　　　　　　　　　　　（田舎教師, 15）

上位者への申し出表現に関しては、近世から近代にかけて与益表現に対して利益を表さない謙譲語がより多く用いられるようになったといえる。

4.　まとめ

この章では以下のことを述べた。

1)　現代語では「てあげる」などの与益表現による申し出表現は上位者に対して用いにくい。しかし、中世末期〜近世後期では上位者への申し出表現として与益表現が使用されており、与益表現による申し出表現が丁寧であったと考えられる［2.3.1・2.3.2 節］。

2) 与益表現による申し出表現の待遇価値の低下は、近代に入ってからと考えられる。明治期以降、基本的には上位者への申し出には与益表現を用いない［2.3.4節］。

3) 与益表現の丁寧さは①"他者に対する利益を最小限にせよ"という語用論的制約の成立、②利益を表さない謙譲語形式の有無、の2点が関連している。①に関して、近代までに受益表現「くれる」「くださる」が発達し、"話し手に利益のある事態は受益表現で示さなければならない"という語用論的制約が成立した。その意識から逆に"恩恵を与える"ことの表明が話し手を高めてしまう表現と再解釈され、聞き手に利益のあることの表明が抑制されるようになった。②に関して、謙譲語形式として、利益を表さない謙譲語一般形（「お～する」）と与益表現の両方を持つ現代語では、現代語では、①で述べた"他者に対する利益を最小限にせよ"という原則から、利益を示さない「お～する」が好まれる。しかし、中世末期日本語においては、そのような語用論的制約がなく、また持っている謙譲語形式も与益表現しかない。そのため、話し手が申し出を行う際、聞き手への配慮から敬語使用を行おうとしたときには、与益表現を用いやすかったと説明できる［3節］。

---

*1 「てまいらす」にはこれを語源として音声変化を経たと考えられる語（「ておまらす」など）も含む。「ておます」等の語彙は下位者にのみ用いているテキストがあったが、その場合はそもそもの待遇価値が高くないものとして、表への計上はしなかった。

*2 『新潮文庫の100冊』は便宜上作者の生年で、前半（1870年～1900年代生作者）と後半（1910年～1940年代生）の作者とで区切って調査した。また、文語体など文体に問題があるものは除いた。

*3 この時代になると、与益表現の運用を逆手にとって、わざと不敬な人物を描こうとする例も見られる。

［ⅰ］ すると猫は肩をまるくして眼をすぼめてはいましたが口のあたりでにやにやわらって云いました。「先生、そうお怒りになっちゃ、おから

第7章 申し出表現の歴史的変遷 161

だにさわります。それよりシューマンのトロメライをひいてごらんな
さい。きいてあげますから。」「生意気なことを云うな。ねこのくせ
に。」［中略］「いやご遠慮はありません。どうぞ。わたしはどうも先
生の音楽をきかないとねむられないんです。」「生意気だ。生意気だ。
生意気だ。」ゴーシュはすっかりまっ赤になってひるま楽長のしたよ
うに足ぶみしてどなりましたが［...］

（セロ弾きのゴーシュ［宮沢賢治, 1896 年生］）

　宮沢賢治は明治 29（1896）年生まれ、作品の発表は昭和 9（1934）年であ
るが、明治後期から昭和前期にかけての期間までには、この意識が存在してい
たことが窺える。

＊4　滝浦（2014）は、このような与益表現の運用は"話し手が自己の負担を
大きくしてしまうことの抑制（同: 98）"として行われるものであり、"近代以
降になってリーチの原則に沿う用法が確立したのだと考えるべきように思われ
る（同）"と述べている。

＊5　本動詞用法のみを持つ形式は以下の通り：「致す」、「承る」、「存ずる」、
「仕る」、「参らす」、「参る」、「聞こゆ」（文章語）。なお、「致す」「仕る」は名
詞を前接するが、ここでは本動詞用法のみと考えておく。「存ずる」は 1 例のみ
補助動詞用法に見える例がある。ここでは生産的には用いられなかったと考え、
同じく本動詞用法のみと考えておく。

　［ⅱ］　_{［手紙：獅子→狐］}「たとひ害をなしたうても、今この体では叶はねば、お出
　　　　でを待ち存ずる」　　　　　　　　　　　　　　　　　　（エソポ, 502）

＊6　「申す」は用例数も多く、注意されるが、中世末期においては文章語的表
現であったと考えておく。その理由として、『虎明本狂言』において、「申す」
を用いる話者は、候文体をとることが多いこと、また、ロドリゲス『日本大文
典』において以下の記述が見られることが挙げられる。

　［ⅲ］　MŏXI SV　この助辞は話すといふ意味の動詞 Mŏsu（申す）である。書
　　　　き言葉で主として消息において Mairasuru（参らする）の代りに盛に
　　　　用みられる。例へば、Aguemŏxi soro（上げ申しそろ）、quiquimŏxi
　　　　soro（聞き申しそろ）、yomi mŏsumajiqu soro（読み申すまじくそろ）、
　　　　等。　　　　　　　　　　　　　　　　　　　　　（日本大文典: 586）

＊7　先述したように、「お～する（申す／いたす）」などの謙譲語形式は利益の
方向を指定しない。ここでは対照のため、謙譲語の聞き手存在・意志形式の中
でも明らかに話し手利益と考えられるものは除いた。しかし、必ずしも利益を
明示しないような表現もあり、謙譲語による申し出表現との対照には注意が必
要である。

第 8 章
オ型謙譲語の用法の歴史
受益者を高める用法をめぐって

1. はじめに

現代語の謙譲語 A 形式「お～する」は、"補語を高める（菊地
1994: 256）"形式、つまり、接続する動詞の補語を上位者と指定
する形式として用いられる。

(1) a. 昨日私は<u>先生にお会いした</u>。［上位者＝補語（ニ格）］
　　 b. 先生に会う。

しかし、現代語の謙譲語「お～する」は接続する動詞の補語に人
物が想定できないときも用いられる。

(2) a. ［先生に東京に 12 時に着くには何時の新幹線に乗れば
　　　　よいか尋ねられた。］少しお待ちください。今から<u>お調</u>
　　　　<u>べします</u>。
　　 b. * 先生に調べる。

(3) a. ［先生が両手で荷物を持っていてドアの前に立っていた
　　　　ので］研究室の<u>ドアをお開けした</u>。
　　 b. [?]先生に開ける。

(2)「調べる」(3)「開ける」は（2b)・(3b) で示すように動詞
の補語に上位者をあてはめる項が存在しない。このように一見謙譲
語の定義に反する例は、先行研究において「～のために」にあたる
人物（受益者）を高める表現とされる（蒲谷 1992、菊地 1994 等）。
しかし、「～のために」は動作の種類に関わらずどのような文でも
用いられる要素であり、先行研究でも"動詞の補語"という規定の
位置づけや「お～する」が使用可能な動詞について、度々問題にさ
れてきた（鶴田 1986、森山 1989 等）。近年では伊藤（2013a,
2013b) がその"働きかけ"の度合いからオ型謙譲語の用法の歴史
を明らかにしているが、"働きかけ"の有無をどのような動作に認

163

めるか、議論の余地があるように思われる。

　本章では、「お〜する」および、そのもととなった形式（「お〜申す」等）を一括して"オ型謙譲語"とし、その歴史的変化を考察する。具体的には、（3）のように補語に上位者をとらない動詞で「お〜する」を用いることができるのは近世後期以降であることを示し、その用法の拡張には、利益の表し方に関する語用論的制約の変化が影響していることを述べる。さらには、現代語と古典語の謙譲語の差異やその性格づけについても考えを示したい。

　本章の構成を以下に述べる。2節では、現代語のオ型謙譲語の用法について述べる。3節ではオ型謙譲語の歴史を調査し、"受益者を高める"用法が近世後期以降に成立していることを主張する。4節では3節で見られた変化の要因について述べる。最後の6節はまとめである。

2.　オ型謙譲語の定義と用法

2.1　オ型謙譲語の定義

本書ではオ型謙譲語を（4）のように定義する。

（4）オ型謙譲語：接頭辞「お」＋主要部＋下接語「申す（等）」

　"主要部"は、接頭辞オと下接語の間に位置して、述部の基本的意味（菊地1994）を担う動詞連用形や動名詞（影山1993）と定義しておく。

　主要部「会う」と例として挙げると、「お会い申す」「お会い申し上げる」「お会い致す」「お会いする」などが該当する。

2.2　オ型謙譲語の用法

まず、議論の前提として、現代語のオ型謙譲語がどのような環境で用いることができるのか、整理しておく。謙譲語は基本的に、主要部の補語にとる人物を高める表現であると考えられる。

（5）a.　先生に会う。

　　　b.　先生にお会いする。

（6）a.　私は八時の特急に乗車します。

164　　III　行為拘束表現から

b.　＊私は八時の特急にご乗車します。　　（菊地 1994: 276）

（5）では、主要部「会う」のニ格に人物がとれるため、オ型謙譲語は「先生」を高める表現として成立するが、（6）では、「乗車」は補語に人物をとれる動名詞ではないため、「ご乗車する」という表現が容認されない。

　次に、オ型謙譲語が高める補語の範囲を整理しておく。菊地（1994）の記述により、現代語のオ型謙譲語の様相も確認しておく。菊地（1994）は「お～する」において上位者があてはまる主要部の格（補語）を以下のように示す（挙例は筆者により一部省略した）。

（7）a.　ニ格：お会いする、お祈りする、お売りする、お送りする、お教えする、お返しする、等。

　　b.　ヲ格：お諫めする、お祝いする、お送りする、お起こしする、お探しする、等。

　　c.　ト格：お別れする、ご一緒する、ご契約する、等。

　　d.　カラ格：お預かりする、おいとまする、お受けする、等。

　　e.　ニツイテ：お噂する、お聞きする。

　　f.　タメニ［「……のために」を高める］：お開けする、お祈りする、お書きする、お探しする、お調べする、お出しする（取り出す／郵便を出す）、お作りする、お取りする（物を／食事を）、お取り寄せする、お直しする、お払いする、お引き受けする、お持ちする、お読みする、ご用意する　　　　（以上、菊地 1994: 283–286）

　この中で、注目されるのは、（7f）の「～タメニ」を高める用法である（以下“受益者を高める用法”と呼ぶ）。他の用法が高めているのは主要部の必須補語（寺村 1982: 82）を高めていることになり、主要部の補語に必ず人物がとれるが、（7f）の主要部にはそもそも補語に人物がとれない、あるいは、とれたとしてもそれは必須補語ではない＊1。

2.3　受益者を高める用法

オ型謙譲語の受益者を高める用法には 2 つのタイプが存在する。

(8) a. 主要部の補語に人物がとれないもの。[→（9）]

例：お引き受けする、お調べする、お持ちする、…

b. 主要部の補語に受益者（副次補語）をとるもの。[→（10）]

例：お出しする、お作りする、お読みする、…

（8a）"主要部の補語に人物がとれない"タイプについて、（9）「調べる」はそもそもニ格や他の補語に人物をとりにくいように思われるが、オ型謙譲語で用いることは許容される。

(9) a. ＊先生に調べる。

b. 少しお待ちください。今から（先生のために）お調べします。

（8b）"主要部の補語に受益者（副次補語）をとる"タイプについて、（10）「作る」はニ格に人物をとるが、そもそも「作る」という動作は特定の相手が必要なものではない（「作る」の必須補語は動作主（ガ）と作品（ヲ）。寺村 1982: 100）。つまり「作る」のニ格は副次補語であり、受益者を標示するための任意の要素と捉えられる。この用法の主要部に入る典型的な動詞は作成動詞である（三宅 2011）。

(10) a. 先生にお菓子を作った。

b. 先生にお菓子をお作りした。

このような主要部では、受益者「（先生）のために」「（先生）に」を読み込めるため、その使用が可能になると解釈できる。受益者は副次補語ではあるが、オ型謙譲語の容認度に影響を与える点で他の副次補語と異なるものである＊2。

3. オ型謙譲語の用法の歴史

3.1 調査の概要

本節では、オ型謙譲語の用法の歴史について、特にオ型謙譲語の受益者を高める用法に着目して述べる。接頭辞「お」を冠した敬語は、15 世紀後半頃には用言に接続する例が見られる＊3。調査にはオ型謙譲語のまとまった用例が見られる中世末期（1600 年頃）以

降の以下の資料を対象とした。

中世末期：『天草版平家物語』、『エソポのファブラス』、『大蔵虎明本狂言』

近世前期：近松世話物浄瑠璃（『日本古典文学大系』49所収作品）、『噺本大系』1–8巻（慶長–明和年間）

近世後期：『東海道中膝栗毛』、『浮世風呂』、『春色梅児誉美』、『春色辰巳園』、その他黄表紙・洒落本作品（『日本古典文学大系』59所収作品、『洒落本大成』所収の上方作品＊4）

明治期：『明治の文豪』

大正期：『新潮文庫の100冊』（作者生年1870–1900年代）

3.2 変化の様相

3.2.1 概観

前節の資料からオ型謙譲語の用例を取り出し、それぞれの主要部が人物をとりうる補語をどの格にとるかを調査した。例えば、「会う」は「太郎に会う」となるためニ格、「誘う」は「太郎を誘う」となるためヲ格となる。

それぞれの用例を、主要部の上位者があてはまる格ごとに分類して表8.1に示した。なお、"受益者"の列は受益者を高める用法の用例数である。

表8.1　オ型謙譲語の用例数と上位者をとる格

時代区分	合計	必須補語				受益者
		ニ	ヲ	ト	カラ	
中世末期	57 (5)	54 (4)	3 (1)	0 (0)	0 (0)	0 (0)
近世前期	120 (34)	81 (25)	22 (6)	1 (1)	16 (2)	0 (0)
近世後期	271 (72)	201 (41)	60 (26)	4 (3)	5 (1)	1 (1)
明治期	343 (96)	212 (53)	112 (36)	14 (3)	2 (2)	3 (2)
大正期	327 (82)	221 (43)	83 (31)	17 (2)	2 (1)	4 (4)

［上…延べ語数、下（カッコ内）…異なり語数］

第8章　オ型謙譲語の用法の歴史　**167**

3.2.2 中世末期

中世末期の文献でオ型謙譲語の例は、すべて主要部の必須補語に上位者をとる例である。

(11) a. 〔太郎冠者→売手〕「近比かたじけなひ、今度のほりたらは、かならず<u>お尋申さう</u>」〔上位者：ニ格〕

(虎明本狂言, 末広がり: 上, 72)

b. 〔孫→祖父〕久しう<u>御見廻申さぬ</u>程にとぞんじて参て御ざる【久しくご機嫌うかがいをしていなかったので】〔上位者：ヲ格〕 (虎明本狂言, 枕物狂: 中, 225)

下接語ごとの内訳を表 8.2 に詳しく示す。

中世末期のオ型謙譲語は現代語ほど生産的な形式とはいえない。主要部を詳しく見てみると、「供」以外の主要部はすべて発話を伴う動作であり、下接語はすべて「申す」である。ところが「供」のみが「致す」と「申す」を下接語として持つ。用例数も「供」の例が非常に多い。

表 8.2　中世末期のオ型謙譲語の内訳

お＋主要部	下接語	格	用例数
お供	いたす	に	29
お供	申す	に	16
お礼	申す	に	5
お詫び言	申す	に	1
お尋ね	申す	に	2
お見舞い（訪問／ご機嫌うかがい）	申す	を	2

(12) a. ［鞍馬へ行こうと誘われて］〔男二→男一〕「［...］早々御出かたじけない、おつつけ<u>おとも申さう</u>」

(虎明本狂言, 連歌毘沙門: 上, 31)

b. 〔奥筑紫→丹波〕「よいつれじや程に、都まで<u>おともいたさう</u>」

(虎明本狂言, 筑紫の奥: 上, 62)

これについて、そもそも「御供」は 13 世紀において、(13) のように「お～する」のように見える例や下接語として謙譲語を伴っ

168　III　行為拘束表現から

ているように見える用法がある。国田（1977: 12）は、接頭辞「お」が動詞に接続する初期の例として『御湯殿上日記』の15世紀後半の例を挙げているが、（13）の例はこれよりもかなり遡るものである。

(13)a. ［道長が］白き犬を愛してなん飼はせ給ひければ、いつも御身を離れず御供しけり。　　（宇治拾遺, 巻14–10: 450）

b. 且は十善帝王、三種の神器を帯してわたらせ給へば、いかならん野の末、山の奥までも、行幸の御供仕らんとは思はずや　　（平家, 巻7, 福原落: 下, 115）

山田（1954²）は、『平家物語』における敬語接頭辞「お」の用法を分類する中で、尊敬語の用法（「御仏」「御身」等）を挙げるとともに、「お」を冠して謙譲語を形成する例が見られないことを指摘する。一見謙譲語のように見える「御供」「御送り」「御奉公」等の例も"尊敬すべき人に対しての動作作業をあらはす名詞に「御」を冠するもの"であり、"皆自己の行動が対者に付随したるものなることをあらはすものなれば、根柢に於いては他の例と一般なるものなるを見るべし（山田1954²: 159）"と、尊敬語として捉えるべきであると述べる。筆者もこれに従い、「お供申す」「お供致す」は尊敬語として、オ型謙譲語の成立以前から用いられていた形式であったと考える。

しかし、「御供」以外の主要部の例において、14世紀以前の用例は見られない。これらの例では、下接語がすべて「申す」であり、主要部が言語行為を伴う。このことからは、「申す」が謙譲語を生産的に作る形式として文法化されきっておらず、「言う」の意味を残していることが窺える*5。

また、すべての主要部が意志的な動作と捉えられる。このことは、「申す」（言う）という動作が意志的に行う動作であり、オ型謙譲語が「上位者に直接的に関わる意志的な動作（言語行為）」に対して適用する形式として形成されたことを示している［→6.2節］。

3.2.3　近世前期

近世前期の例もすべて主要部の必須補語に上位者をとる例と考え

られる。

(14) a. 御無心ながらま一度お尋ね申したい。［上位者：ニ格］
【もう一度お尋ねしたい】　　　（近松, 心中天の網島: 上, 380）

b. 毎晩毎晩寝込にお見廻申せども、一度も本望遂げさせ
ぬ。［上位者：ヲ格］【お見舞いするけれども】

（近松, 大経師昔暦: 上, 222）

ただし、近世前期では、「申す」の主要部が言語行為を伴わない
と考えられるものも含まれる。

(15) a. 其儀にて御さあらは、子にて候者をも御目見え申させ
たきとて、［上位者：ニ格］

（きのふはけふの物語, 上, 24: ① 381）

b. いや、わたくしハお見しり申ませぬ。［上位者：ヲ格］

（軽口蓬莱山, 巻4: ⑦ 271）

このことから、主要部の範囲は中世末期よりも拡張しているとい
える。

3.2.4　近世後期

近世後期においてもほとんどの例は主要部の必須補語に上位者を
とる表現である。

(16) a. ［鬼→米八］「利［利子］は初手におもらひ申しましたから、
七両では一歩お返し申します」［ともに上位者：ニ格］
【一歩お返しします】　　　（春色辰巳園, 四編, 巻11: 417）

b. ［下女→福助］「まづ爰は斯しておいて、おとつさん所へおつ
れ申ませう」［上位者：ヲ格］【お父さんのところへお
連れしましょう】　　　　　（浮世風呂, 四編下: 294）

ただし、近世後期には受益者を高める用法が見られる。(17) で
は動詞「まける」は「人物＋ニ」という格をとらないように思われ
る（「太郎 {*に／のために} まける」）がオ型謙譲語が用いられて
いる。

(17) ［侍→北八］「それは高直じや」［北八→侍］「すこしはおまけ申ませ
う」【少しはおまけしましょう】　（東海道中膝栗毛, 二編上: 103）

3.2.5 明治期・大正期

明治期・大正期も、ほとんどの例は主要部の必須補語に上位者をとりうる。

(18) a. 「御免なさい。でも、どうしても一度お会いして、御相談しなければならないのです。私の一身上のことです。」[上位者：二格]　　　　　　　　（青春の蹉跌, 6）

    b. 「河野でも承り及んで、英吉君の母なども大きにお案じ申して居ります。」[上位者：ヲ格]　　　　　　（女系図, 55）

ただし、(17) と同様に、補語に人物を想定しにくい主要部で、オ型謙譲語が用いられる例もある。

(19) a. 〔道子→理学士〕「まあ、辛うござんすよ、これじゃ、」と銅壺の湯を注して、杓文字で一つ軽く圧えて、〔道子→理学士〕「お装け申しましょう、」と艶麗に云う。[?あなたにごはんをつける]　　　　　　　　　　　　（女系図, 30）

    b. 〔主人→女中〕これ、早う [お客の] 御味噌汁をお易へ申して来ないか」[*客に味噌汁を替える]　（金色夜叉, 第2章）

    c. 〔門附→女房〕「早速一合、酒は良いのを」／〔女房→門附〕「ええ、もう飛切りのをおつけ申しますよ」[*あなたに酒をつける（温める）]　　　　　　　　　　　　　　（歌行燈, 3）

このことから、オ型謙譲語の受益者を高める用法は近代に入っても見られ、定着しているといえる。

3.3　まとめ　オ型謙譲語の歴史的変化

本節で述べた歴史的変化を振り返ると、オ型謙譲語は中世において、"言語行為を伴う動作の相手" を高める形式であったが、近世以降は言語行為に限らず、"意志的な動作の対象・相手（ほか）" を高める表現として用いられた。さらに、近代以降、受益者を高める用法 [→ (17)・(19)] が一般化しており、通時的にオ型謙譲語の用法が拡張したといえる*6。

4. 歴史的変化の要因　申し出表現の歴史的変遷

　筆者は、オ型謙譲語に受益者を高める新用法が形成された要因は、利益の表し方に関する語用論的な制約が変化したためと考える。

　森（2011a）では、話し手が聞き手の利益になる行為を行うことを申し出る表現（以下、申し出表現）の歴史について、調査を行った。現代語では、与益表現謙譲語（「てあげる」「てさしあげる」「てしんずる」等）を用いて上位者に申し出を行うことは丁寧ではない。

(20)〔学生から先生への発話〕

　　a.　先生、コーヒーを {[#]入れてあげます／[#]入れてさしあげます／お入れします}。

　　b.　先生、かばんを {[#]持ってあげましょうか／[#]持ってさしあげましょうか／お持ちしましょうか}。

　この与益表現による申し出表現の歴史を調査したところ、近世以前は、与益表現謙譲語（「てあげる」「てさしあげる」「てしんずる」等）を用いた申し出表現は上位者に用いられた例が一定数ある〔→第7章〕。与益表現による申し出が上位者にも用いうる丁寧な表現であったと考えられる。

(21)a.　〔雷は中風ぎみであると診断された〕^{〔雷→医師〕}「今までさやうの事はしらなんだ、いそひでなをせ」^{〔医師→雷〕}「私は第一針が上手でござる、たてなをひてしんぜう」【針を立てて（病気を治して）あげましょう。】

（虎明本狂言, 雷: 中, 15）

　　b.　^{〔女房→やす〕}「ヲヲ、長ばなしで骸が乾くのも忘れた」^{〔やす→女房〕}「私が〔お湯を〕汲で上ませう」

（浮世風呂, 二編下: 156）

　しかし、明治期以降、与益表現による申し出表現は上位者に用いられる割合が減少し、与益表現の待遇価値が下がったと考えられる。つまり、近代以降、“聞き手に対する利益を与益表現で示してはいけない”という語用論的制約が成立し、与益表現が上位者に用いることができなくなった。

I72　III　行為拘束表現から

このため、近代に入って与益表現で上位者に対する配慮を示すことは難しくなる。しかし、依然として上位者に対して敬語使用によって配慮を示そうとする動機は存在する。このことから、これらの動機をともに満たすものとして、オ型謙譲語に受益者を高める用法が生まれたと考えられる。

5. 謙譲語の歴史的変化

5.1　概観　謙譲語の衰退？

　本節では、前節までに述べたオ型謙譲語の変化が、謙譲語の歴史の中でどのように位置づけられるかという点について考察する。

　敬語研究においては、謙譲語が"衰退している"という論が度々主張される。

(22) a.　謙譲語のような複雑な敬語表現は、なかなか、めんどうなものだから、現代人にはつかいこなしにくくなってきていて、おおまかには、衰退の方向にあるのだろうとおもわれる。敬語の誤用に関しては、謙譲語に関するものがもっともおおいと見られることも、その事情を反映するであろう。　　　　　　　　（宮地1971: 395）

　　 b.　しかし、通時的に見た場合、尊敬語については、時代ごとの語彙の入れ替わりはあっても、その機能や枠組みそのものは、それほど大きく変化していない。一方、謙譲語は、後に詳しく述べるように、通時的に見ると、その使用される条件が確実に狭まってきており、基本的な性質を変容させてきているということが指摘できる。

　　　　　　　　　　　　　　　　　　　　　　　　（森山2003: 200）

　これらで述べられる"おおまかな"衰退の中でも、前節までに述べたようにオ型謙譲語が用法を拡張させたことは注目に値する。この観点から本節では、はたして謙譲語に"変化"があったのか、あったとしたらどのような"変化"であったのか、謙譲語の"変化"の内実について再検討したい。

5.2 中古語と現代語の謙譲語の対照

5.2.1 補助動詞型謙譲語とオ型謙譲語

　中古語と現代語では、用いられている謙譲語の形式が異なる。オ型謙譲語以前には、動詞に「奉る」「参らす」等の補助動詞を接続する謙譲語形式（以下、補助動詞型謙譲語）がとられていた。中世後期以降に見られるオ型謙譲語は、その構成上で謙譲語の補助動詞が利用されてはいるが、語幹部分をオ型にしていることはそれまでとは全く異なる形態上の特徴を持つといえる。

5.2.2 補助動詞型謙譲語と非意志的動作

　中古語と現代語の謙譲語の用法を対照させた森山（2003）は、用法の相違の1つを以下のように説明している*7。

　（23）平安時代には、主語以外の位置で尊者に言及される場合、一般に広く謙譲語Aが用いられるが、現代語においては、主語と、補語である尊者との間に具体的な働きかけや行為の授受が行われる場合にのみ謙譲語Aが用いられる。

（森山2003: 206）

　前節までで、現代語のオ型謙譲語は"意志的な動作の対象・相手・被影響者（受益者）等が上位者であることを指定する"機能があると述べたが、これは森山（2003）の述べる"具体的な働きかけや行為の授受"と同じように捉えることができると考えられる。

　筆者はここで、中古語と現代語の謙譲語の用法を対照させる上で、意志性の有無に着目したい。現代語の謙譲語使用において、意志性があることは非常に重要な条件である。一方で、中古語の謙譲語はこのようなときのみに使用されるのではなく、上位者が含まれる集合操作 [→（24）]、受身 [→（25）]、非意志的な状態変化の述語 [→（26）] など上位者に関わることであれば、広く用いることができる*8（以下、口語訳は『新編日本古典文学全集』の該当部分の訳を挙げている）。

　（24）a.　中宮、右大ゐ殿より<u>はじめたてまつり</u>て、かしこき御心ばへを見たてまつりつるに、【中宮様や右大臣様を御はじめといたしまして】

（落窪、巻3: 229）

174　Ⅲ　行為拘束表現から

b.　さうぞきはなめきたるを見れば、大ゐ殿に<u>うちつぎた</u>
　　<u>てまつりて</u>はこの君ぞさいはいおはしましける。【左大
　　臣の女君の次にこの四の君が幸福でいらっしゃるなあ】

(落窪, 巻4: 279)

c.　ここにおはする宮すどころ<u>放ちたてまつりて</u>は父母お
　　はする人やおはする。【この邸にいらっしゃる御息所様
　　を除外申しては、両親のおいでになる女性（で、そう
　　いう理想の女性）がいるだろうか。】　　　(落窪, 巻1: 75)

(25) ^[帯刀→あこぎ]「[姫君からの手紙を蔵人の少将に]　[...]　しか召
　　して御鬢かかせ給へるほどに、かうして<u>取られたてまつり</u>
　　<u>ぬ</u>。【こうして *お取られしてしまいました】　(落窪, 巻1: 63)

(26) ^[薫→弁]「いはけなかりしほどに、<u>故院に後れたてまつりて</u>、
　　いみじう悲しきものは世なりけりと思ひ知りにしかば、【幼
　　少の時に故院に先立たれ申して】　　　(源氏, 椎本: ⑤199)

これらはいずれもオ型謙譲語では表現しづらい。

(27)a. *山田先生を<u>おはじめとして</u>、鈴木先生、佐藤先生など
　　　お世話になった先生が多く出席してくださった。[集合
　　　操作]

b. *先生に<u>お先立たれして</u>、とても辛い。[受身*9]

c. *先生の荷物を<u>おなくしして</u>、先生に謝った。[非意志的
　　　動作]

　現代語において非意志的動作にはオ型謙譲語を用いにくいが、中
古語の補助動詞型謙譲語では広く用いることができたと考えられる。

5.2.3　補助動詞型謙譲語の歴史

　このような"具体的な働きかけがない"ときの謙譲語使用は近世
まで保持される。『日本古典文学大系』本文データベース（国文学
研究資料館）によって検索すると、近世にも、"受身＋謙譲語（奉
る）"の承接が見られる。しかし、「奉る」は中世末期には文語とし
て用いられているとされる（辻村 1968）ように、これらの例はい
ずれも文語文（およびそれに近い位相）で用いられており、口語で
一般的に用いられているとは言い難い*10。

第8章　オ型謙譲語の用法の歴史　175

(28)a. 三十三天に薫じ渡らば日月は、両の眼に入代り給ひ、
梵釈二天に手を引かれ奉り、仏の御前にこの度は立ち
別るるとも、藻塩焼く。　　　　　（近松, 五十年忌歌念仏: 152）

b. 彦火火出見尊、鉤を求めて、この国へ来ませしとき、
長女君々は、尊におもはれたてまつり、豊玉姫と召れ
つつ、遂に孕ることありて、

（椿説弓張月, 残篇巻 5: 下, 412）

受身以外でも、(24)–(26) のような具体的な働きかけがない動
詞と接続する例が近世においても見られる。

(29)a. しかるにきのふの戦に新院方打まけたまひて、大殿を
はじめ奉り、居多の郎君も往方なく落うせ給ひしと伝
へ聞、[...]　　　　　（椿説弓張月, 前篇巻 4: 上, 163）

b. 元来必死と思ひ定めたる主従が、今さら命を惜むに足
らねど、敵に当りて志をいたし、武名を後の世に輝す
にもあらで、いたづらに青海原の底に沈み果なん事の
朽惜く、西も東もしり給はぬ、稚君をさへうしなひ奉
らんは、あな痛し、あな心くるしとて、叫べど声もた
たばこそ、磈と輾びて起なほる、[...]」

（椿説弓張月, 続篇巻 1: 上, 434）

このことから、補助動詞型謙譲語は通史的に "補語*11 が上位者
であることを指定する" 機能があると位置づけることができる。

5.3 まとめ　謙譲語の歴史的「変化」の内実

オ型謙譲語の拡張の様相を振り返っておくと、オ型謙譲語は中世
期に「言う」「する」の謙譲語形「申す」「いたす」を語彙的資源と
して文法化してきた。さまざまな主要部に生産的に接続していたの
は「申す」であるが、その原義である「言う」の意味から "相手に
直接的に関わる意志的な動作" に付与されてきたと考えられる
[→ 3.2.2 節]。しかし、集合操作の文脈や、非意志的な動作は上位
者に直接的に関わるものではなく、オ型謙譲語は用いられなかった。
その後受益者を上位者とするときにもオ型謙譲語が用いられるよう
になったが、これは与益表現謙譲語の使用が語用論的に抑制された

ことの影響があったためと考えられる［→4節］。ただし、上位者に利益を与える動作も意志的な動作であることには変わりなく、その点で用法を逸脱するものではなかった。

　補助動詞型謙譲語が近世まで、"補語が上位者であることを指定する"機能があるとすると、謙譲語の用法が制限されてきた（用法が"確実に狭まってき"た）ように見えるのは、オ型謙譲語が成立上、補助動詞型謙譲語とは独立に成立したことに起因するものと考えられる。つまり、先行研究が指摘する謙譲語の（"中古から現代へ"の）"変化"は、時間の経過とともに用法が限定されていくという性質のものでなく、用いられる謙譲語形式として補助動詞型とオ型が交替したこと、また、オ型謙譲語内部で独自に用法の拡張が起こったことによって導かれたものであるといえる［→図8.1］。

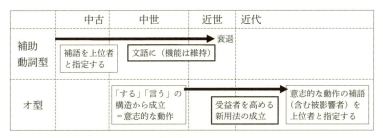

図8.1　補助動詞型謙譲語とオ型謙譲語の関係

6. まとめ

本章では、以下のことを述べた。
1) 現代語のオ型謙譲語には、必須補語を高める用法とともに、副次補語の受益者を高める用法がある。［2節］
2) 中世末で生産的に用いられるオ型謙譲語は「申す」を用いるものであるが、言語行為の相手を高める用法で用いられており、「申す」の原義が維持されている。その後、近世前期では言語行為に限らず意志的な動作の必須補語を高める用法で用いられるようになり、さらに近世後期以降、受益者を高める用法が見られるようになる。［3節］

3) オ型謙譲語に受益者を高める用法が成立したのは、与益表現の運用に関する語用論的制約が変化したためである。近代以降与益表現を用いて上位者に対する利益があることを示すことは丁寧な運用でなくなっている。それにより、上位者が受益者であるときは、利益について指定しないオ型謙譲語の用法が拡張して用いられるようになった。[4節]

4) 古代から見られる補助動詞型謙譲語は、上位者を補語にとる本動詞とは、非意志的なものも含めて広く接続し、近世に衰退するまでその機能を保持し続けている。[5節]

近代以降「てくれる」「てくる」の間接受影用法（山田2004、森2010b）等、受益者（被影響者）を標示する文法形式が成立する。受益者の標示は古代語から近代語への大きな変化と位置づけられる。今後ともこれらの受益者を標示する文法形式がどのように成立してきたか、さらに詳しく考察する必要がある。

＊1 寺村（1982: 84）でも"すべてを「必須」と「副次」に二分することは無理な場合が出てくる"とされる通り、すべての使い分けが話者に共有されるわけではないと思われるが、述語と項の結びつきにはそれぞれに強弱があると指摘した点で必須補語と副次補語の分類は重要である。本書では、必須補語か、副次補語かの認定は基本的に寺村（1982）の記述によっている。

＊2 現代語の「お～する」に受益者（「～のために」）を高める用法が存在することは蒲谷（1992）にも指摘がある。また、鶴田（1986）では上位者の"代行行為"であることがその条件として挙げられているが、これも上位者への利益があることが重要になっている、という点で受益者を高める用法として認められると考えられる（蒲谷1992）。

＊3 「お」は中古においては名詞に接続する用法が基本的な用法であったが、中世に入ると下接語の範囲が拡大する。国田（1977）は『御湯殿上日記』に動詞に接続する例があることを示している。

　　［ i ］［文明16（1484）年7月18日］御てうし御もたせらるる。

（御湯殿上日記、国田1977: 12）

＊4 矢野（1976）等に従い、上方語が反映されているとされる資料を用いた。使用した資料は以下の通り。『穿当珍話』[1756]、『聖遊郭』[1757]、『月花余情』[1757]、『陽台遺編』[1757]、『㛂閣秘言』[1757]、『新月花余情』[1757]、『郭中奇譚（異本）』[1771?]、『風流裸人形』[1780?]、『見脈医術虚辞先生穴

賢』［1781］、『短華蘂葉』［1786］、『北華通情』［1794］、『睟のすじ書』［1794］、
『十界和尚話』［1798］、『三睟一致うかれ草紙』［1797］、『南遊記』［1800］、
『当世嘘の川』［1804］、『滑稽粋言竊潜妻』［1804］、『当世粋の曙』［1820］、
『河東方言箱枕』［1822］、『北川蜆殻』［1827］

＊5　西岡（2011）によれば、南琉球八重山・竹富島方言には、「申し上げる」
を原義とする謙譲語A形式「ッシャルリン」があるが、それらは前接語に"発
言的内容を含むという文脈のもとで初めて使用可となる（同：60）"という。こ
のことからは中世末期のオ型謙譲語「お～申す」と通じる運用がなされていた
可能性が示唆される。

＊6　ただし、接続語の補語に上位者が想定できないときのオ型謙譲語の例は近
世後期から見られるが、申し出表現における与益表現の待遇価値が下がってい
るのは明治期に入ってからである。変化の時期が一致しない点は問題であるが、
（17）の『東海道中膝栗毛』は町人から侍への例であり、特に丁寧さの求めら
れる場面と考えられる。このような場面では「聞き手への利益を示してはいけ
ない」という語用論的制約が先行して適用されていた可能性がある。これにつ
いては他の文献も含めて今後さらに調査を進めたい。

＊7　その他にも、①主語が上位で、補語が下位となる場合、②主語と補語の間
に敬譲関係がない場合、③敬譲関係に反する行為である場合の3点を挙げてい
る。①、②の差異も謙譲語の形態がオ型と補助動詞型で異なっていることに起
因する可能性がある。③について、森山（2003）によれば、現代語では、話し
手が認める敬譲関係に反する行為では謙譲語Aを用いることができない。しか
し、中古語ではそのような表現にも謙譲語を用いている。しかし、現代の実例
を見ると、敬譲関係に反しているように見える語にも、謙譲語が用いられるこ
とがある（「総理だけおいじめして申し訳ありませんが、」国会会議録、昭和63
年12月20日、喜屋武眞榮氏）。このことから、敬譲関係に反するような語彙
が言いにくいのは、敬譲関係に反するようなことを言うときにそもそも敬語を
用いないという、スタイル上の要因によるもので、統語論・構文論的性質から
くるものではないと考える。

＊8　森山（1990）では、この他にも「（上位者を～に）預け奉る」「（上位者を
～と）思ひ奉る」「（上位者のことを）聞き奉る」「（上位者を～に／～を上位者
に）す」「（上位者に）似奉る」「（上位者を）持ち奉る」「（上位者を）拝み奉
る」「（上位者を）思ひ出で聞こゆ」「（上位者を～と）思ひ聞こゆ」を挙げる。

＊9　ただし、その承接が全くないわけではない。近年でも三島由紀夫『宴のあ
と』には以下の例が見られる。

　　［ii］　それから、この間あなたにお頼まれした労組の宴会ね［...］

　　　　　　　　　　　　　　　　　　　　　　　（宴のあと、森山1989：5）

＊10　『日本古典文学大系』のデータを調査した。その結果受身「（ら）る」と
「奉る」の承接は『椿説弓張月』に3例、近松時代物浄瑠璃に2例、近松世話物
浄瑠璃に1例見られ、文語に偏っていることがわかる。なお、"申す"がオ型語
幹と接続しないときは、謙譲語Bの用法で用いていると考えられるため、調査
対象としなかった。ただし、「申す」は「晴れる」「ある」のように前接動詞に
自動詞（または、動作の相手に人物を想定できない動詞）を持つことがあり、
謙譲語B（対者敬語）に分類される。

＊11　補助動詞型謙譲語が高めることのできる補語の範囲は基本的に必須補語であると考えるが、中には自動詞に接続している表現もある。また受身は結合価を減らし、自動詞を派生させる操作であると考えられることもあるが（柴谷2000）、受身「（ら）る」に補助動詞型謙譲語が接続した例は一定数見られる。このことから補助動詞型謙譲語の高めることのできる補語の範囲は厳密には必須補語に限られない可能性があるが、このことは今後さらに観察を積み重ねて明らかにしたい。

第9章

前置き表現の歴史的変遷
国会会議録を対象として

1. はじめに

　現代社会のコミュニケーション上、敬語や授受表現の適切な使用は重要なものである。本章では"前置き"という発話行為を通して、戦後における敬語と授受表現の運用、およびその変化の関連性を捉えていきたい。

　現代において、大勢の聴衆の前でのプレゼンテーションなど公式の場で、（1）のように話し手自身が発話後に行う事柄について言及する"前置き表現"を用いることがある。

（1）a.　［講演の冒頭で］今日は日本語の歴史についてお話しいたします。

　　　b.　［講演の冒頭で］今日は日本語の歴史についてお話しさせていただきます。

　このような発話は、現代の講演・発表における一定の型として存在しており、（1）のような前置き表現がなく話が始まると、唐突な印象を受ける。このような前置き表現では（1b）のように「させていただく」が使用されることがあり、規範的でないと問題視されることもある。このような場面で、敬語や授受表現、特に「させていただく」等、話し手への利益があることを示す受益表現の運用には変化があったのだろうか。あったとすれば、どのような変化だったのだろうか。

　日本語の敬語の運用には戦後に限ってもさまざまな変化があったことが知られているが、その研究は、研究者の観察によって述べられたもの、あるいはアンケート調査に基づくものが多く、運用実態としてどのような変化があったかを捉える視点は未だ不十分なように思われる。

181

本章では前置き表現に用いられる敬語・受益表現について調査することで、日本語の受益表現と敬語体系の変化、およびその関わりについて調査を行っていきたい。前述の「させていただく」の伸長は戦後のことであるので（井上 1999）、本章では国会会議録を用いてその変化を観察する。

本章の構成は以下の通り。2 節ではデータとして用いる国会会議録の資料性に触れるとともに、本調査の概要を述べる。3 節ではデータを観察し、大局的な変化について述べる。4 節では敬語運用・受益表現の変化とその解釈・要因について述べる。最後の 5 節はまとめである。

2. 調査の枠組み

2.1 調査の枠組み

本章では、「国会会議録検索システム」からテキストを取得し、調査を行った。近年、国会会議録を用いた日本語研究には松田（2008）等の研究があり、言語研究のためのツールとしての有用性も示されている。

国会会議録を用いる利点として、その口語性が挙げられる。実際に発せられた言葉がほぼそのままの形で記録されている点は大きな魅力である。また、戦前の帝国議会も含めれば 1890 年代から 100 年以上の蓄積があり、本会議・委員会といった形態の異なる会議があるという点を含めて、言語量が豊富であることも利点である。さらに、議会での発言は公的な場での発言であり、言語規範に則った発言が求められるため、敬語も表れやすい。このように国会会議録は、標準語における敬語運用の実態に迫りうる資料である。

ただし、松田（2008）に示されるように、国会会議録は談話のすべてをそのまま写したものではない。また、OCR 読み取りにおける誤字・脱字や、外字処理、整文の過程での錯誤などといった問題が存在する。また標準語の反映と考えるにしても、話者は中年層以上が多く、女性より男性の発話量が多い。このような点には注意が必要である。

2.2　調査の概要

2.2.1　範囲

　調査対象は、1951年から2011年までの期間で、5年おきに、2月1日から15日までに開かれた予算委員会を抽出した（会議の開催日数はそれぞれの年で異なっている）。委員会に限定したのは、本会議よりも対話に近い形式で行われていると考えたためである。また、予算委員会に限定したのは、通時的調査のため、同時期に恒常的に開かれている会を対象としたかったためである。

2.2.2　調査する表現

　前置き表現には個々の文脈に応じてさまざまなタイプのものが存在する。しかし、敬語や受益表現使用の歴史を追究するためには、条件がなるべく一定になるよう発話場面を揃える必要がある。本発表では、質問の前置きとなる表現に着目し、対象とする用例の条件を（2）の通りとした。

- (2) a.　一人称主語：話し手が行う動作について事前に言及する文のため、一人称主語の文を集める。主語が明示されているかどうかは問題としない。

  b.　非過去、完成相、肯定：発話後に開始される動作について述べるものであるため、非過去・完成相の形式に限定する。意志形や「と思う」等、他のモダリティに関わる形式の有無は問題としない。

  c.　発話行為動詞：発話行為動詞は「質問する」「聞く」「尋ねる」に限定する＊1。

  d.　主節、および主節に準じる従属節：（3）参照。

  e.　談話における位置：（4）参照。

　(2d) について、発話行為を認定する単位としては、熊谷（1997）や熊谷・篠崎（2006）などのように句単位で認める方法もある。しかし、国会会議録では一人の発話がかなり長い単位で行われることから、基本的に文単位で発話行為を果たすものとして抽出した。ただし、口語では文が明確に終止することは文章語に比べて少なく、純粋に主節に限ると用例が限定される。そのため、C類

（南1974）のうち丁寧語が示されやすい「が」「けれども」節は独立した1つの発話として扱う。例えば（3）の下線部は後の文とは独立した前置きの用例として数を集計している。

（3）委員長にお尋ねしますが、［前置き］
　　　総理は十分前に何か御用事でお帰りになるというのでありますが、それはほんとうでありますか。［質問］

（1951/2/2, 小林進＊2）

（2e）談話の位置による認定について、当該の発話が、談話のどの位置にあるかも重要である。（4）の発話において、談話構造上最も重要な部分は、波線部の質問にあると考えられるが、その前に対象とする前置き表現が見られる。本章では質問部分に先行するものを前置き表現として採る。点線部のように質問部分の後に発話行為動詞が表れることもあるが、これについては発言を終了するための型に沿った発言として、前置きとは認めない。

（4）それで、きょうは関係大臣に来ていただいておりまして、まず、対ロシア外交についてお聞きをしたいと思います。前原大臣が、きょうからロシアを訪問されて、あす以降、ラブロフ外相初め向こうの要人と会談をされるというようにお聞きしております。［中略］ロシアへ訪問されて、政治生命をかけると言われたこの北方領土返還にかける取り組みに対する覚悟と、今回、訪ロの目的というのは何なのかということを、まず外務大臣にお尋ねをしておきたいと思います。

（2011/2/10, 佐藤茂樹）

3. 前置き表現の変化

3.1 敬語要素の認定と組み合わせ

3.1.1 敬語の分類

まず、前置き表現で用いられる敬語・受益表現の分類を述べておく。敬語の分類は基本的に菊地（1994）に従う。敬語の要素は（5）の通り分類する。

（5）a.　オ語幹：敬語接頭辞オとオに後接する動詞連用形・動

184　　III　行為拘束表現から

名詞を合わせた部分。以下の例の下線部を指す。例：「お尋ねします」「御質問申し上げます」

b. 謙譲語A：「申し上げる」。例：「お尋ね申し上げます」*3

c. 謙譲語B：「いたす」「申す」「参る」。例：「お尋ねいたします」「お尋ねして参ります」

d. 受益表現：「〜ていただく」「〜てもらう」。「いただく」は謙譲語Aと受益表現の機能を併せ持つ表現と考える。

e. 丁寧語：「ます」「です」。

3.1.2 要素の組み合わせ

　これらの要素は単独で用いられることもあるが、組み合わせて用いられることが多い。次に、調査範囲で使用されている敬語要素の組み合わせを確認する。本データに表れた敬語カテゴリーの組み合わせをすべてリストアップすると、(6) ①–⑪の通りである。一般に待遇的要素の数が多いほど、丁寧な表現と認識されやすいことを踏まえ、使われている敬語・受益表現カテゴリーの少ないものから多いものへ並べた。

(6) ① 敬語使用なし（以下「①なし」）：
　　　独立国として必要最小限の防衛力というのは何と言われると、今つくったものが必要最小限だと。それは問いをもって問いに答えるに等しいのであって、私は、総理、一つ<u>聞きたい</u>。邦人救出について昨年言及をされた。国はどこでもいいですよ。[...]

(2011/2/1, 石破茂)

② オ語幹（以下「②オ」）：
　　　池田大蔵大臣に<u>お聞きしたい</u>のだが、この終戦処理費の算定については、日本政府が関係方面の要求に対して自由に裁定し、検討し得る権能があるかどうか、お聞きしたい。

(1951/2/5, 林百郎)

③ 丁寧語（以下「③丁」）：
　　　相当部分が実行できていると言いますが、今質問した

のは全部実行できていないじゃないですか。では、今度は三番目のお約束の件を<u>聞きます</u>。最低保障年金七万円、出すんですね。 (2011/2/8, 棚橋泰文)

④ オ語幹＋丁寧語（以下「④オ＋丁」）:
では、改めて<u>お尋ねしましょう</u>。与謝野大臣は、このような形で顧問におられる方が、銀行業務の申請の、金融庁との交渉にかかわる業務をされることを今後も認めていかれますか。 (2006/2/14, 馬淵澄夫)

⑤ オ語幹＋謙譲語 B（以下「⑤オ＋B」）:
最後に一点<u>お尋ねをいたして</u>おきたい。また厚生大臣の考えをぜひとも固めておいてもらいたい問題は、社会保障制度の勧告が出ましたときに、[...]
(1951/2/3, 川崎秀二)

⑥ 受益表現＋丁寧語（以下「⑥受益＋丁」）:
やはり制度的な欠陥をこの医療体系、医療行政あるいは医療税制に認めざるを得ない立場から、若干の<u>質問をさせてもらいたい</u>と思います。御承知のとおり、いわゆる乱診乱療も大きな問題でございますけれども、[...]
(1971/2/2, 岡沢完治)

⑦ 謙譲語 B＋丁寧語（以下「⑦B＋丁」）:
私は、きょうはきわめてじみな<u>質問をいたします</u>。一つは、開発行政といいますか、開発政策、これはいよいよいままでのいき方ではなくして、この際ひとつ思い切って転換すべきではないか、こういった点が一つであります。 (1971/2/2, 阪上安太郎)

⑧ オ語幹＋謙譲語 A＋丁寧語（以下「⑧オ＋A＋丁」）:
具体の質問として、文部科学大臣に<u>お尋ねを申し上げたいと存じます</u>。まず、最近の地方分権論議をめぐって、教育は地方自治体に任せればいいという一部の考え方があるわけであります。 (2006/2/9, 土屋正忠)

⑨ オ語幹＋謙譲語 B＋丁寧語（以下「⑨オ＋B＋丁」）:
与謝野大臣、<u>お聞きいたします</u>。この民主党の、政府

資産を毎年売って、また、埋蔵金を見つけて毎年五兆円を出し続ける、これから永遠にという意味ですよ。こういうようなマニフェストは、実際問題、可能だというふうに思われますか。　　　　　　　　　（2011/2/3, 田村憲久）

⑩　謙譲語Ａ＋受益表現＋丁寧語（以下「⑩Ａ＋受益＋丁」）：

そこで、きょう、私の時間は、経済政策を中心に総理と関係大臣に<u>質問をさせていただきます</u>。総理は、たびたび今は第三の開国だということをおっしゃいますよね。　　　　　　　　　　　　　　　（2011/2/1, 甘利明）

⑪　オ語幹＋謙譲語Ａ＋受益表現＋丁寧語（以下「⑪オ＋Ａ＋受益＋丁」）：

この新燃岳の噴火の問題、そしてまた鳥インフルエンザの問題、それから口蹄疫の問題を中心にきょうは<u>御質問をさせていただきたい</u>と思っております。まず、新燃岳の噴火の関係でございます。

　　　　　　　　　　　　　　　　　　　　　（2011/2/15, 川村秀三郎）

3.2　各形式の用例数

まず表9.1に、その年における各形式の用例数（上段）と使用の割合（下段）を示した。以下、3.2.1節では、敬語カテゴリーに着目してそれぞれの使用の推移を考察し、3.2.2節では、敬語の組み合わせに着目してそれぞれの表現の推移を考察することにする。

3.2.1　使用される敬語カテゴリー

まず、敬語カテゴリーごとの使用の推移をまとめたグラフを図9.1に示す＊4。

国会では丁寧体が基調であることを反映して、丁寧語は通時的によく用いられている。若干の不使用例があるが、「聞く」「質問する」のように動詞基本形で文が終わる例はほとんどない。表9.2に示すように、助動詞「たい」で終わる例［→（7a）］が多く、他に「せざるを得ない」［→（7b）］が承接する例もある。

表9.1 使用される敬語カテゴリーの組み合わせ

オ-A-受-B-丁	S26(1951)	S31(1956)	S36(1961)	S41(1966)	S46(1971)	S51(1976)	S56(1981)	S61(1986)	H3(1991)	H8(1996)	H13(2001)	H18(2006)	H23(2011)
① ×-×-×-×-× 例：尋ねる	1 0.8%	0 0.0%	0 0.0%	3 2.0%	2 1.0%	3 2.1%	1 0.9%	0 0.0%	3 1.6%	1 0.6%	0 0.0%	1 0.6%	5 2.6%
② オ-×-×-×-× 例：お尋ねする	5 4.0%	5 2.5%	1 0.7%	6 4.1%	3 1.5%	5 3.5%	3 2.7%	0 0.0%	0 0.0%	1 0.6%	1 0.8%	2 1.2%	2 1.0%
③ ×-×-×-×-丁 例：尋ねます	23 18.5%	12 5.9%	9 6.7%	12 8.1%	11 5.5%	32 22.4%	15 13.4%	22 16.2%	28 15.2%	32 17.9%	22 17.3%	25 13.8%	40 20.6%
④ オ-×-×-×-丁 例：お尋ねします	45 36.3%	109 54.0%	55 40.7%	50 33.8%	104 52.3%	53 37.1%	54 48.2%	70 51.5%	96 52.2%	74 41.3%	55 43.3%	79 47.3%	98 50.5%
⑤ オ-×-×-B-× 例：お尋ねいたす	2 1.6%	5 2.5%	2 1.5%	0 0.0%	0 0.0%	0 0.0%	0 0.0%	0 0.0%	0 0.0%	1 0.6%	0 0.0%	0 0.0%	0 0.0%
⑥ ×-×-×-×-× 例：尋ねさせてもらいます	0 0.0%	0 0.0%	0 0.0%	0 0.0%	1 0.5%	0 0.0%	0 0.0%	0 0.0%	0 0.0%	0 0.0%	0 0.0%	1 0.6%	1 0.5%
⑦ ×-×-×-B-丁 例：質問いたします	13 10.5%	3 1.5%	4 3.0%	21 14.2%	9 4.5%	4 2.8%	10 8.9%	8 5.9%	16 8.7%	9 5.0%	5 3.9%	7 4.2%	8 4.1%
⑧ オ-A-×-×-丁 例：お尋ね申し上げます	14 11.3%	6 3.0%	0 0.0%	1 0.7%	2 1.0%	2 1.4%	3 2.7%	2 1.5%	3 1.6%	4 2.2%	0 0.0%	5 3.0%	1 0.5%
⑨ オ-×-×-B-丁 例：お尋ねいたします	21 16.9%	62 30.7%	64 47.4%	54 36.5%	66 33.2%	41 28.7%	24 21.4%	22 16.2%	32 17.4%	37 20.7%	11 8.7%	23 13.8%	11 5.7%
⑩ ×-A-受-×-丁 例：尋ねさせていただきます	0 0.0%	0 0.0%	0 0.0%	1 0.7%	1 0.5%	2 1.4%	1 0.9%	6 4.4%	4 2.2%	12 6.7%	25 19.7%	20 12.0%	21 10.8%
⑪ オ-A-受-×-丁 例：お尋ねさせていただきます	0 0.0%	0 0.0%	0 0.0%	0 0.0%	0 0.0%	1 0.7%	1 0.9%	6 4.4%	2 1.1%	8 4.5%	8 6.3%	6 3.6%	7 3.6%
	124	202	135	148	199	143	112	136	184	179	127	167	194

凡例＝オ：オ語幹、A：謙譲語A、受：受益表現、B：謙譲語B、丁：丁寧語。

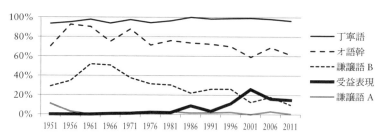

図9.1 使用される敬語カテゴリー

表9.2 丁寧語不使用例の句末形式

節タイプ	動詞の形態	S26(1951)	S31(1956)	S36(1961)	S41(1966)	S46(1971)	S51(1976)	S56(1981)	S61(1986)	H3(1991)	H8(1996)	H13(2001)	H18(2006)	H23(2011)
主節末	基本形			1	1	1								
	と思う		1		1									
	せざるを得ない				1									
	たい	3	7	2	5	3	5	3		3	2	1	2	7
ガ節	基本形					2								
	たい	5	1			1	2		1			1		
ケレドモ節	基本形		1		1									

188　III　行為拘束表現から

(7) a. 次に、三十五人学級で<u>聞きたい</u>。小中学校の少人数学
級ですけれども、国は、一九八〇年から、それまでの
四十五人学級から四十人学級に移行したわけですけれ
ども、[...]　　　　　　　　　　　　　　　（2011/2/4, 宮本岳志）

b. 参議院における前副議長重政氏の秘書がピストルを密
売した、治外法権的な場所においてピストルを密売し
たということで、これは非常に国民から糾弾をされた
ことは総理御承知のとおり。ところが、また私は、遺
憾なことに、ここで二月三日の朝日新聞の記事を実は
<u>持ち出してお尋ねせざるを得ない</u>。これは、あなたが
任命した閣僚の中に該当する人があるとすれば、その
閣僚の方には、個人的にはまことにお気の毒なことで
ありまするけれども、[...]　　　　　　　（1966/2/8, 野原覺）

基本形で終わる表現は1961年・1966年・1976年にそれぞれ1
例ずつ見られるのみだった。

(8) a. 清潔な政治とは清潔な選挙でなければならぬ、このこ
とは総理もお認めであります。そこで私はあえて<u>お尋
ねをいたす</u>。政治の姿勢を正すために清潔な政治とい
うことを身をもって国民に範を示すためにあえてお尋
ねをいたしますが、閣僚の中に昭和三十三年の選挙、
昭和三十五年の選挙で選挙違反に問われておる──
[...]　　　　　　　　　　　　　　　　　　（1966/2/10, 野原覺）

b. 外務大臣に<u>聞く</u>。外務省には資料がないのです。私が
要求したけれども出さないのだから。数字じゃないの
です。<u>どのような制限を加えてきておるかと聞いておる</u>。
数字を聞いておるのじゃない。そんなことがわからぬ
で三月に行なわれる会議に出られますか、あなたは。

　　　　　　　　　　　　　　　　　　　（1966/2/10, 加藤清二）

c. 福田国家公安委員長に<u>お尋ねする</u>。それで先ほどの御
答弁だと、真相がだんだん出てくるある一定段階に来
たときにと、こういうように言われておるわけであり
ます。けさの段階においては刑事局長に、まあ内々で

調査だか、調べておけ、それは捜査に踏み切ったとい
　う意味とは違う、こういうように言われておるわけで
　す。そうすると、一定段階とは一体どういう時期に
　なったならばこれは真剣に捜査をするようになるか。
　その一定段階とは何ぞや。　　　　　　（1976/2/6,小沢貞孝）

　（8b）については、波線部を質問と認めて前置き表現と解釈して
おいたが、同一人物の引用部の前の発言には（9）のようなものも
ある。（8b）の下線部も（9）と同様、質問の発話行為を意図して
いたと見ることもできる。

（9）a.　オーバーローンが解消できない時期に二兆円も消化さ
　　　　　れなければならない。そうしたら、どこへどうなるか。
　　　　　過去の例を申し上げましょう。コール市場が三銭の余
　　　　　の金利になって、ここで資金量を求める競争が行なわ
　　　　　れた。そのときにどういうことが行なわれたか。蔵相
　　　　　に聞く。［福田赳夫大蔵大臣の発言に移る］

　　　　　　　　　　　　　　　　　　　（1966/2/10,加藤清二）

　　　b.　いいかげんなことを言ってはいかぬ。アメリカが日本
　　　　　の輸出品に対してどのような制限と注文とクレームを
　　　　　つけてきているか、外務大臣。―外務大臣に聞く。［椎
　　　　　名悦三郎外務大臣の発言に移る］　（1966/2/10,加藤清二）

　「たい」や「ない」（「せざるを得ない」）のような形容詞型活用の
助動詞に丁寧語を承接させる方法は、動詞・名詞に比して定まって
いない。例えば「聞きとうございます」のように「ございます」を
付すことはありうるが、「ございます」の使用は少なくなっている
とされる（宮地1971b）。あるいは「聞きたいです」のように「で
す」を付加する方法があるが、「形容詞＋です」が"熟さない"と
する意識も見られる（鳥飼2004）。今回のデータの範囲で丁寧語が
使用されていない例は、何らかの表現効果を意図しているというよ
り*5、敬語の承接上の要因から丁寧語を付すことを避けたと捉え
ておくほうが穏当のように思われる。

　その他の敬語使用について、丁寧語の次に多いのはオ語幹でほぼ
横ばいである。ただし、1961・1971年のような最も多かった時期

190　　Ⅲ　行為拘束表現から

に比べると、敬語の使用は減少しているようにも見える。

謙譲語Bは1966年頃までは50%近くの高い率を保っていたものの、そこからは減少傾向にある。謙譲語Aは1951年にはある程度の用例数があるが、その後はそれほど多くない。受益表現は1991年以降2001年にかけて上昇する。しかしその後も一方的に上昇するわけではなく、むしろその伸びは抑えられているように見える。

3.2.2 使用される組み合わせの変化

次に組み合わせについて見ていくことにする。期間中に比較的多くの用例が見られる「③丁」「④オ＋丁」「⑨オ＋B＋丁」「⑩A＋受益＋丁」「⑪オ＋A＋受益＋丁」の推移を図9.2に示す。また、この変遷を模式的に示すと、表9.3のようになる。

すべての時代を通して「④オ＋丁」は通時的によく用いられている。時代ごとに見ていくと、1950年代には「④オ＋丁」以外にも「③丁」「⑦B＋丁」「⑧オ＋A＋丁」「⑨オ＋B＋丁」などの形式に10〜20%程度の用例数があり、使用者の選択に幅がある。その後1960年代は「④オ＋丁」「⑨オ＋B＋丁」が並んで多く用いられている。しかし、1970年代以降「⑨オ＋B＋丁」は減少傾向にある。また、「③丁」は1976年以降用例が増加し、ほぼ横ばいで推移する。さらに、およそ1990年代より、受益表現を用いた「⑩A＋受益＋丁」「⑪オ＋A＋受益＋丁」の用例数が増加する。

全体的な傾向としては、敬語使用のバリエーションが少なくなっ

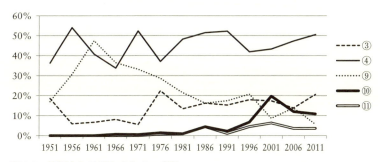

図9.2 使用される組み合わせの変化

表 9.3　前置き表現に用いられる表現の変遷

	1950 年代	1960 年代	1970 年代–1990 年代	2000 年代
30% 超	④オ＋丁	④オ＋丁 ⑨オ＋B＋丁	④オ＋丁	④オ＋丁
10–20% 程度	⑨オ＋B＋丁 ③丁 ⑦B＋丁 ⑧オ＋A＋丁	—	⑨オ＋B＋丁 ③丁	③丁 ⑩A＋受益＋丁 ⑨オ＋B＋丁

てきたことや表現形式が単純化してきたこと、また、受益表現の使用の伸長が見て取れる。以下、敬語運用の変化について 4.1 節、受益表現の使用について 4.2 節にて述べる。

4. 変化の解釈と要因

4.1　敬語運用の変化

使用される敬語のバリエーションに着目すると、1951 年においては「③丁」「④オ＋丁」「⑦B＋丁」「⑧オ＋A＋丁」「⑨オ＋B＋丁」と 5 つの表現が 10% 以上の割合となっており、一定数の用例があった。しかし、2011 年において 10% を越える用例は「③丁」「④オ＋丁」「⑩A＋受益＋丁」のみである。オ語幹にさらに謙譲語A・謙譲語B形式を付加する「⑧オ＋A＋丁」「⑨オ＋B＋丁」が減少し、用例数が多いものを見ても「③丁」「④オ＋丁」が残っているところから、全体的に敬語の組み合わせは単純なものに収斂していく、という傾向が捉えられる。

このことは大石（1983）で示されているような“敬語の簡素化”、あるいは“丁寧語優勢”と軌を一にするように思われる。大石（1983）は現代の敬語について、上位者の動作に対して尊敬語を用いず、丁寧語だけで待遇するようになったことを挙げる＊6。本章で取り扱った前置き場面はすべて補語が聞き手であり、聞き手に対して素材敬語で待遇することのできる語であるが、丁寧語・オ語幹・受益表現以外の形式は用いにくくなっている。全体的にあまり

要素を付加せず、単純な組み合わせの敬語形式を用いる傾向にあるといえる。

ただ、単純に敬語の不使用に向かうのではなく、オ語幹自体の使用は依然として多く、素材敬語としての謙譲語を保とうとする意識はあると考えられる。これは、敬語の簡素化の1つとして謙譲語の衰退が言われるのとは少し異なる傾向である。これには、対象とした前置き場面が、必ず聞き手が発話場に存在するものであること、また、国会という公式な場であることが影響していることも影響があると思われる。

4.2 受益表現の変化

近年「させていただく」の増加が注目されているが、今回の国会会議録の調査においてもその増加は見られた。「⑩ A ＋ 受益 ＋ 丁」「⑪オ ＋ A ＋ 受益 ＋ 丁」は1996年から2001年の間に著しく増加した。

井上（1999）によれば、「させていただく」は1950年代に関西から東京に入ってきた。茜（2002）によれば、「させていただく」に関する批判的な論調もその1950年代頃から見られる。このことから、日常の話し言葉ではすでにその頃から使用量が増えていたと想定される。本章のデータによれば、国会で「させていただく」の使用量が増えるのはこの時期よりも少し遅れていることになる。

「させていただく」の増加は、本来許可を得て「させていただく」ことを示す形式が、本章の前置きのように許可が不要の場面にも拡張して用いられるようになった結果であり（菊地1997）、受益表現が事態の性質に関わらず一般的に丁寧さを表すという機能を拡張させたことを示している。筆者は行為指示表現（本書第5章）・申し出表現（本書第7章）の調査を通し、おおよそ近代以降受益表現の運用に関する制約が強化されたことを述べた。本章の結果はこれらよりさらに進んで受益表現が発話自体にかかわらず丁寧な表現とみなされ、聞き手に配慮する1つの形式として敬語と同様に運用に組み込むようになったという1つの事例である。

ただし、2000年代以降、「させていただく」の増加はむしろ抑え

られているように見える。このことには、1990年代以降には、公的な文書・調査等にも取り上げられることが多くなったことも影響していると考えられる。例えば、「さ入れ言葉」としての容認度を問うものではあるが、文化庁「国語に関する世論調査」で、1996（平成8）年度、2007（平成19）年度、2013（平成25）年度と継続的に「させていただく」が取り上げられている。また2007年度に出た文化庁の「敬語の指針」でも、その使い方に関しての注記が掲載されている。これらのことから「させていただく」は人々の意識にのぼる機会が多くなったと見られ、逆に国会のような公式の場で言葉の規範意識が働きやすい場面では、「させていただく」の使いすぎに対する抑制が働いたと考えられる。

　なお、国会会議録のデータを見ると、「させていただく」の伸長よりも早く敬語の簡素化の流れが始まっているように見える。謙譲語Bや謙譲語Aが少なくなってきたことによって、「させていただく」を運用しやすくする余地が作られたように見える*7。

5．まとめ

この章で述べたことは以下の通りである。

1) 国会会議録の前置き表現を調査すると①敬語の組み合わせが単純なものに収斂する傾向にある、②1990年代以降「させていただく」が増加するという2点が認められる。［3.2.2節］

2) ①については先行研究で指摘される敬語の簡素化の流れに沿っていると考えられる。ただし、単純に敬語使用をとりやめるのではなく、丁寧語はほぼ義務的に使用され、表現効果を意図して不使用にする例はほとんど認められない。また、オ語幹の部分は残りやすく、オ＋動詞に後続する謙譲語A・謙譲語B形式から先に使用されなくなっている。［4.1節］

3) ②について、1990年以降「させていただく」の使用が増加する。この形式は1950年代に東京に入ったとされており、国会での使用が増加したのは話し言葉での使用の増加よりも

194　　III　行為拘束表現から

遅かったと考えられる。また、2000年代以降の使用の増加は認められず、「させていただく」の使用の増加はむしろ抑制されている。[4.2節]

　本章では国会という位相での変化について述べたが、一般の話し言葉についてどうであったかについては、さらに別の資料での検討が必要になる。本章の結果は規範意識が働く中で、言語が新しい敬語形式をどのように取り入れていくかという、1つの言語変化の形を示しているものと考えられる。

＊1　その他にも謙譲語Ａの動詞「うかがう」が用いられることがあるが、今回は接辞的な敬語（一般形、菊地1994）の運用に絞って考察した。

＊2　用例には発言者を敬称略で示す。原文の改行は基本的に削除した。[…]はそれ以後の発言を省略したことを示す。

＊3　「先生へのご連絡」のように、オ語幹のみでも補語の人物を高めるという謙譲語Ａの機能は果たされるが、ここでは動詞・動名詞に下接するもののみに限定する。

＊4　丁寧語は③④⑥⑦⑧⑨⑩⑪、オ語幹は②④⑤⑧⑨⑪、謙譲語Ｂは⑤⑦⑨、受益表現は⑥⑩⑪、謙譲語Ａは⑧⑩⑪の累計で算出した。

＊5　丁寧体の談話・文章中で丁寧語が用いられなかった際の表現効果については、宇佐美（1995）、野田（2003）等で述べられている。

＊6　大石（1983）は"簡素化ということが現代敬語における著しい一つの状況として指摘される"と述べ、その例として、皇室に対する敬語の変化が簡素なものになったこと、家庭内の敬語が微弱なものになったこと、書き言葉・話し言葉上の脱待遇表現化などを挙げる。

＊7　ただし、当時の話し言葉においては、国会よりも頻度高く「させていただく」が用いられていた可能性もあるので、両者の因果関係についてはさらに検討の必要がある。

第10章

授受表現と敬語の相互関係の歴史

1. はじめに

　本章では、これまでに述べてきた言語変化についてまとめ、日本語の授受表現の歴史について改めて考える。本書の冒頭に現代語の授受表現の語彙的特徴、および語用論的特徴を述べた。(1) に改めて述べる。

(1) a. **語彙的特徴**：日本語の授受表現における最も重要な特徴は「くれる」の存在である［第2章2.2.5節］。「やる」／「もらう」の対立はヴォイスとしての対立であって、類型論的にも多くの言語が持っている対立である。しかし、話し手への授与を示す「くれる」については、同様の語彙が他の言語に見られず、また、日本語の歴史上も中世以降に成立したものである。

b. **語用論的特徴**：現代では、丁寧な発話を行うためには受益表現・与益表現の運用が重要である。特に、上位者への行為指示表現等、受益表現を用いることが必須になる状況がある。さらに、与益表現では聞き手に対する利益があるときでも与益表現を用いてはいけないときがある。

　さて、このような日本語の授受表現の特徴は、中世から現代にかけて成立したものである。本章ではまず2節で、授受表現に起きた変化について考え、2.1節では体系的特徴の歴史、2.2節では語用論的特徴の歴史について述べる。3節では授受表現の歴史と敬語との相互関係について考え、また、社会変化との関連についても併せて考える。

197

2. 授受表現に起きた変化

2.1 体系的特徴の歴史

　日本語の授受動詞体系で特筆すべきことは、類型論的に稀な存在である「くれる」が成立したことである。「くれる」は元来、上位者から下位者への授与を意味していたが、中世以降、「くれる」は擬似的な上下関係、つまり、授与の与え手を上位者とし、話し手を下位者とする運用として利用されるようになった。この結果、「くれる」には話し手を補語におくという視点制約が形成された［→第3章］。

　この「くれる」の存在は語彙的な特徴づけとしてのみではなく、受益者（被影響者）に関わる文法に変化を引き起こしたという点でも影響が大きかったといえる。まず、中世に受益表現「てくれる」が成立し［→第3章］、さらに近世に入ると「てくる」方向づけ用法が成立した［→第4章］。これにより、日本語に受益者、あるいは被影響者を必須補語として動作の方向を表す形式が形成された。これらの形式により、話し手に向かう動作の方向性が必ず示されるようになっている。また、謙譲語の運用においても、近世後期以降の新しい用法として、受益者を高める用法が成立している［→第8章］。

　このようにして成立した文法形式には、日本語の特徴といえる現象も存在する。授与動詞から受益表現を形成することは他の言語にも見られるが、受益表現においても「やる」「くれる」のような区別を持つ言語は他に見られない（山田2004）。日本語のウチ／ソトの区分は、広い意味での人称に関する現象として捉えられる可能性もあり、例えば、「てくる」方向づけ用法を逆行構文として位置づける論もあるが（古賀2008）、一方で他の言語の逆行構文のように純粋な人称の反映ではない（澤田2009b）。

　「くれる」の中古語における意味は、"上位者から下位者への授与"という上下関係が関わる意味であった。この上下関係の意味が敬語の変化に同調する形で、話し手を下位者におき、話し手への方向性を専用に表すようになったことにより、「くれる」に視点制約が

形成され、現代語のような授受表現の体系的特徴が形成されている。

2.2 語用論的特徴の歴史

現代日本語の授受表現は、第2章で述べたように、"自己への利益を最大限に""他者への利益を最小限に"という運用が行われている。しかし、このような運用は近代以降に成立したものであることが明らかになった。

例えば、上位者への行為指示場面を確認すると、近世までは受益表現の使用が必須でなかったが、近代に入ると、話し手利益の依頼で受益表現が必須となった。その後現代では、聞き手利益の勧めで受益表現の使用が必須となる［→第5章］。つまり、"自己への利益を最大限に"する運用が行われるようになったと考えられる。

一方このような受益表現の運用が行われるようになったことにより、与益表現の運用にも変化が見られた。上位者への申し出表現を確認すると、与益表現は近世において、上位者に対しても用いることができるほど待遇価値が高かったが、近代以降上位者には用いられない。つまり、"他者（聞き手）への利益を最小限に"する運用が行われるようになったと考えられる［→第7章］。

話し手利益の事象に受益表現を用いることが必須になると、話し手への利益がないような場面でも"受益表現がないと丁寧な表現ではない"という言語使用者の認識が生まれ、受益表現が使用されるようになったと考えられる。はじめは行為指示のように聞き手に負担の大きい場面でそのような分析が顕在化したが、その後前置き表現のように聞き手の負担が大きくない場面においても受益表現が用いられており、その用法が拡張しているといえる［→第9章］。

このことは授受表現によって示される授与や利益は、擬似的な上下関係の認識をもたらしていたと考えることで説明できる。受益表現の使用は、恩恵の与え手（行為指示の場合、聞き手）を上位者と認識し、話し手を下位者において待遇することを示すことになる。このため、受益表現を用いてこのような擬似的な上下関係を仮構しながら聞き手に対して配慮を示すことが広く行われたと考えられる。現代では、聞き手が友人であっても「パンを ｛買って来てくれて／

＊買って来て｝ありがとう」といえないように、話し手に恩恵があったときにそれを示さない発話は許容されない。それほど、話し手への利益の表明は強い語用論的制約となっている。

逆に与益表現の使用は恩恵の与え手である話し手を高め、恩恵の受け手（申し出の場合、聞き手）を下位者として認識していることを明示してしまう。これを避ける意図から、上位者に対して与益表現が用いられなくなったと考えられる。ただし、友人に対して「荷物持ってあげるよ」というような発話は許容されると考えられるが、特段の言語上の配慮を必要としない同等の人物や下位者に対しては、利益を表明しても待遇上の違反とならない。つまり、現代語の"自己への利益を最大限に""他者への利益を最小限に"という運用の適用範囲の広さは非対称的であり、自己への利益の表明のほうが広く適用されている。

このことからは、日本語の利益の運用において、受益の表明が強化されている様相が見て取れる。Leech（1983）のポライトネスの原則にも丁寧さが含まれているように、恩恵の表明が丁寧さと結びつくことは汎言語的にありうることである。しかし、文法的に恩恵を表す形式（受益表現）や社会的上下関係を表す敬語形式を文法的に持つ日本語では、恩恵の運用も待遇表現の中で強化されてきたと考えられる。

また、この2つの歴史的変化では、単に敬語や授受表現の形態・体系だけでなく、その運用や語用論的制約にも歴史的変化が起こりうるものであることが示されている。日本語における、授受表現による恩恵の表明のしかたは、"聞き手への利益を最大限に／話し手への利益を最小限に"という運用から"話し手への利益を最大限に／聞き手への利益を最小限に"という運用へと変化が見られる。

2.3　まとめ

以上のことを整理すると表 10.1 のようになる。

次節では、この授受表現の歴史が、敬語の歴史とどのように関連するのか、その相互関係を考えたい。

表 10.1　日本語の授受表現の歴史

	「くれる」の方向性	行為指示表現からわかること【受益表現】	申し出表現からわかること【与益表現】
中古	上位者から下位者へ	利益を表す表現形式がない。	利益を表す表現形式がない。
中世近世	求心的方向への偏り	受益表現が成立。依頼でも使用は必須でない。	与益表現が成立。上位者にも用いることができる。
近代		依頼で受益表現が必須。利益があったら必ず表明する。現代では勧めでも必須。	上位者には使用できない。

3. 授受表現と敬語の相互関係

3.1　変化の相関

　宮地（1975）は受給表現（本書の与益表現・受益表現）の発達には、①敬語表現の単純化、②丁寧語の発達という2つの要因があると述べる。特に重要な指摘は1点目にあると思われるが、以下に引用する。

(2)　したがって、事態の受給表現の発達は、二つの意味で、近代敬語の特徴的事実にふかくかかわるものだとかんがえられよう。第一には、敬語表現が単純化してきているということの一面としての簡単化ということとのかかわりであって、複雑な人間関係表現を避けはじめたにもかかわらず、日本人はあたかもそれをおぎなうかのごとく、事態の受給表現を次第につかいはじめて、今日に至った。この事実は、日本人がことがらの客観的事実を述べる際にも、つねに微妙な人間関係を表現に反映させるという、つよい傾向あるいは好みを持っているということを意味するのではないかとおもう。敬語の簡単化は歴史的大勢かもしれないが、敬語に代る繊細な人間関係の認識とその表現を持たなくては気が済まないのが日本人の性格なのかもしれないとおもうのである。　　　　　　　　　　　　　　　　　　（宮地 1975: 815）

　つまり、敬語の多層性が単純化したことにより、固定的な序列関

係に応じた敬語の使い分けが少なくなった分、特に配慮が必要となったときに一回一回の行為について話し手が受けた恩恵を受益表現を用いて示すようになったと解釈できる。敬語は基本的に話題の人物や聞き手の属性を認識して用いるものであり、話し手と話題の人物、あるいは話し手と聞き手の関係によって規範的な言葉づかいがある程度決まるが、恩恵は人物の関係では決められない。その点で主観的な運用が一層進んだと解釈することもできよう。固定的・序列的関係への配慮から、場面に個別的な言語運用がなされるようになったといえる。

　本節では、これまでに明らかにしたことから改めて授受表現と敬語の相関について考えてみたい。3.2 節では敬語体系との相関、3.3 節では運用上の相関について考える。

3.2　敬語カテゴリーの成立との関連

　まず、敬語カテゴリーの歴史から考察する。宮地（1981）は各時代に出現している敬語カテゴリーを表 10.2 の通り整理している。
　古代語と現代語の大きな違いは、対者敬語の有無である。対者敬語の機能を持つ謙譲語 B は、「はべり」が中古に現れる。また、丁寧語が用いられるのは"中古中期を萌芽期として、中古末期以降のことと見てよいようであり、現代風になるのは、はやく見て抄物・狂言あたりからである（宮地 1981: 11）"とされる。

表 10.2　各時代に存在する敬語カテゴリー（宮地 1981: 12）

	尊敬語	謙譲語 A	謙譲語 B	丁寧語	美化語
上代	○	○	×	×	×
中古	○	○	○	△	×
中世	○	○	○	○	△
近世	○	○	○	○	○
現代	○	○	○	○	○

カテゴリーの名称は本書のものに改めた

（3）a.　敬語語彙史の古代 = 上代・中古
　　　b.　敬語語彙史の中世 = 中世

c. 敬語語彙史の近代＝近世・現代　　　　（宮地 1981: 12）

このことをもとにすると、丁寧語が形成された中世期は「くれる」が視点制約を形成する過程にあり、また受益表現が形成された時期である。近世期にはすでに「くれる」の視点制約が形成され、現代語に見られる授受動詞のほとんどが形成されていたという点を考えると、授受表現語彙の時代区分について、敬語語彙史と同様、中世と近世・現代の間に差異を見て取ることができる。

(4) a. 授受表現語彙史の古代＝上代・中古
「くれる」が上下関係に基づいて運用され、授受動詞も敬語語彙が活発な時代。

b. 授受表現語彙史の中世＝中世
「くれる」の視点制約が形成される。また、授受動詞や受益表現・与益表現など、現代語の授受表現体系が整備されてくる時代。

c. 授受表現語彙史の近代＝近世・現代
話し手を基準とする授与動詞体系の時代。

3.3　敬語の運用との関連

一方、敬語の運用について、宮地（1981）は“敬語意識史”として、以下のように時代を区分している。

(5) a. 敬語意識史の古代＝上代・中古
b. 敬語意識史の中世＝中世・近世
c. 敬語意識史の近代＝現代　　　　　　（宮地 1981: 23）

中世は支配・被支配の権力社会であり、また、近世も幕藩体制の中で階層的な社会が守られているため、その敬語意識（運用）は“古代敬語意識にちかいもの（宮地 1981: 19）”であったと考えられる。現代のうち、“とくに昭和20年以降”（宮地 1981: 23）に現代的な、礼節を表す運用が行われると位置づけている。

この時代区分と授受表現の運用史と照らし合わせて考えてみると、上代・中古に受益表現は存在していなかった。中世期以降受益表現が用いられるようになり、近世にかけて運用の範囲を広げていく。近代以降、受益表現の運用規則が敬語の運用規則よりも優先される

ようになっている。このように、授受表現の運用史も、（6）のように敬語意識史と同様の区分が可能であると考えられる。

（6）a. 授受表現運用史の古代＝上代・中古
　　　　上下関係に基づいて授与動詞を運用する時代。

　　　b. 授受表現運用史の中世＝中世・近世
　　　　話し手への恩恵があっても、その標示は必須でない時代。

　　　c. 授受表現運用史の近代＝現代
　　　　話し手への恩恵を必ず標示するとともに、直示表現の上では「てくる」も合わせて話し手へ向かう動作の方向性を表す時代。

4. 社会変化と敬語の変化

　敬語や待遇表現の運用には、社会との関連性が指摘されている。本書の最後に、授受表現や敬語の運用の変化に対する社会的要因について考察してみたい。

　特に授受表現の運用の過渡期となる中世・近世における社会変化としては、（7）の事項が指摘されている。

（7）a. 都市化の進行
　　　b. 家族単位の変化
　　　c. 上下関係の流動性の増加

以下、（7）の点に従って授受表現や敬語の変化について考える。都市化の進行について 4.1 節、家族単位の変化について 4.2 節、上下関係の流動性の増加について 4.3 節で述べる。

4.1　都市化の進行

　鎌倉時代は鎌倉に政治的中心がおかれ、鎌倉と京の間の交通が整備された時代である。『国史大辞典』「農村と都市」（「中世」の項内、黒田俊雄氏執筆）では、中世の社会について、以下のことが述べられている。

（8）a. 中世社会は、農・山・漁村（以下、単に農村という場合もこの意味で扱う）が、それぞれ本格的な発展を遂げる

とともに、中央・地方を問わぬ都市の広範な成立をみた時代、わが国の社会がはじめて都市と農村の有機的な結合と対立の時期を迎えた、歴史上の大きな画期のときであった。それは十世紀の過渡期を経て、平安時代後期の十一－十二世紀に明確な姿を現わした。この社会は、荘園領主階級の集住する中央の巨大都市＝首都京都（のちには鎌倉も加わる）を中心に構成されている。全国の国衙領・荘園から中央政府や荘園領主のもとに貢進されてくる官物や年貢、さまざまの商品など、おびただしい量と種類の農村生産物が首都に集中する一方で、農村に対して官人・武士・荘園管理者をはじめとする人々の下向と留住・土着が行われた。そして、かかる荘園制的な都鄙間の関係を主軸として、中央の都市世界と地方農村世界との間で、人と「もの」の多種・多様な相互交流が進展したのである。

b. かかる「都市と農村」の両者を結ぶネットワーク機能を果たしたのが、九世紀以来、首都京都を中心に形成された水・陸の都鄙間交通体系であった。そして、このネットワークの中継地で農村社会の結節点という条件を満たす場所に続々と地方都市が生まれた。

c. 中世社会において活発に展開した武士・僧侶・神人・高級技術者（鋳物師など）の中央と地方にまたがる活動も、こうしたネットワークを通じたものである。

（『国史大辞典』「中世―農村と都市」：⑨526–528）

　このように中世期には都市と農村が相互に関係を持ち発達した。中央と地方の両方で活動した人物も存在したようであり、そこではさまざまな距離の人物が出会う場があった。

　このことは、言語の面でいえば、単純に身分に従った敬語ではなく、身分は同じでも配慮が必要な人物に対する待遇表現を生み出す契機となったと考えられる。いわば、ソトの人間、疎の関係に対する配慮が行われる場が存在したと考えられる。中世に成立した受益表現はまさにその機能を担ったのではないかと想定される。

第10章　授受表現と敬語の相互関係の歴史　205

4.2　家族単位の変化

また五味（2008）の指摘する社会単位の変化も言語運用に影響を与えた可能性がある。

(9) 古代においては始祖との関係を基本にした「ウヂ」、つまり源氏や藤原氏などのウヂが社会制度の単位であった。そのウヂのなかの日常の単位である「イヘ」が自立して成長するなかで生まれてきたのが、父と子の関係を基本として社会的機能が備わったイエである。　　　　　（五味 2008: 71）

このウヂからイエへという社会の基本的単位の変化は天皇家から始まり、その後武士へ、鎌倉時代後期には庶民にも広がった（五味2008）。このイエの形成によって財産や家業が子へ継承されることになるが、このことは親子関係・家族を中心とする家の意識を強めるようになったと思われる。必然的に家のウチ・ソトの区別意識ができ、ソトの人間に対しては一定の言語的な配慮が行われる契機があったと想定できる。

4.3　上下関係の流動性の増加

宮地（1981）は中世に見られる社会変化として、上下関係の流動性を挙げ、その中世期を“丁寧語発達期”と捉えている。

(10) ［中世の敬語意識は］変転のはげしい下剋上の時代の様相から生まれる敬語意識としてとらえられてよいものであろう。近世の安定期・固定的階級制の幕藩体制以前に、支配・被支配の権力関係だけが強力なものでありながら、それに属する人間のほうは入れ替わることのはげしい中世動乱の時代があったと見れば、近世都市生活町人以上に、意識としては人間関係への敏感な反応があったかもしれない。直接の相手に対するこころくばりもそのひとつであって、それを言葉にあらわそうとする意欲や必要性が、丁寧語の発達をうながしたと見られるようにおもう。

　だとすれば、中世は、近世とともに上下関係、支配・被支配関係の階層制が基本ではあるけれども、近世とちがって、属する人間のほうの流動性がたかく不安定な時代であ

り、丁寧語の発達をうながす契機を持ち、敬語意識における近世型二重敬語の萌芽期、古代敬語意識の崩壊期であったと要約されよう。　　　　　　　　　　　　　　　（宮地 1981: 22）

また、近世期の敬語については、以下のように述べられている。

(11) 近世敬語は二重性格を持つものだったと総括されよう。すなわち、支配武士階層と被支配町人、その他階層とのあいだの上位・下位関係にもとづく古代敬語の性格と、都市生活町人を代表とする庶民のあいだに醸成されていった現代敬語的市民社会敬語の性格という二重生活である。

（宮地 1981: 21）

身分関係に厳格な武士社会では上下関係が保たれていた。しかし、町人も含めた都市の社会は、人々の流動性も高く、さまざまな人物の出会う場となっていた。単純に上下関係のみならず、経済力や社会的地位などが影響した待遇表現の選択が行われていたと考えられる（小松 1971、宮地 1981 等）。

4.4　社会の流動性の増加と敬語の変化

これらの変化を総合すれば、中世・近世期の社会変化は、社会全体の流動性が増加したという点に求められる。単一社会・単一のコミュニティの上下関係だけが問題になるのではなくて、コミュニティをまたがった人の交流が広がり、さまざまな要因によって待遇表現が運用されるようになる時期であるということが想定できる。

このような社会における流動性が増加したことは、待遇表現の再編をもたらすことになった。中央語では規範意識により、より待遇上の違反を生まないような運用へと変化したと考えられる。

敬語の変化について、宮地（1981）は以下の点を指摘している。

(12) a.　古代敬語は階層的規範性にもとづいて、敬譲の意識でつかわれる傾向がつよいものであった。これに対して現代敬語は社交的場面性にもとづいて、礼儀の意識でつかわれる傾向がつよいものである。　（宮地 1981: 5）

　　b.　玉上説は、『源氏物語』の敬語について、主従などの身分関係は、聞き手にあまり左右されずに敬語に反映さ

れたが、聞き手への直接的な敬語は未発達であって、
話題の人物たちへの敬語のほうを重視して、客観的・
固定的な身分や階級へのつよい意識で敬語をつかった
としている。［中略］これに対して現代敬語のいわゆる
丁寧語「です・ます」は聞き手への尊敬というよりは、
話し手の気品保持・上品さの表現からつかわれて、実
質的な敬意の意識はよわい。また、話題の二人の人物
にいちいち敬語をつかうことはすくなくて、話し手は
そのどちらかに敬語をつかうことを自分の責任できめ
なければならないから、敬語の使用基準は話し手のほ
うにある。使用基準が話し手のそとにあることのおお
かった古代敬語とちがうとかんがえられている。

(宮地 1981: 14–15)

　（12b）で、宮地（1981）は、古代語では“客観的・固定的な身
分や階級へのつよい意識で敬語をつかった”のに対して、現代では
特に丁寧語が“聞き手への尊敬というよりは、話し手の気品保持・
上品さの表現からつかわれ”るものだと述べ、“敬語の使用基準が話
し手のそとにあることの多かった古代敬語”から“敬語の使用基準
は話し手のほうにある”現代敬語への変化を想定する。

　この点は、授受動詞の使用においても並行的に考えることができ
る。「くれる」の運用に顕著に見られるように、古代語では与え手
と受け手の上下関係が重要だったが、中世後期以降話し手の位置が
使用基準となり、話し手へ向かう方向性を卓立するようになった。
その運用の変化には話し手を常に下位におくという待遇上の動機が
あったものと予測される。また、受益表現を用いるかどうか、とい
う点は話し手の基準におかれるものであり、話し手が当該の発話行
為をどう見積もるかという点が重要になっている。この点で“使用
基準が話し手のほうにある”運用になっているといえるだろう。

　敬語の変化は社会変化と連動して起きたものと考えられるが、日
本語の授受表現もその運用に上下関係が影響し、敬語の変化と連動
していたと考えられる。

おわりに

　本書は平成23年度に大阪大学に提出した博士学位論文「日本語授受表現の歴史語用論的研究―策動表現における敬語との相互関係―」に基づくものである。本書では、日本語の授受表現について、体系的特徴と語用論的特徴がどのようにして形成されてきたかを述べた。この点に関して、一定の方向性は打ち出せたものと考えているが、それでも課題は残っている。まず、授受表現を中心として扱った結果、それぞれの発話行為が全体としてどのように変化してきたのか、という点は十分に明らかにすることができなかった。また、言語資料の面でも、それぞれの時代で最も適すると考えられる資料を調査したが、発話行為の研究に適した資料がそれほど多くないこともあり、時代やジャンルに偏りが残ったことも事実である。他の資料の様相も詳細に観察することで、それぞれのことばを使用する位相や使用者のスタイル・発話意図の異なりなど、複合的要因を踏まえた言語変化を明らかにすることもできると考える。今後、本書の記述をさらに発展させ、複層的な日本語史を描き出すことの必要性も認識している。

　本研究のもととなった既発表論文は下記の通りである。

第1章　授受表現の歴史的研究と敬語・発話行為
　書き下ろし。

第2章　授受表現と敬語の構造
　書き下ろし。

第3章　授与動詞「くれる」の視点制約の成立―敬語との対照から―

森勇太（2011b）「授与動詞「くれる」の視点制約の成立―敬語との対照から―」『日本語文法』11-2，pp.94-110，日本語文法学会。

第4章　補助動詞「てくる」の成立―動作の方向性を表す用法の成立をめぐって―

森勇太（2010b）「移動を表さない「-てくる」の成立―受益表現「-てくれる」との関連から―」『待兼山論叢』44，pp.1-14，大阪大学大学院文学研究科。

第5章　行為指示表現の歴史的変遷―尊敬語と受益表現の相互関係の観点から―

森勇太（2010a）「行為指示表現の歴史的変遷―尊敬語と受益表現の相互関係の観点から―」『日本語の研究』6-2，pp.78-92，日本語学会。

第6章　近世上方における連用形命令の成立―命令形式の三項対立の形成―

森勇太（2013）「近世上方における連用形命令の成立―敬語から第三の命令形へ―」『日本語の研究』9-3，pp.1-16，日本語学会。

第7章　申し出表現の歴史的変遷―謙譲語と与益表現の相互関係の観点から―

森勇太（2011a）「申し出表現の歴史的変遷―謙譲語と与益表現の相互関係の観点から―」『日本語の研究』7-2，pp.17-31，日本語学会。

第8章　オ型謙譲語の用法の歴史―受益者を高める用法をめぐって―

森勇太（2012a）「オ型謙譲語の歴史―受益者を高める用法をめぐって―」『語文』98，pp.40-50，大阪大学国語国文学会。

第9章　前置き表現の歴史的変遷―国会会議録を対象として―

　森勇太（2015）「国会会議録に見る前置き表現の変化」『論叢国語教育学』11，pp.91–100，広島大学国語文化教育学講座

第10章　授受表現と敬語の相互関係の歴史

　書き下ろし。

　都会から離れた静岡県湖西市に生まれ、高校で古典文法に興味を持ち、もっと深く勉強したいという漠然とした希望だけで大阪大学に入学した私が、研究者となり、ここまで研究を積み上げることができたのは、ひとえに、周囲の環境に恵まれたからだと思う。振り返れば、宮地裕先生のいらっしゃった大阪大学で、この研究を始めることができたところから貴重なご縁だった。卒業論文からご指導くださった金水敏先生には、個々の用例の捉え方や論証の方法のみならず、研究をどのように組み立てるのか、どのような日本語史を描くのかという、研究を俯瞰的に捉える視点を与えていただいた。また、蜂矢真郷先生・岡島昭浩先生からは、多様な資料を正確に読み解き、解釈し、実証的に論証することを学んだ。発話行為・言語行動から授受表現の歴史を見るという観点は、渋谷勝己先生の授業から着想を得た。修士論文の査読の際には課題の指摘とともに温かい励ましをいただいた。大阪大学の日本文学・国語学研究室や日本語学研究室では、授業、研究発表、さらには読書会や普段の何気ない会話から、多くの刺激を受けた。お世話になった方々に心より感謝申し上げる。

　また、現在所属する関西大学で日々学ばせていただいている、乾善彦先生、日高水穂先生にも感謝申し上げたい。特に日高先生には、博士論文の副査をご担当いただき、その後、日本学術振興会特別研究員として、1年間受け入れていただいた。その間、熱心にご指導いただいたことによって、博士論文の課題を見つめ直すことができ、本書の執筆までに研究を進展させることができた。

　さらに、参加した研究会、学会、また共同研究でお会いしたみなさまからも、多くのことを教えていただいた。そのような方々お一

人お一人に感謝申し上げたい。

　本書は、平成22–23年度科学研究費補助金（10J03398）、平成24年度科学研究費補助金（12J00716）、平成25–26年度科学研究費補助金（25884082）による研究の成果である。また、本書は、平成27年度科学研究費補助金（研究成果公開促進費、15HP5069）によって出版するものである。出版にあたっては、ひつじ書房の松本功氏・森脇尊志氏から、内容についての丁寧な助言をいただいた。川瀬卓氏にも、草稿を読んでいただき、全体にわたって助言をいただいた。記して、感謝申し上げる。

　思えば、湖西を離れるときに描いていた道から、少し離れたところを通ってきてしまったが、いつも見守り、支えてくれたのは両親だった。理解して応援してくれた両親に、心より感謝する。

資　料

・時代区分、資料の年代は飛田・遠藤・加藤・佐藤・蜂谷・前田（編）（2007）による。

・各章の調査においては、国文学研究資料館電子資料館本文データ検索システムによって『日本古典文学大系』（岩波書店）・『噺本大系』（東京堂出版）のデータを用いたところがある。

中古

日本霊異記 [822頃]　中田祝夫（校注・訳）（1995）『日本霊異記』新日本古典文学全集24, 岩波書店（底本：興福寺本（上巻）, 真福寺本（中・下巻））

竹取物語 [9世紀前半–10世紀前半]・大和物語 [10世紀中期]・平中物語 [960–965頃]　片桐洋一・福井貞助・高橋正治・清水好子（校注・訳）（1994）『竹取物語 伊勢物語 大和物語 平中物語』新編日本古典文学全集12, 小学館

土佐日記 [935頃]・蜻蛉日記 [10世紀後半]　長谷川政春・今西祐一郎・伊藤博・吉岡曠（校注）（1989）『土佐日記・蜻蛉日記・紫式部日記・更級日記』新日本古典文学大系24, 岩波書店

うつほ物語 [10世紀後半]　中野幸一（校注・訳）（1999）『うつほ物語』新編日本古典文学全集14–16, 小学館

落窪物語 [10世紀後半]　藤井貞和・稲賀敬二（校注）（1989）『落窪物語 住吉物語』新日本古典文学大系18, 岩波書店 [略称：落窪]

枕草子 [10世紀後半]　根来司（編著）（1991）『新校本枕草子』笠間叢書240, 笠間書院

源氏物語 [11世紀前半]　阿部秋生・秋山虔・今井源衛・鈴木日出男（校注・訳）（1994–1998）『源氏物語』新編日本古典文学全集20–25, 小学館

狭衣物語 [1075頃]　小町谷照彦・後藤祥子（校注・訳）（1999–2001）『狭衣物語』新編日本古典文学全集29・30, 小学館

中世

今昔物語集 [12世紀初期]　馬淵和夫・国東文麿・稲垣泰一（校注・訳）（1999–2002）『今昔物語集』新編日本古典文学全集35–38, 小学館

讃岐典侍日記 [1109]　鎌田廣夫・相澤鏡子（編）（1998）『讃岐典侍日記 本文と索引』おうふう

古本説話集 [1126–1201]　三木紀人・浅見和彦・中村義雄・小内一明（校注）（1990）『宇治拾遺物語 古本説話集』新日本古典文学大系42, 岩波書店

大鏡［11 世紀前半–12 世紀前半］　橘健二・加藤静子（校注・訳）（1996）『大鏡』新編日本古典文学全集 34，小学館

今鏡［1170］　榊原邦彦（他）（編）（1984）『今鏡 本文及び総索引』笠間索引叢刊 85，笠間書院

愚管抄［1220 頃］　岡見正雄・赤松俊秀（校注）（1967）『愚管抄』日本古典文学大系 86，岩波書店

保元物語［13 世紀］　永積安明・島田勇雄（校注）（1961）『保元物語 平治物語』日本古典文学大系 31，岩波書店

平治物語［13 世紀後半］　坂詰力治・見野久幸（編）（1997）『半井本平治物語 本文および語彙索引』武蔵野書院

宇治拾遺物語［1242–1252］　小林保治・増古和子（校注・訳）（1996）『宇治拾遺物語』新編日本古典文学全集 50，小学館

撰集抄［1243–1256 頃］　撰集抄研究会（編著）（2003）『撰集抄全注釈』笠間注釈叢刊 37・38，笠間書院

十六夜日記［13 世紀後半］　江口正弘（編）（1972）『十六夜日記 校本及び総索引』笠間索引叢刊 7，笠間書院

平家物語（覚一本）［13 世紀］　高木市之助・小澤正夫・渥美かをる・金田一春彦（校注）（1959; 1960）『平家物語』日本古典文学大系 32・33，岩波書店。なお，第 3 章では梶原正昭・山下宏明（校注）（1991–1993）『平家物語』新日本古典文学大系 44–45，岩波書店を使用した。

徒然草［14 世紀前半］　佐竹昭広・久保田淳（校注）（1989）『方丈記 徒然草』新日本古典文学大系 39，岩波書店

増鏡［1376 以前］　岩佐正・時枝誠記・木藤才蔵（校注）（1965）『神皇正統記 増鏡』日本古典文学大系 87，岩波書店

太平記［14 世紀後半］　長谷川端（校注・訳）（1994–1998）『太平記』新編日本古典文学全集 54–57，小学館

平家物語（延慶本）［1419］　北原保雄・小川栄一（編）（1990）『延慶本平家物語 本文篇上・下』勉誠社

義経記［室町中期］　梶原正昭（校注・訳）（2000）『義経記』新編日本古典文学全集 62，小学館

毛詩抄［1535］・蒙求抄［1534］　岡見正雄・大塚光信（編）（1971）『抄物資料集成 第六巻 毛詩抄・蒙求抄』清文堂出版

天草版平家物語［1592］　近藤政美・池村奈代美・濱千代いづみ（編）（1999）『天草版平家物語 語彙用例総索引（1）』勉誠出版

エソポのファブラス［1593］　大塚光信・来田隆（編）（1999）『エソポのハブラス 本文と総索引 本文篇』清文堂出版

日葡辞書［1603］　土井忠夫・森田武・長南実（編訳）（1980）『邦訳日葡辞書』岩波書店（補遺［1604］も同書による。）

日本大文典［1604］　P. João Rodoriguez（原著），土井忠生（訳注）（1955）『日本大文典』三省堂出版

大蔵虎明本狂言［1642：中世末期の言語を反映しているとされる］　池田廣司・北原保雄（1972–1983）『大蔵虎明本狂言集の研究』表現社

近世上方語

仮名草子・噺本　武藤禎夫・岡雅彦（編）（1975-1976）『噺本大系　第1巻-第8巻』，東京堂出版。対象とした作品は次の通り（江戸版のものもあるがまとめて掲げる）。①：『寒川入道日記』[1613]，『戯言養気集』[元和頃，1615-1624]，『きのふはけふの物語』[17世紀前半]，『わらいくさ』[1656]，『百物語』[1659]，『私可多咄』[1671]，②：『醒睡笑』[1623]，『理屈物語』[1667]，③：『一休はなし』[1668]，『一休関東咄』[1672]，『狂哥咄』[1672]，『かなめいし』[寛文頃，1661-1673]，『竹斎はなし』[1672]，『一休諸国物語』[1672]，④：『秋の夜の友』[1677]，『囃物語』[1680]，『杉楊子』[1680]，『新竹斎』[1687]，『籠耳』[1687]，『二休咄』[1688]，『諸国落首咄』[1698]，⑤：『宇喜蔵主古今咄揃』[1678]，『当世軽口咄揃』[1679]，『軽口大わらひ』[1680]，『当世手打笑』[1681]，『当世口まね笑』[1681]，『鹿野武左衛門口伝はなし』[1683]，『鹿の巻筆』[1686]，『正直咄大鑑』[1687]，『当世はなしの本』[貞享頃，1684-88]，⑥：『枝珊瑚珠』[1690]，『軽口露がはなし』[1691]，『遊小僧』[1694]，『初音草噺大鑑』[1698]，『露新軽口はなし』[1698]，『露五郎兵衛新はなし』[1701]，『軽口御前男』[1703]，『軽口ひやう金房』[元禄頃，1688-1704]，⑦：『軽口あられ酒』[1705]，『露休置土産』[1707]，『軽口星鉄砲』[1714]，『軽口福蔵主』[1716]，『軽口出宝台』[1719]，『軽口はなしとり』[1727]，『軽口機嫌嚢』[1728]，『座狂はなし』[1730]，『咲顔福の門』[1732]，『軽口独機嫌』[1733]，『軽口蓬莱山』[1733]，『水打花』[享保頃，1716-1736]，『軽口もらいゑくぼ』[享保頃，1716-1736]，⑧：『軽口初売買』[1739]，『軽口福おかし』[1740]，『軽口新歳袋』[1741]，『軽口耳過宝』[1742]，『軽口若夷』[1742]，『軽口へそ巡礼』[1746]，『軽口瓢金笛』[1747]，『軽口笑布袋』[1747]，『軽口浮瓢筆』[1751]，『軽口腹太鼓』[1752]，『軽口福徳利』[1764]，『軽口豊年遊』[1754]，『口合恵宝袋』[1755]，『軽口東方朔』[1764]，『軽口扇の的』[1762]，『軽口はるの山』[1768]，『軽口片頬笑』[1770]

狂言六義 [1645]　北原保雄・小林賢次（1991）『狂言六義全注』勉誠社

狂言記 [1660]　北原保雄・大倉浩（校注）（1983-1985）『狂言記の研究』勉誠社

狂言記外五十番 [1700]　北原保雄・大倉浩（1997）『狂言記外五十番の研究』勉誠社

狂言記拾遺 [1730]　北原保雄・吉見孝夫（1987）『狂言記拾遺の研究』勉誠社

近松世話物浄瑠璃 [1703-1722]　鳥越文蔵・山根為雄・長友千代治・大橋正叔・阪口弘之（校注）（1997，1998）『近松門左衛門集』新編日本古典文学全集74・75，小学館。なお，第4・7・8章の調査では重友毅（校注）（1958）『近松浄瑠璃　上』日本古典文学大系49，岩波書店を使用した。調査の都合上，対象作品を以下のものに絞った。①：「おなつ清十郎　五十年忌歌念仏」「忠兵衛梅川　冥途の飛脚」「博多小女郎波枕」「女殺油地獄」「丹波与作待夜のこむろぶし」「夕霧阿波鳴渡」「山崎與次兵衛寿の門松」，②：「曾根崎心中」「心中重井筒」「心中天の網島」「心中宵庚申」「堀川波

鼓」「大経師昔暦」「鑓の権三重帷子」

上方洒落本　洒落本大成編集委員会（編）（1978–1988）『洒落本大成』中央公
　　論社。対象とする作品の選定には矢野（1976，1978），金沢（2000）を参
　　照。対象とした作品は以下の通り。『穿当珍話』［1756］，『聖遊郭』
　　［1757］，『月花余情』［1757］，『陽台遺編』［1757］，『娼閣秘言』［1757］，
　　『新月花余情』［1757］，『郭中奇譚（異本）』［1771?］，『風流裸人形』
　　［1780?］，『見脈医術虚辞先生穴賢』［1781］，『短華蘂葉』［1786］，『北華
　　通情』［1794］，『睟のすじ書』［1794］，『十角和尚話』［1798］，『三睟一致
　　うかれ草紙』［1797］，『南遊記』［1800］，『当世嘘の川』［1804］，『滑稽粋
　　言竊潜妻』［1804］，『当世粋の曙』［1820］，『河東方言箱枕』［1822］，『北
　　川蜆殻』［1827］

近世江戸語

異素六帖　［1757］　浜田啓介・中野三敏（校注）（1998）『異素六帖 古今俄選
　　粋宇瑠璃 田舎芝居』新日本古典文学大系 82，岩波書店

遊子方言 ［1770］・傾城買二筋道 ［1798］・浮世床 ［1813］　中野三敏・神保五
　　彌・前田愛（校注・訳）（2000）『洒落本 滑稽本 人情本』新編日本古典文
　　学全集 80，小学館

辰巳之園 ［1770］・通言総籬 ［1787］　水野稔（校注）（1958）『黄表紙 洒落本
　　集』日本古典文学大系 59，岩波書店

江戸洒落本　洒落本大成編集委員会（編）（1978–1988）『洒落本大成』中央公
　　論社。対象とした作品は以下のものである。廓中奇譚 ［1769］，『遊子方
　　言』［1770］，『南閨雑話』［1773］，『聞上手』［1773］，『甲駅新話』［1775］，
　　『契国策』［1776］，『妓者呼子鳥』［1777］，『売花新駅』［1777］，『多佳余
　　宇辞』［1780］，『二日酔巵觶』［1784］。

鹿の子餅 ［1772］　小高敏郎（校注）（1969）『江戸笑話集』日本古典文学大系
　　100，岩波書店

東海道中膝栗毛 ［1802］　中村幸彦（校注・訳）（1995）『東海道中膝栗毛』新
　　編日本古典文学全集 81，小学館。なお，第 7 章の調査では，麻生磯次（校
　　注）（1958）『東海道中膝栗毛』日本古典文学大系 62，岩波書店を使用し
　　た。

椿説弓張月 ［1807］　後藤丹治（校注）（1958–1962）『椿説弓張月』日本古典
　　文学大系 60・61，岩波書店

浮世風呂 ［1809］　神保五彌（校注）（1989）『浮世風呂 戯場粋言幕の外 大千
　　世界楽屋探』新日本古典文学大系 86，岩波書店

春色梅児誉美 ［1832］　中村幸彦（校注）（1962）『春色梅児誉美』日本古典文
　　学大系 64，岩波書店

近代〜現代語

明治の文豪　新潮社（1997）『CD-ROM 版明治の文豪』［略称：明治の文豪］
　　作品名は以下の通り。［各作品の略称は下線部。本書に挙げた用例は，全
　　集や単行本を参照し，当該部分の認定に問題がないことを確認した。］
　　　森鷗外「うたかたの記」「カズイスチカ」「かのように」「ぢいさんばあさ

ん」「寒山拾得」「興津弥五右衛門の遺書」「鶏」「護持院原の敵討」「高瀬舟縁起」「最後の一句」「堺事件」「二人の友」「杯」「百物語」「普請中」「附寒山拾得縁起」「妄想」「余興」『キタ・セクスアリス』『阿部一族』『雁』『高瀬舟』『山椒大夫』『青年』『舞姫』

伊藤左千夫「守の家」「浜菊」「姪子」『野菊の墓』

二葉亭四迷「くされ縁」「片恋」『あひゞき』『めぐりあひ』『其面影』『浮雲』『平凡』

夏目漱石「カーライル博物館」「ケーベル先生」「一夜」「永日小品」「琴のそら音」「思い出す事など」「手紙」「趣味の遺伝」「夢十夜」「變な音」「薤露行」「こころ」『それから』『吾輩は猫である』『虞美人草』『幻影の盾』『坑夫』『行人』『三四郎』『硝子戸の中』『草枕』『道草』『二百十日』『彼岸過迄』『文鳥』『坊っちゃん』『明暗』『門』『野分』『倫敦塔』

尾崎紅葉『金色夜叉』

田山花袋『蒲団』『重右衛門の最後』『生』『田舎教師』

樋口一葉「うつせみ」「ゆく雲」「わかれ道」「われから」「十三夜」「大つごもり」『たけくらべ』『にごりえ』

泉鏡花「国貞えがく」「女客」「売色鴨南蛮」『歌行燈』『高野聖』『婦系図』

長塚節『土』

新潮文庫の100冊　新潮社（1995）『CD-ROM版新潮文庫の100冊』［略称：新潮100冊］

作品名は以下の通り。［作者生年によって分類，各作品の略称は下線部。本書に挙げた用例は，全集や単行本を参照し，当該部分の認定に問題がないことを確認した。］

1860・1870年代：森鷗外『山椒大夫・高瀬舟』『興津弥五右衛門の遺書』『カズイスチカ』『護持院原の敵討』『最後の一句』『杯』『高瀬舟縁起』『百物語』『普請中』『二人の友』『妄想』，伊藤左千夫『野菊の墓』『浜菊』『姪子』『守の家』，夏目漱石『こころ』，泉鏡花『歌行燈・高野聖』『国貞えがく』『女客』『売色鴨南蛮』

1880年代：志賀直哉『雨蛙』『好人物の夫婦』『濠端の住まい』『佐々木の場合』『山科の記憶』『十一月三日午後の事』『小僧の神様』『城の崎にて』『真鶴』『赤西蠣太』『雪の日』『痴情』『転生』『冬の往来』『晩秋』『焚火』『流行感冒』『瑣事』，武者小路実篤『友情』，谷崎潤一郎『痴人の愛』，山本有三『路傍の石』

1890年代生：芥川龍之介『羅生門』『鼻』『芋粥』『運』『袈裟と盛遠』『好色』『邪宗門』『俊寛』，宮沢賢治『ひのきとひなげし』『よだかの星』『オツベルと象』『カイロ団長』『シグナルとシグナレス』『セロ弾きのゴーシュ』『ビジテリアン大祭』『マリヴロンと少女』『黄いろのトマト』『銀河鉄道の夜』『双子の星』『猫の事務所』『北守将軍と三人兄弟の医者』『饑餓陣営』宮本輝『錦繍』五木寛之『風に吹かれて』，三木清『人生論ノート』，井伏鱒二『黒い雨』，石川淳『かよい小町』『マルスの歌』『葦手』『喜寿童女』『山桜』『処女懐胎』『焼跡のイエス』『張柏端』『変化雑載』，川端康成『雪国』

1900 年代生：壺井栄『二十四の瞳』, 梶井基次郎『檸檬』『愛撫』『ある崖上の感情』『ある心の風景』『筧の話』『過古』『器楽的幻覚』『K の昇天』『交尾』『桜の樹の下には』『城のある町にて』『雪後』『蒼穹』『泥濘』『橡の花』『のんきな患者』『冬の蠅』『冬の日』『闇の絵巻』『路上』, 小林秀雄『モオツァルト』『偶像崇拝』『光悦と宗達』『骨董』『実朝』『真贋』『西行』『雪舟』『蘇我馬子の墓』『鉄斎』『徒然草』『当麻』『平家物語』『無常という事』, 竹山道雄『ビルマの竪琴』, 林芙美子『放浪記』, 山本周五郎『さぶ』, 堀辰雄『美しい村』『風立ちぬ』, 石川達三『青春の蹉跌』, 井上靖『あすなろ物語』, 中島敦『山月記』『弟子』『名人伝』『李陵』, 太宰治『人間失格』, 大岡昇平『野火』, 松本清張『点と線』

1910 年代生：新田次郎『孤高の人』, 福永武彦『草の花』, 水上勉『越前竹人形』『雁の寺』

1920 年代生：阿川弘之『山本五十六』, 三浦綾子『塩狩峠』, 遠藤周作『沈黙』, 安部公房『砂の女』, 吉行淳之介『砂の上の植物群』『樹々は緑か』, 三島由紀夫『金閣寺』, 星新一『人民は弱し官吏は強し』, 立原正秋『冬の旅』, 北杜夫『楡家の人びと』, 吉村昭『戦艦武蔵』

1930 年代生：開高健『パニック』『巨人と玩具』『裸の王様』『流亡記』, 野坂昭如『アメリカひじき』『プアボーイ』『ラ・クンパルシータ』『火垂るの墓』『死児を育てる』『焼土層』, 曾野綾子『太郎物語・高校編』『太郎物語・大学編』, 渡辺淳一『花埋み』, 井上ひさし『ブンとフン』, 筒井康隆『エディプスの恋人』, 大江健三郎『死者の奢り』『飼育』『人間の羊』『戦いの今日』『他人の足』『不意の唖』, 倉橋由美子『聖少女』塩野七生『コンスタンティノープルの陥落』

1940 年代生：藤原正彦『若き数学者のアメリカ』, 椎名誠『新橋烏森口青春篇』, 沢木耕太郎『一瞬の夏』, 赤川次郎『女社長に乾杯！』, 高野悦子『二十歳の原点』, 村上春樹『世界の終わりとハード・ボイルド・ワンダーランド』

多情多恨 [1896]　大岡信・岡保生・十川信介・丸谷才一（編）（1993）『紅葉全集』第 6 巻, 岩波書店

国会会議録　国立国会図書館『国会会議録検索システム』http://kokkai.ndl.go.jp/

女性のことば・職場編 [1993]　現代日本語研究会（編）（1997）『女性のことば・職場編』ひつじ書房 [略称：女性のことば]

男性のことば・職場編 [1999–2000]　現代日本語研究会（編）（2002）『男性のことば・職場編』ひつじ書房 [略称：男性のことば]

参考文献

青木博史（2012）「コミュニケーションと配慮表現」光藤宏行（編）『コミュニ
　　ケーションと共同体』第4章，pp.45–60，九州大学出版会

茜八重子（2002）「～（さ）せていただく」について」『講座日本語教育』38，
　　pp.28–52，早稲田大学日本語研究教育センター

穐田定樹（1976）『中古中世の敬語の研究』清文堂出版

石坂正蔵（1944）『敬語史論考』大八州書店

泉基博（1998）『十訓抄の敬語表現についての研究』笠間書院

井出祥子（2001）「国際化社会の中の敬意表現―その国際性と文化独自性―」
　　『日本語学』20–4，pp.4–13，明治書院

伊藤博美（2013a）「働きかけの諸相からみた「お／ご～する」の条件」『国語
　　と国文学』90–1，pp.50–67，東京大学国語国文学会

伊藤博美（2013b）「「お／ご～申す」と「お／ご～する」―働きかけのあり方
　　とその消長―」『近代語研究』17，pp.57–73，近代語学会

井上史雄（1999）『敬語はこわくない』講談社現代新書

上野田鶴子（1978）「授受動詞と敬語」『日本語教育』35，pp.40–48，日本語
　　教育学会

宇佐美まゆみ（1995）「談話レベルから見た敬語使用―スピーチレベルシフト
　　生起の条件と機能」『学苑』662，pp.27–42，昭和女子大学

大石初太郎（1983）『現代敬語研究』筑摩書房

大江三郎（1975）『日英語の比較研究―主観性をめぐって―』南雲堂

大久保一男（1995）『源氏物語の敬語法』おうふう

大塚光信（1962）「助動詞ヨウについて―その成立と性格―」『国語国文』
　　31–4，pp.44–58，京都大学国語学国文学研究室

岡崎正継（1971）「中世の敬語―受益敬語について―」『国学院雑誌』72–11，
　　pp.253–263，国学院大学

沖裕子（2009）「発想と表現の地域差」『月刊 言語』38–4，pp.16–23，大修館
　　書店

荻野千砂子（2006）「クダサルの人称制約の成立に関して」筑紫国語学談話会
　　（編）『筑紫語学論叢Ⅱ―日本語史と方言―』，pp.256–273，風間書房

荻野千砂子（2007）「授受動詞の視点の成立」『日本語の研究』3–3，pp.1–16，
　　日本語学会

荻野千砂子（2008）「近世前期のテヤル―現代語のベネファクティブとの比較
　　―」『中村学園大学・中村学園大学短期大学部研究紀要（人文科学編）』40，
　　pp.11–17，中村学園大学

荻野千砂子（2009）「授受動詞イタダクの成立に関して」『東アジア日本語教

育・日本文化研究』12，pp.83–92，東アジア日本語教育・日本文化研究学会

尾崎喜光（2008）「援助申し出場面における授恵表現「〜てやる／〜てあげる／〜てさしあげる」の使用」『待遇コミュニケーション研究』5，pp.83–94，早稲田大学待遇コミュニケーション研究会

影山太郎（1993）『文法と語形成』ひつじ書房

柏崎雅世（1993）『日本語における行為指示型表現の機能』くろしお出版

加藤正信（1973）「全国方言の敬語概観」林四郎・南不二男（編）『敬語講座6 現代の敬語』pp.25–83，明治書院

金沢裕之（2000）『近代大阪語変遷の研究』和泉書院

蒲谷宏（1992）「「お・ご〜する」に関する一考察」辻村敏樹教授古稀記念論文集刊行会（編）『辻村敏樹教授古稀記念 日本語史の諸問題』pp.141–157，明治書院

川上徳明（2005）『命令・勧誘表現の体系的研究』おうふう

川村よし子（1991）「日本人の言語行動の特性」『日本語学』10–5，pp.51–60，明治書院

菊地康人（1978）「敬語の性格分析―先学の敬語論と私自身の把握―」『国語と国文学』55–12，pp.42–56，東京大学国語国文学会

菊地康人（1994）『敬語』角川書店（引用は1997年再刊，講談社学術文庫から）

菊地康人（1997）「変わりゆく「させていただく」」『月刊言語』26–6，pp.40–47，大修館書店

岸田浩子（1974）「近世後期上方語の待遇表現―命令表現を中心に―」『国語国文』43–3，pp.1–19，京都大学国語学国文学研究室

北﨑勇帆（2014）「虎明狂言集に見られる命令・要求表現」『日本語学論集』11，pp.217–239，東京大学大学院人文社会系研究科国語研究室

北原保雄（編）（1978）『論集日本語研究9 敬語』有精堂出版

北原保雄（2005）「歌わさせていただきます」北原保雄（編）『続弾！問題な日本語』pp.63–65，大修館書店

衣畑智秀（2011）「日本語における話者指向性」『福岡大学日本語日本文学』21，pp.104–93，福岡大学日本語日本文学会

金水敏（1989）「敬語優位から人称性優位へ―国語史の一潮流―」『女子大文学 国文篇』40，pp.1–17，大阪女子大学

金水敏（1995）「敬語と人称表現―「視点」との関連から―」『国文学 解釈と教材の研究』40–14，pp.62–66，學燈社

金水敏（2004）「敬語動詞における視点中和の原理について」音声文法研究会（編）『文法と音声Ⅳ』pp.181–192，くろしお出版

金水敏（2011）「丁寧語の語源と発達」高田・椎名・小野寺（編）第9章，pp.163–175，大修館書店

金水敏・高田博行・椎名美智（編）（2014）『歴史語用論の世界―文法化・待遇表現・発話行為―』ひつじ書房

金田一京助（1942）『国語研究』八雲書林

草薙裕（2006）『敬語ネイティブになろう!!』くろしお出版

工藤真由美（1979）「依頼表現の発達」『国語と国文学』56-1，pp.46-64，東京大学国語国文学会

国田百合子（1977）『女房詞の研究』風間書房

久野暲（1978）『談話の文法』大修館書店

久保進（2001）「言語行為」小泉保（編）『入門語用論研究―理論と応用―』第5章，pp.81-101，研究社

熊谷智子（1997）「はたらきかけのやりとりとしての会話―特徴の束という形でみた「発話機能」―」茂呂雄二（編）『対話と知―談話の認知科学入門―』pp.21-46，新曜社

熊谷智子・篠崎晃一（2006）「依頼場面での働きかけ方における世代差・地域差」国立国語研究所（編）『言語行動における「配慮」の諸相』pp.19-54，くろしお出版

熊取谷哲夫（1995）「発話行為理論から見た依頼表現―発話行為から談話行動へ―」『日本語学』14-11，pp.12-21，明治書院

古賀裕章（2008）「「てくる」のヴォイスに関連する機能」森雄一・西村義樹・山田進・米山三明（編）『ことばのダイナミズム』成蹊大学アジア太平洋研究センター叢書，pp.241-257，くろしお出版

古川俊雄（1995）「授受動詞『くれる』『やる』の史的変遷」『広島大学教育学部紀要第二部』44，pp.193-200，広島大学

古川俊雄（1996a）「日本語の授受動詞「下さる」の歴史的変遷」『広島大学教育学部紀要第二部』45，pp.293-302，広島大学

古川俊雄（1996b）「通時的観点から見た現代日本語における「くれる」の特殊用法」『広島大学日本語教育学科紀要』6，pp.45-52，広島大学

国立国語研究所（1994）『日本語教育映像教材中級編関連教材「伝えあうことば」4機能一覧表』第2部談話型一覧表，大蔵省印刷局

小島俊夫（1974）『後期江戸ことばの敬語体系』笠間書院

小島俊夫（1998）『日本敬語史研究 後期中世以降』笠間書院

小林賢次（2000）『狂言台本を主資料とする中世語彙語法の研究』勉誠出版

小松寿雄（1967）「「おーする」の成立」『国語と国文学』44-4，pp.93-102，東京大学国語国文学会

小松寿雄（1971）「近代の敬語Ⅱ」辻村敏樹（編）『講座国語史 5 敬語史』，pp.283-366，大修館書店

五味文彦（2008）『全集 日本の歴史 第5巻 躍動する中世』小学館

近藤泰弘（1986）「敬語の一特質」築島裕博士還暦記念会（編）『築島裕博士還暦記念国語学論集』pp.85-104，明治書院

近藤泰弘（2000）「中古語の敬語の持つ人称性」『日本語記述文法の理論』第10章第1節，pp.483-506，ひつじ書房

坂原茂（1995）「複合動詞「Vて来る」」『言語・情報・テクスト』2，pp109-143，東京大学大学院総合文化研究科言語情報科学専攻

坂本清恵（1983）「近松浄瑠璃譜本に反映した十七世紀末大阪アクセント」『国語学』135，pp.25-36，国語学会

坂本清恵（編）（1988）『近松世話物浄瑠璃胡麻章付語彙索引 用言篇』アクセント史資料索引第8号，アクセント史資料研究会

坂本恵・川口義一・蒲谷宏（1994）「「行動展開表現」について―待遇表現教育のための基礎的考察―」『日本語教育』82，pp.47–58，日本語教育学会

佐藤志帆子（2014）『近世武家社会における待遇表現体系の研究―桑名藩下級武士による『桑名日記』を例として―』和泉書院

真田信治（1990）『地域言語の社会言語学的研究』和泉書院

澤田淳（2007）「日本語の授受構文が表す恩恵性の本質―「てくれる」構文の受益者を中心として―」『日本語文法』7–2，pp.83–100，日本語文法学会

澤田淳（2009a）「ダイクシスへの歴史語用論的アプローチ―ダイクシス動詞「来る」の歴史的展開と話し手・聞き手の対立―」『Ars Linguistica』16，pp.32–55，日本中部言語学会

澤田淳（2009b）「移動動詞「来る」の文法化と方向づけ機能―「場所ダイクシス」から「心理的ダイクシス」へ―」『語用論研究』11，pp.1–20，日本語用論学会

澤田淳（2011）「日本語のダイクシス表現と視点、主観性」澤田治美（編）『ひつじ意味論講座 第5巻 主観性と主体性』，pp.165–192，ひつじ書房

澤田淳（2014）「日本語の授与動詞構文の構文パターンの類型化―他言語との比較対照と合わせて―」『言語研究』145，pp.27–60，日本言語学会

椎名美智（2009）「歴史語用論の新展開―方法と課題」『月刊 言語』38–2，pp.66–73，大修館書店

柴谷方良（2000）「ヴォイス」仁田義雄・村木新次郎・柴谷方良・矢澤真人『日本語の文法1 文の骨格』第3章，pp.117–186，岩波書店

島田勇雄（1959）「近世後期の上方語」『国語と国文学』36–10，pp.66–77，東京大学国語国文学会

陣内正敬（1991）「「来る」の方言用法と待遇行動」『国語学』167，pp.90–82，国語学会

杉崎一雄（1988）『平安時代敬語法の研究―かしこまりの語法とその周辺―』有精堂出版

杉崎夏夫（2003）『後期江戸語の待遇表現』おうふう

住田哲郎（2006）「日本語「〜てくる」の逆行態用法」『日本語學研究』17，pp.73–86，韓国日本語学会

高田博行・椎名美智・小野寺典子（編著）（2011）『歴史語用論入門―過去のコミュニケーションを復元する』大修館書店

高山善行（2012）「日本語の配慮言語行動の歴史的研究―これからの発展に向けて―」三宅和子・野田尚史・生越直樹（編）『「配慮」はどのように示されるか』シリーズ社会言語学1，pp.113–129，ひつじ書房

滝浦真人（2005）『日本の敬語論―ポライトネス理論からの再検討』大修館書店

滝浦真人（2014）「書評論文 金水敏・高田博行・椎名美智（編）『歴史語用論の世界 文法化・待遇表現・発話行為』」『語用論研究』16，pp.89–100，日本語用論学会

田窪行則（1988）「ダイクシスと談話構造」近藤達夫（編）『講座日本語と日本語教育 12 言語学要説（下）』pp.127–147，明治書院

武田孝（1973）「命令の「候へ」について」『解釈』19–12，解釈学会

田中章夫（1957）「近代東京語命令表現の通時的考察」『国語と国文学』34-5，pp.41-54，東京大学国語国文学会

玉上琢弥（1983）「源氏物語の敬語法」『国文学 解釈と鑑賞』48-2，至文堂

陳慧玲（2004a）「明治前期東京語の直接命令表現の考察―位相との関連を視点として―」『文学研究論集 文学・史学・地理学』22，pp.1-20，明治大学大学院

陳慧玲（2004b）「明治期東京語における士族・知識層男性の命令表現の考察」『文化継承学論集』1，pp.27-43，明治大学大学院文学研究科

陳慧玲（2005）「行為要求表現の研究史」『文学研究論集』24，pp.21-43，明治大学大学院

陳慧玲（2006a）「明治期東京語における下層男性の命令表現の考察」『文学研究論集』25，pp.21-40，明治大学大学院

陳慧玲（2006b）「「命令形」の諸相―近代東京語を対象として」『文学研究論集』26，pp.1-23，明治大学大学院

陳慧玲（2013）「近代東京語における「てくだされませ系統」行為要求表現の考察」『国学院大学日本語教育研究』4，pp.17-32，国学院大学日本語教育研究会

陳慧玲（2014）「近代東京語における「～な」と「お～な」の考察」『国学院大学日本語教育研究』5，pp.31-42，国学院大学日本語教育研究会

辻加代子（2009）『「ハル」敬語考―京都語の社会言語史―』ひつじ書房

辻村敏樹（1962）「敬語の成立と転移の原則」『国文学研究』25，pp.291-298，早稲田大学国語国文学会

辻村敏樹（1963）「敬語の分類について」『国文学 言語と文芸』5-2，おうふう

辻村敏樹（1968）『敬語の史的研究』東京堂出版

辻村敏樹（1971）「敬語史の方法と問題」辻村敏樹（編）『講座国語史第5巻 敬語史』第1章，pp.3-32，大修館書店

角田太作（1991）『世界の言語と日本語―言語類型論から見た日本語―』くろしお出版

鶴田庸子（1986）「謙譲表現「お～する」の使用条件」『アメリカ・カナダ十一大学連合日本研究センター紀要』9，pp.17-32，アメリカ・カナダ十一大学連合日本研究センター

寺島浩子（1976）「近世後期上方語の待遇表現―動詞にかかわる上方特有の表現法―」『橘女子大学研究紀要』4，pp.15-27，橘女子大学

寺島浩子（1978）「近世後期上方語の待遇表現―「命令表現」（勧誘・禁止表現）―」浜田啓介（編者代表）『論集日本文学・日本語』4 近世・近代，pp.186-210，角川書店

寺村秀夫（1982）『日本語のシンタクスと意味I』くろしお出版

寺村秀夫（1985）「文法と日本語教育」林四郎（編）『応用言語学講座1 日本語の教育』pp.228-249，明治書院

時枝誠記（1941）『国語学原論』岩波書店

鳥飼浩二（2004）「理由は特にないです」北原保雄（編）『問題な日本語』pp.47-51，大修館書店

永田高志（2001）『第三者待遇表現史の研究』和泉書院

中道真木男・土井真美（1995）「日本語教育における依頼の扱い」『日本語学』14-11，pp.84-93，明治書院

西岡敏（2011）「竹富方言の敬語補助動詞と対者敬語的終助詞」『日本語の研究』7-4，pp.55-68，日本語学会

西田直敏（1970）「中世国語の命令表現―『平家物語』を中心に―」『国語と国文学』47-10，pp.123-139，東京大学国語国文学会

仁田義雄（1991）『日本語のモダリティと人称』ひつじ書房

布山清吉（1982）『侍りの国語学的研究』桜楓社

根来司（1991）『源氏物語の敬語法』明治書院

野田尚史（2003）「テキスト・ディスコースを敬語から見る」菊地康人（編）『朝倉日本語講座8 敬語』第4章，pp.73-92，朝倉書店

野田尚史・高山善行・小林隆（編）（2014）『日本語の配慮表現の多様性』くろしお出版

野村剛史（2013）『日本語スタンダードの歴史』岩波書店

原卓志（2005）「覚一本『平家物語』における「行為指示型表現」について」『鳴門教育大学研究紀要 人文・社会科学編』20，pp.11-25，鳴門教育大学

原田信一（1973）「構文と意味―日本語の主語をめぐって―」『言語』2-2，pp.82-90，大修館書店

彦坂佳宣（2005）「方言と日本語史―尊敬語表現地図の解釈例から―」『日本語学』24-11，pp.136-147，明治書院

飛田良文（主幹）・遠藤好英・加藤正信・佐藤武義・蜂谷清人・前田富祺（編）（2007）『日本語学研究事典』明治書院

日高水穂（2007）『授与動詞の対照方言学的研究』ひつじ書房

日高水穂（2009）「敬語と授与動詞の運用に関わる現場性制約―日本語諸方言の対照研究の観点から―」『日本語文法』9-2，pp.3-18，日本語文法学会

姫野伴子（1997）「行為指示型発話行為の機能と形式」『埼玉大学紀要 教養学部』33-1，pp.169-178，埼玉大学教養学部

姫野伴子（2003）「配慮表現からみた日本語① 利益って負担！」『月刊 日本語』16-4，pp.66-69，アルク

広瀬満希子（1991）「「浮世風呂」における命令法について―位相を視点として―」『国文鶴見』26，pp.30-53，鶴見大学日本文学会

広瀬満希子（1992）「『浮世床』における命令法について―話者とその使用形式との関係を視点として―」『国文鶴見』27，pp.70-97，鶴見大学日本文学会

広瀬満希子（1993）「『四十八癖』に見られる命令法について―話者とその使用形式の関係―」『国文鶴見』28，pp.71-104，鶴見大学日本文学会

広瀬満希子（1995）「式亭三馬作品における命令法について―下層の男性に使用される形式の待遇性―」『国文鶴見』30，pp.137-147，鶴見大学日本文学会

広瀬満希子（1996）「式亭三馬作品における命令法について―下層の女性に使用される形式の待遇性―」『国文鶴見』31，pp.101-110，鶴見大学日本文学会

広瀬満希子（1998）「「花暦八笑人」における命令法について―命令の受益の指

向性―」『鶴見日本文学』2，pp.173–194，鶴見大学

広瀬満希子（2000）「『仮名文章娘節用』における命令法について」『国文鶴見』35，pp.52–73，鶴見大学日本文学会

福島邦道（1975）「助動詞「よう」再論」『実践国文学』7，pp.71–64，実践国文学会

福島直恭（2013）「幻想の敬語論―進歩史観的敬語史に関する批判的研究―」笠間書院

藤原浩史（1995）「平安和文の依頼表現」『日本語学』14–11，pp.33–41，明治書院

藤原与一（1978）『方言敬語法の研究』昭和日本語方言の総合的研究第1巻，春陽堂書店

文化庁（2007）『敬語の指針』平成19年文化審議会答申

彭飛（2004）『日本語の「配慮表現」に関する研究―中国語との比較研究における諸問題―』和泉書院

牧野由紀子（2008a）「大阪方言における命令形の使用範囲―セエ・シ・シテをめぐって―」『阪大社会言語学研究ノート』8，pp.55–74，大阪大学大学院文学研究科社会言語学研究室

牧野由紀子（2008b）「行為指示談話における直接形式の使用―自治会活動での一事例―」『日本語科学』24，pp.5–29，国立国語研究所

牧野由紀子（2009）「「大阪方言の命令形」に後接する終助詞ヤ・ナ」『阪大日本語研究』21，pp.79–108，大阪大学大学院文学研究科日本語学講座

益岡隆志（1992）「日本語の補助動詞構文―構文の意味の研究に向けて―」文化言語学編集委員会（編）『文化言語学 その提言と建設』pp.562–547，三省堂

益岡隆志（2001）「日本語における授受動詞と恩恵性」『月刊 言語』30–5，pp.26–32，大修館書店

松木正恵（1992）「「見ること」と文法研究」『日本語学』11–9，pp.57–71，明治書院

松下大三郎（1930）『改撰標準日本文法』中文館書店

松田謙次郎（2008）「国会会議録検索システム総論」松田謙次郎（編・著）『国会会議録を使った日本語研究』第1章，pp.1–32，ひつじ書房

南不二男（1974）『現代日本語の構造』大修館書店

宮腰賢（1986）『まゐる・まゐらす考』桜楓社

宮地裕（1965）「「やる・くれる・もらう」を述語とする文の構造について」『国語学』63，pp.21–33，国語学会

宮地裕（1971）「現代の敬語」辻村敏樹（編）『講座国語史 第5巻 敬語史』第6章，pp.369–425，大修館書店

宮地裕（1975）「受給表現補助動詞「やる・くれる・もらう」発達の意味について」『鈴木知太郎博士古稀記念 国文学論攷』pp.803–817，桜楓社

宮地裕（1981）「敬語史論」宮地裕（他）（編）『講座日本語学 9 敬語史』pp.1–25，明治書院

三宅知宏（2011）「受益構文」『日本語研究のインターフェイス』第10章，pp.143–160，くろしお出版

村上謙（2002）「近世後期上方における「動詞連用形＋や」について―連用形命令法と助動詞ヤルとの関連―」『国語国文』71-6，pp.1-15，京都大学国語学国文学研究室

村上謙（2003）「近世後期上方における連用形命令法の出現について」『国語学』54-2，pp.45-58，国語学会

村上謙（2014）「《短信》「近世上方における連用形命令の成立―敬語から第三の命令形へ―」に対する所感・反論」『日本語の研究』10-1，pp.72-76，日本語学会

森昇一（1992）『平安時代敬語の研究―森昇一論攷集―』桜楓社

森勇太（2010a）「行為指示表現の歴史的変遷―尊敬語と受益表現の相互関係の観点から―」『日本語の研究』6-2，pp.78-92，日本語学会

森勇太（2010b）「移動を表さない「-てくる」の成立―受益表現「-てくれる」との関連から―」『待兼山論叢 文学篇』44，pp.1-16，大阪大学文学会

森勇太（2011a）「申し出表現の歴史的変遷―謙譲語と与益表現の相互関係の観点から―」『日本語の研究』7-2，pp.17-31，日本語学会

森勇太（2011b）「授与動詞「くれる」の視点制約の成立―敬語との対照から―」『日本語文法』11-2，pp.94-110，日本語文法学会

森勇太（2011c）「やりもらい表現の歴史」『日本語学』30-11，pp.28-37，明治書院

森勇太（2012a）「オ型謙譲語の歴史―受益者を高める用法をめぐって―」『語文』98，pp.40-50，大阪大学国語国文学会

森勇太（2012b）「中古・中世における作成動詞・入手動詞―受益者の格標示をめぐって―」『詞林』52，pp.1-11，大阪大学古代中世文学研究会

森勇太（2013）「近世上方における連用形命令の成立―敬語から第三の命令形へ―」『日本語の研究』9-3，pp.1-16，日本語学会

森勇太（2015）「国会会議録に見る前置き表現の変化」『論叢国語教育学』11，pp.91-100，広島大学国語文化教育学講座

森勇太・平塚雄亮・中村光（2012）「若年層の命令形の使用範囲―滋賀県栗東市方言・福岡県福岡市方言・静岡県湖西市方言の対照から―」『阪大社会言語学ノート』10，pp.1-17，大阪大学大学院文学研究科社会言語学研究室

森勇太・水谷美保（2012）「行為指示表現における受益者―五箇山の「依頼」と「勧め」を通して―」『日本語学会2012年度秋季大会予稿集』pp.49-52，日本語学会

森田良行（1977）『基礎日本語1』角川書店

森野宗明（1971）「古代の敬語Ⅱ」辻村敏樹（編）『講座国語史 第5巻 敬語史』第3章，pp.97-182，大修館書店

守屋三千代（2001）「必須成分としての授受形式」『日本語日本文学』13，pp.1-14，創価大学日本語日本文学会

守屋三千代（2002）「日本語の授受動詞と受益性〜対照的な観点から〜」『日本語日本文学』12，pp.1-22，創価大学日本語日本文学会

森山由紀子（1989）「謙譲語成立の条件―「謙譲」の意味をさぐる試みとして」『研究年報』33，pp.1-20，奈良女子大学文学部

森山由紀子（1990）「「落窪物語」の謙譲表現と現代語の謙譲表現―「謙譲」を
　　めぐる史的考察の端緒として―」『叙説』17，pp.14-38，奈良女子大学国
　　語国文学研究室

森山由紀子（2003）「謙譲語から見た敬語史，丁寧語から見た敬語史―「尊者
　　定位」から「自己定位」へ―」菊地康人（編）『朝倉日本語講座8 敬語』
　　第10章，pp.200-224，朝倉書店

森山由紀子・鈴木亮子（2011）「日本語における聞き手敬語の起源―素材敬語
　　の転用」高田・椎名・小野寺（編）第10章，pp.175-191，大修館書店

矢野準（1976）「近世後期京坂語に関する一考察―洒落本用語の写実性―」『国
　　語学』107，pp.16-33，国語学会

矢野準（1978）「近世後期京坂語資料としての滑稽本類」『静岡女子大学研究紀
　　要』12，pp.17-35，静岡女子大学

山岡政紀（1993）「授受構文における動作主と受益者」小松英雄博士退官記念
　　日本語学論集編集委員会（編）『小松英雄博士退官記念 日本語学論集』
　　pp.666-651，三省堂

山岡政紀（2004）「日本語における配慮表現研究の現状」『日本語日本文学』14，
　　pp.17-39，創価大学日本語日本文学会

山岡政紀（2008）『発話機能論』くろしお出版

山岡政紀・牧原功・小野正樹（2010）『コミュニケーションと配慮表現―日本
　　語語用論入門―』明治書院

山崎久之（1963）『国語待遇表現体系の研究』武蔵野書院

山崎久之（1990）『続 国語待遇表現体系の研究』武蔵野書院

山崎久之（2004）『増補補訂版 国語待遇表現体系の研究』武蔵野書院

山田敏弘（2004）『日本語のベネファクティブ―「てやる」「てくれる」「ても
　　らう」の文法―』明治書院

山田孝雄（1924）『敬語法の研究』東京寶文館

山田孝雄（1954²）『平家物語の語法』東京寶文館

山田里奈（2014）「江戸後期における命令形による命令表現の使用―「お～な
　　さい」「～なさい」「お＋動詞連用形」を中心に―」『早稲田大学大学院教
　　育学研究科紀要』別冊21-2，pp.139-152，早稲田大学大学院教育学研究
　　科

山本志帆子（2010a）「『桑名日記』にみる近世下級武士の働きかけの表現―授
　　受補助動詞クレル類命令形を中心として―」『国語国文』79-6，pp.40-57，
　　京都大学国語学国文学研究室

山本志帆子（2010b）「『桑名日記』にみる近世下級武士の命令表現」『社会言語
　　科学』13-1，pp.109-122，社会言語科学会

湯澤幸吉郎（1929）『室町時代の言語研究 抄物の語法』大岡山書店（引用は
　　1955年復刊，風間書房から）

湯澤幸吉郎（1936）『徳川時代言語の研究』刀江書院（引用は1962年復刊，
　　風間書房から）

湯澤幸吉郎（1981²）『増訂江戸言葉の研究』明治書院（初版1954年）

吉井健（2000）「「～してください」の用法―「命令・依頼・勧め」の関係―」
　　『文林』34，pp.13-26，松蔭女子学院大学

吉田永弘（2006）「「くださる」の成立・粗描」『愛知県立大学説林』54，pp.7–15，愛知県立大学国文学会

吉田弥生（2007）「『御伽草子』における「たぶ」の考察」『解釈』53（11・12），pp.30–35，解釈学会

吉田弥生（2008）「『天草本平家物語』の授受動詞―『百二十句本平家物語』との比較―」『昭和女子大学大学院日本文学紀要』19，pp.37–48，昭和女子大学

吉田弥生（2010）「授受動詞の変遷―中古から中世にかけて―」『學苑』831，pp.61–70，昭和女子大学

吉野政治（2005）『古代の基礎的認識語と敬語の研究』和泉書院

米田達郎（2014）「室町・江戸時代の依頼・禁止に見られる配慮表現」野田尚史・高山善行・小林隆（編）『日本語の配慮表現の多様性』，pp.131–148，くろしお出版

李晶（2010）「『天草版平家物語』『天草版エソポ物語』における授受動詞について」『筑波日本語研究』15，pp.39–55，筑波大学大学院博士課程文芸・言語研究科日本語学研究室

渡辺英二（1975）「会話文における尊敬表現―源氏物語の敬語の用法―」『富山大学教育学部紀要』23，pp.1–11，富山大学教育学部

藁谷隆純（1989）『中古・中世の敬語』教育出版センター

藁谷隆純（2012）『敬語の研究―源氏物語・宇治拾遺物語・日蓮遺文を中心に―』おうふう

Buhler, Karl (1934) *Sprachtheorie die Darstellungsfunktion der Sprache*. Gustav Fischer Verlag ［脇坂豊・植木迪子（他訳）（1983）『言語理論―言語の叙述機能』クロノス］

Brown, Penelope and Levinson, Stephen C. (1987) *Politeness: some universals in language usage*. Cambridge University Press.

Halliday, Michael A.K. (1985) *An Introduction to Functional Grammar*. Edward Arnord.

Jakobson, Roman (1960) "Closing Statement: Linguistics and Poetics", in Sebeok (ed.), Style in Language. Cambridge, MA: The MIT Press.

Kuno, Susumu and Kaburaki, Etsuko (1975) "Empathy and syntax", Kuno, Susumu (ed.) *Harvard studies in syntax and semantics*, vol.1, pp.1–73, Cambridge.

Leech, Geoffrey (1983) *Principles of pragmatics*. Longman. ［池上嘉彦・河上誓作（訳）（1987）『語用論』紀伊國屋書店］

Searle, John R. (1969) *Speech acts: an essay in the philosophy of language*. Cambridge University Press.

Searle, John R. (1976) "A classification of illocutionary acts" *Language in Society* 5, pp.1–23, Cambridge University Press.

Searle, John R. (1979) *"Expression and Meaning"*. Cambridge: Cambridge University Press.

Shibatani, Masayoshi (2007) "Grammaticalization of motion verbs" *Japanese/Korean linguistics* 15, pp.107–133, CSLI.

索　引

O

OBL　32

い

一段化動詞　125
一般形　50
依頼　26, 103

う

受身　34
ウチ　59

え

遠心性動詞　31

お

オ型謙譲語　164, 176, 177
オ語幹　184

か

感情表現型　20
間接受影　85, 90, 92

き

聞き手利益命令　26, 103
擬似的な上下関係　78, 198, 199
機能－形式の対応づけ　12
基本的意味　50

逆

逆行構文　198
求心性動詞　31
共感度　7, 39
許可求め　26

け

敬語意識史　203
敬語形命令　134
敬語語彙史　202
敬語的人称　57, 59
敬語の簡素化　192, 194
敬語「や」　130, 131
形式－機能の対応づけ　12
決定権　24
権威　105
謙譲語　50, 157, 158, 159, 160
謙譲語 II　55
謙譲語 A　51, 53, 158, 163, 185
謙譲語 B　51, 55, 57, 158, 185

こ

行為拘束型　18
行為拘束表現　25, 26
行為指示型　18
行為指示表現　25, 26, 74, 75
行為の方向性　85, 91
行動展開表現　22, 23
国会会議録　182

さ

作成動詞　166
策動　23

229

策動表現　23
させていただく　193, 194
参与者追跡機能　48

し

視点　7, 39, 40, 65
視点制約　7, 39, 42, 63, 64, 77, 80, 203
社会的ダイクシス　8
終助詞「や」　130, 131
受益型　108, 117, 120
受益者　33, 53, 102, 103, 198
受益表現　31, 44, 94, 101, 118, 135, 155,
　156, 157, 185, 197, 199, 203
受給表現　5, 201
主語　52
主語視点　63, 65, 76, 83
主語視点の制約　40
授受動詞　38
授受表現　31, 203
受納動詞　31
授与動詞　31
所有権の移動　38

す

随意性　104
勧め　26, 103

せ

絶対敬語　13
宣言型　19
選択性　24, 102, 104
選択的申し出　26, 148

そ

相対敬語　13
素材敬語　50, 51
ソト　59
尊敬語　50, 51, 52

た

待遇的意味　50
第三者待遇表現　78
第三の命令形　123, 132, 133, 134, 136
対者敬語　50, 51, 78
対象の移動　85, 91
対立型　91, 94, 96
他動詞主語の制約　40

ち

直接型　107, 117, 120
陳述表現型　18

つ

通告的申し出　26, 148

て

提供動詞　37
丁重語　55
丁寧語　51, 54, 78, 185
丁寧語優勢　192
丁寧さの原則　43, 45, 154
テ形命令　132

と

特定形　50

な

ナ形命令　132, 133

に

人称　48

は

発話機能　21, 135

230

発話機能論 21

ひ

美化語 51
必須補語 53, 165, 166
表現意図 22

ふ

副次補語 166
付与 20
文法化制約 79

ほ

方向づけ 88
補語 53
補語視点 63, 65, 70, 71, 76, 83
ポジティブ・ポライトネス 136
補助動詞型謙譲語 174, 176, 177

ま

前置き 26, 181

め

命令形 101
命令形式 132, 133, 136
命令形命令 125, 126, 132, 135
命令指示 26, 103

も

申し出表現 147

ゆ

融合型 91, 95
遊里 123, 136, 140

よ

要求 20
容認 20
与益表現 31, 147, 148, 157, 159, 160,
197, 199, 203

り

領域区分化 92

れ

連 20
連用形命令 123, 126, 127

森勇太（もり ゆうた）

略歴

1985 年静岡県生まれ。2012 年大阪大学文学研究科博士後期課程修了。博士（文学）。日本学術振興会特別研究員（PD）、関西大学助教を経て、現在、関西大学准教授。

主な著書・論文

「行為指示表現の歴史的変遷―尊敬語と受益表現の相互関係の観点から―」『日本語の研究』第 6 巻 2 号（2010 年）、「申し出表現の歴史的変遷―謙譲語と与益表現の相互関係の観点から―」『日本語の研究』第 7 巻 2 号（2011 年）、「授与動詞「くれる」の視点制約の成立―敬語との対照から―」『日本語文法』11 巻 2 号（2011 年）

ひつじ研究叢書〈言語編〉第 133 巻

発話行為から見た日本語授受表現の歴史的研究

Historical Studies on Japanese Benefactive
Expressions from the Perspective of Speech Acts
Yuta Mori

発行	2016 年 2 月 16 日　初版 1 刷
定価	7000 円 + 税
著者	© 森勇太
発行者	松本功
ブックデザイン	白井敬尚形成事務所
印刷所	三美印刷株式会社
製本所	株式会社 星共社
発行所	株式会社 ひつじ書房

　〒 112-0011　東京都文京区千石 2-1-2　大和ビル 2 階
　Tel: 03-5319-4916　Fax: 03-5319-4917
　郵便振替 00120-8-142852
　toiawase@hituzi.co.jp　http://www.hituzi.co.jp/

ISBN978-4-89476-774-4

造本には充分注意しておりますが、落丁・乱丁などがございましたら、小社かお買上げ書店にておとりかえいたします。
ご意見、ご感想など、小社までお寄せ下されば幸いです。